心理療法とはなにか

現代ユング派心理療法の立場から

猪股 剛
編著

兼城賢志
植田静
西山葉子
坂井朋子
G・スタッサール
植田あや
村田知久
宮澤淳滋
長堀加奈子
星子智志
W・ギーゲリッヒ

左右社

心理療法とはなにか

はじめに

宮澤淳滋

本書の各章の執筆者たちは、心理療法家であると同時に、これまで数年にわたって日本各地を巡り、ときには海外へも足を運び、フィールドワークを実践してきている。なぜ心理療法家がフィールドワークを行うのか、疑問に思われる方もおられるかもしれない。しかしそうした実践は、執筆者たちが長年にわたるジレンマに苦しんだ末にたどり着いた細い蜘蛛の糸なのである。まずはこのジレンマについて述べなくてはならないだろう。

心理療法において直接的な問題の解決に至ることはほとんどない。クライエントは心理療法家のオフィスを訪ねる前に、たいていは自分でさまざまに思い悩み、試行錯誤を重ね、問題を解決しようと努力し、それでも解決できなくて、どうしようもなくなって、心理療法を受けようと決意する。そうしたクライエントに対して心理療法家が示せるものなど、たかが知れている。心理療法家もやはり、クライエントと共にさまざまに思い悩み、試行錯誤を重ね、問題を解決しようと努力するだろうが、それでも解決できず、途方に暮れることしかできない。そして本来の心理療法は、おそらくそのときにはじまる。

ユングは次のように述べている。

> 神経症から「解放」されようとするのではなく、神経症が意味しているものを、それが伝えなくてはならないものを、その目的を、体験すべきである。［…］神経症が誤った自我の態度を取り除いたときにのみ、神経症は本当に取り除かれる。
> （CW10, § 361）

「誤った自我の態度」とされているものは、ここでは問題を解決しようとする努力のことと言えるだろう。そうした努力が行き詰まり、希望を持てないまま途方に暮れるとき、クライエントの苦しみのうめき声が心理療法の面接室に響き渡る。それはもちろん言葉ではあるのだが、途方にくれる心理療法家からの応答はなく、ただ絞り出されるだけの、動物的ともいえるうめき声である。それはときには微妙にその色合いを変えつつ、何度も何度も繰り返され、生々しさを伴って響き渡る。心理療法家はただその声をそのままに受け取ることしかできない。それを止めることはできないし、追い払うこともできない。クライエントを助けることはできないし、癒すこともできない。心理療法家はただそこにいて、声を聴くことしかできない。

しかし響き渡るその声に心理療法家が身をさらしているうちに、応答不可能に思われていたその声に、応じることができるようになる。それは解決を目指す自我による応答ではない。そうではなく、うめき声の響き渡る面接室の、何もない空間から、亡霊のように現れる応答である。心理療法家による応答ではなく、心理療法そのものによる応答である。心理療法家はただ媒体として、その応答を口にするにすぎない。

応じられたうめき声は、再び言語の水準へと引き上げられる。人に伝わる言葉となり、心理療法家とクライエントとのあいだに共通の理解を生み出す。ユングは次のように述べている。

もし狂人に対して、その人の考えが人間の精神領域を超えたところにあるわけではなく、その人はまだ人間社会の断片を感じているのだということを私から示せるならば、希望はあります。あなたが誰か一人にでも理解されるなら、あなたはまだ狂ってはいないのです。もしそうした人が見つからないのなら、古い本をいくつか読んでみるとよいでしょう。そこにあなたと似ていると思える何かが見つかるかもしれません。もはや誰にも理解されなくなったときに初めて、気が狂って締め出されてしまうのです。

（『近代心理学の歴史』、一一四ページ）

言語の水準に引き上げられると、クライエントの絶対的な「私性」に閉じ込められていた苦しみが、共有性の次元へと開かれる。主観性に閉じ込められていたクライエントの苦しみが、客観性へと解放される。クライエントの苦しみは、私たちの苦しみになる。クライエントと一体になっていた苦しみが、距離をとって眺められるようになる。こうして動物的なうめき声は、人間的で文化的な言葉になる。

これはユング自身の体験と重なる。一九一三年のフロイトとの決別以後、ユングは方向喪失感に陥ったとされており、実際その時期、ほとんどの社会的役割から退き、苦しみの中でひきこもりつつ、彼自身の内的世界と向き合っている。そのときにユングが残していた記録が『黒の書』と、それを清書した『赤の書』である。『赤の書』は二〇一〇年に出版され、『黒の書』は二〇二〇年に出版され、その一部が公にされたが、それまでは彼の苦しみがどのようなものであったのかは、彼の個人的な体験であり、秘密であった。

しかしそれでいてその苦しみは、彼の絶対的な「私性」に閉じ込められてはおらず、共有性の次元へと開かれていた。彼は自分の苦しみの体験から、公共的な心理学を生み出した。たとえば彼は、あるセミナーで、洞窟の中でクリスタルを発見した後に英雄の死体が流れてくるという幻視を示した後で、「初めは英雄の殺害という象徴的な形式で表現されていた優越機能と劣等機能との間のせめぎあいを、『タイプ論』において抽象的な用語を使って言い直したのです」(『分析心理学セミナー１９２５』p.51)と語っている。つまり彼は自分の見た幻視の中に現れる登場人物たちが、心の機能である「思考」、「感情」、「感覚」、「直観」を表していると考え、そして幻視の中で繰り広げられるドラマは心の機能が演じているのだと考え、そこから『タイプ論』を書いたのである。その『タイプ論』はユング独自の心理学の土台のひとつとなり、多くの読者を獲得し、心をまなざす人々の視線を変えた。私たちは他者について内向的だとか外向的だとか評価することがあるが、それらは彼のタイプ論に由来する言葉であり、彼のタイプ論がいまでも影響力を及ぼしていることを示している。つまりユングの動物的なうめき声は、言語の水準へと引き上げられ、新しい文化を生み出した。こうして主観的だった彼の苦しみは、客観性へと解放された。

　こうして、「私性」から共有性の次元へと開かれることは、心理療法の目的のひとつであると同時に、心理療法を成立させた淵源のひとつでもあった。このことは現代においても変わらない。心理療法家はクライエントの苦しみのうめき声を共有性の次元へと解放する。そして共有性へと開かれたクライエントのうめき声は、ひとつの心理療法の事例として、新たな理論を生み出し、心理学そのものを変容させる。

　しかしここに、現代の心理療法家の抱えるジレンマがある。ひとつには、再現可能な科学を心理学の土台にしなくてはならない、という風潮である。一回限りの、クライエント独自の主観的な体験は、主観的なものにすぎない、とされ、客観性へ解放される道がはじめから閉ざされている。さらにもうひとつ、より本質的で難しい問題が、心理療法家の守秘義務の問題である。心理療法で語られるクライエントの話はきわめて内的なものであり、それをむやみに公にしてはならないのは当然である。それは決してしてはならない。しかしそうすると、クライエントの苦しみからたどり着きうる共有性は、心理療法家とクライエントの二人だけという、きわめて狭い範囲に限られてしまう。それではクライエントを真の意味で共有性へと解放することはできないし、ユングの行ったような、新しい文化を創り出しうる共有性へもとうていたどり着けない。心理学や心理療法にかつて備わっていた魅力的な輝きが、現代ではすこぶる色あせてしまった背景には、こうした事情が潜在している。

そこで本書の執筆者たちが注目したのが、フィールドワークである。各地で出会う人々から、時間を頂戴し、彼ら独自の個人的なお話をうかがう。そしてうかがったお話を心理療法家たちが一度自分の心に落とし込み、自分の経験と照らし合わせ、改めて自分の言葉にする。それはエッセイという形式で書かれており、厳密な科学性は求められていない。そこで語られた話は、決して無神経に公開してよいものではないが、心理療法で語られるようなきわめて秘匿性の高い話というわけではないから、どこまでを公にするか配慮して必要な手続きを踏みさえすれば、公共性へと開かれることができる。ここに希望が見出せる。つまり、通常の心理療法では見出しがたい共有性への道筋があるかもしれない、という期待が、心理療法家によるフィールドワークの実践には込められている。

この活動には心理療法と似ている部分もあるが、異なる部分もある。もっとも大きな違いは、フィールドワークで出会う人々の語りが、すでに言語の水準にあることだろう。ここでの心理療法家はただ、彼らの語りにかすかな色合いを加えて語り直すだけである。しかしまさしくこのかすかな色合いを、執筆者たちは大切にしている。それは心理療法家としての彼らの体験によって付け加えられる色合いである。その体験とはもちろん、心理療法で出会ったクライエントとの体験であり、クライエントを前にして途方に暮れた体験であり、クライエントの動物的ともいえるうめき声を聴き続けてきた体験である。そのうめき声は心理療法の過程の中で、もしかすると心理療法家とのあいだでは共有性を獲得できたかもしれない。しかしそれ以上は広がっていかない。真の意味での客観性へとたどり着くのは、いまの心理学をとりまく状況では難しい。心理療法家にとって、それは非常にもどかしい。クライエントのためにできることに制限が課せられ、クライエントのうめき声を人間的な言葉に引き上げることに限界が設けられている。

　しかし、フィールドワークを通じたエッセイの背景に、かすかな色合いとして、心理療法の経験を潜ませることができれば、具体的なクライエントの姿を公にさらして守秘義務をやぶることなく、彼らの苦しみを真の公共性へと至らせることもできるかもしれない。それはユングが、『タイプ論』の背景にみずからの幻視があることを隠していたことと同じである。ここに、共有性へと開かれようとしながらも制限を課せられている、心理療法家とクライエントとの営みに付随するジレンマを抜け出す道が見出せるかもしれない、という期待が込められているのである。

　ジレンマを抜け出したいというこうした期待そのものが「誤った自我の態度」なのではないか、と考える方もおられるだろう。しかしこの期待は、心理療法家の期待ではなく、そもそもの心理学に備わっている期待である。心理学が学問である以上は、そのはじめから公共性を目指しているのであり、その期待は心理療法家個人による主観的な期待ではなく、心理学という学問自体に内在する客観的な期待である。

　本書の意義をこれまで述べてきたが、ここできわめて重要な点を付け加えておかなくてはならない。いままで述べてきたことはあくまでもひとつの側面である。フィールドワークで出会った人々の語りは、心理療法家の経験による色合いを載せるための媒体では決してない。彼らの語りはそれ自体できわめて貴重なものである。むしろ、彼らの語りがそれだけで独自性を備え、熱を持ち、光を放っているからこそ、そこに付け加えられる色合いが公共性へと開かれていくのである。フィールドワークでなされた語りや、執筆者の書いた文章から、背景にある心理療法の体験を読み取ろうとする必要はまったくない。それらに裏の意味などは込められていない。読者には、一つひとつの語りをそのまま受け止めていただきたい。

執筆者たちは、長年にわたりフィールドワークを実践してきた。彼らの専門は心理療法であり、フィールドワークを通じて、心理療法家が何をなせるのか、実験的な試みを続けてきた。その成果としてこれまで四冊の本が出版されている。それぞれ「ホロコースト」「自然」「家族」そして「私」をテーマとしてきたが、五冊目となる本書は、まさしく執筆者たちの専門領域の「心理療法」がテーマである。各地を巡り歩き、他の領域で活躍する人々と出会い、語り、影響を受けてきた執筆者たちが、改めて自分たちの足元を真剣に見つめ直そうとしたのが本書である。本書に通底する、フィールドワークと心理療法の相互作用をぜひとも感じ取っていただきたい。

文献
C・G・ユング『近代心理学の歴史』河合俊雄監修、創元社、二〇二〇年
C・G・ユング『分析心理学セミナー1925』河合俊雄監訳、創元社、二〇一九年

第一章　心理学、あるいは、心理療法とは何か？

物語とイニシエーションと愛

猪股　剛

はじめに

心理療法とはいったい何だろうか。そして、心理学とはいったいどういった分野であり、どのような取り組みなのだろうか。本章では、それを概略的に記してみたいと思う。

本書の執筆者たちは、数年にわたって、フィールドワークに出かけ、面接室の外において、人の話を聞く作業を続けてきている。そうした取り組みを始めた一つの要因には、そもそも心理療法とは面接室という小さな部屋の中でだけ行われるものなのか、という問いかけがある。

この世界のいたるところで行われている心に注目した取り組みと、心理療法とはどこが違うのだろうか。心に支援的に関わるものはすべて心理療法と呼ぶことができるのだろうか。また、C・G・ユングが考えた心理療法は、何を対象として営まれているものなのだろうか。その対象は、個人なのだろうか、あるいは、それ以外のもの、たとえば心や魂と呼ばれるものなのだろうか。そして、場合によっては、その対象は世界であるとさえ言えるのだろうか。それとも、世界の魂、ユングの言うアニマ・ムンディなのだろうか。こうした問いを立てながら、その問いに応答していくのが本章の主題である。

まずは、心理療法/心理学とは異なるさまざまな活動や領域と、心理療法/心理学の差異を明確にして、それを区別していくことが肝要だろう。なぜなら、そもそも現代の心理療法は、あまりにもたくさんの領域と交わってその活動を成立させており、その周囲の要請に応える作業を進め、それによってみずからが変容していくことにとても無自覚だからである。それは、たとえば現代の日本の公認心理師という職業の法的な定義を見るとよくわかる。

「公認心理師」とは、「保健医療、福祉、教育その他の分野において、心理学に関する専門的知識及び技術をもって、次に掲げる行為を行うことを業とする者をいう」と言われている。その活動は、次の四点にまとめられていて、「1.心理に関する支援を要する者の心理状態を観察し、その結果を分析すること。2.心理に関する支援を要する者に対し、その心理に関する相談に応じ、助言、指導その他の援助を行うこと。3.心理に関する支援を要する者の関係者に対し、その相談に応じ、助言、指導その他の援助を行うこと。4.心の健康に関する知識の普及を図るための教育及び情報の提供を行うこと」である[1]。

これは一見すると、まとまったもののように見える。だが、公認心理師が働く分野は、「心理」分野ではなく、「保健医療、福祉、教育その他の」分野であって、そのはじまりからして独自性を持たず、独自の定義を持っていない。そのことが明確に記されている。さらに公認心理師の行為は、「心理状態の観察と分析」・「心理に関する支援を要する者への、相談、助言、指導その他の援助」・「その関係者に対する同様の行為」・「心の健康に関する知識の教育と情報提供」とされていて、心や心理という言葉は記されているものの、ここで言われている行為が心理学的に何を示しているのかは定義されていない。また、一般的な観察・分析や、他分野の相談・助言・指導と、心理学のそれがどのように違うものなのかはきわめて不明瞭であり、教育についても、情報提供についても、心理学的なものが何であるのかが明示されているわけではない。つまり、公認心理師が働く分野が、まず第一に、他の学術分野によって定められた領域に属しているため、そして第二に、公認心理師の行う行為の基準となるはずの心理学の定義がなされていないため、必然的に、個々の公認心理師が働く分野によって、心理学ではない学問を基準としながら、その都度、何をする職業なのかが決められていくしかない状況にある。心理学という分野は定義されず、心理療法という行為は、その場その場で、その内容と意味を変ずるものとなる。

これは、学術的に大きな問題であるだけでなく、私たちの社会の抱えている問題とも呼応しているように思う。カウンセリング、セラピー、治療、某療法、施術、癒やし、などといった言葉はあまりにも広く、そして、あまりにもあいまいな形で使用されており、その内容の吟味は、ほとんどできていない。利用者が何らかの形で満足を得られれば良いと考えられているようで、その内容が問われることはない。もちろん、それが自由に広く考えられていることで、多様な活動の可能性と治療の可能性が生まれている、と考えることもできるだろう。しかし、心理学が一つの学問であり、心理療法が思想的で歴史的な背景を持った人間の取り組みであることを考えるならば、それを広く可能性の領域に置いたままにすることは、あまりにも無責任だと考えられる。だからこそ、ここで、心理学／心理療法とは何かを、あらためて問う必要があるのだと思われる。

だが、もちろん、「人間の魂はひどく複雑で、心の数とほぼ同じだけの心理学が描かれうるでしょう」[2]とユングが言うように、心理学が心というものを対象とする学術領域である限り、それは心の数だけバリエーションがあることになる。さらには、心はその対象であるだけでない。心理学を思索し感じ取り、心理学的な行為を実践している心理師の主体も、当然のことながら、心である。そのため、心理学を定義する試み自体が、定義しようとする主体の数だけ増えていくことにもなる。つまり、心理学は、通常の学術領域とは異なり、みずからを客観的に定義するという方法を持つことはなく、心が心を見て、心を感じて、心と心の衝突するところに生まれるものだとも言える。アルキメデスの点のように、いま起きている出来事の外側に自分の観察点を置いてみたとしても、観察している自分自身の心の外側には出られない。あるいは、自分の心を外側から眺めてみたとしても、その眺めている自分のことは、客観視しえない。つまり、外側に出ようとする運動を繰り返しても、常に外側への分裂を繰り返していくだけで、心がばらばらになっていくトートロジーのプロセスを進んでいくだけになる。心を本来の客体とし、同時に、心を本来の主体とするならば、このようにならざるをえない。

しかし、実はこれは不毛な自己言及ではなく、「私は、私は、私は、……私に、私を、私で」、というように慌てて、どもるように繰り返されていくものでもなく、タウテゴリー的 tautegorical なものになる可能性を秘めている。タウテゴリーとはコールリッジやシェリングによって導入された言葉であり、つまり、「同じことを語る」ことによって、その同じことの周りを巡ることである。別のもので言い換えたりせず、それに直接触れてそれを解体して理解するのでもなく、その存在を大切にしながら、それを繰り返し、それと非直接的に関わりながら、それをゆっくりと表現し続ける方法である。タウテゴリーでは、アレゴリー的に「他のことを語る」ことで、また他を参照することでみずからを明らかにするのではなく、それとは対照的に、同じことを重層的に語るのである。それが、心理学の方法の一つである。[3]

また、ユングは、第二次世界大戦前夜の暗澹とした社会状況の中で、次のようにも発言している。「独裁者たちの台頭は、人々が自分たちの集合的な存在のあり方を、自分たちで何とかやり繰りするという複雑な課題を、他者に預けた結果である。そうやって人々は、身勝手に自分個人の〈個性化〉に取り組もうとしたのかも知れない」[4]。これは、社会批判としても重要な発言だが、いま注目すべき点は、「集合的な存在のあり方」を「自分たちで何とかやり繰りする」という点である。そして、それに続いて、ユングにとって重要な概念であり、心理療法という取り組みそのものであるとも言える「個性化」について、身勝手な個人的なものでは不十分であると発言している点である。

つまり、さきほど言ったように、心が心を見て、心を感じて、心と心の衝突するところに心理学が生まれるのだとすれば、その場合に言われている心とは、いわゆる個人の心に留まらないことになる。それは、個人の心であると同時に、「集合的なあり方」もしていることになる。たとえば、私たちが、社会や時代の雰囲気を読むときに感じるものがそれかも知れない。あるいは、もうすこし卑近な例で言えば、いじめが蔓延するときの集団のムードや、集団に同調して行動したくなるときに動いているのが、集合的なあり方をした心というものだとも言えるだろう。それを、自分たちで何とかやり繰りしなくてはならない、とユングは言う。それを人にまかせてしまうと、独裁者が台頭するのであるが、その際の独裁者とは、一人の個人というよりも、集団の心によってそのようなあり方をした集合的な心の運動のようなものだろう。それをたまたま一人の独裁者が体現するのであるが、それを生み出しているのは私たちの「集合的なあり方」なのである。

こうした心のことをユングは、「魂」と呼ぶ。心は、一人ひとりの個人において個別のあり方をしているだけでなく、必然的に、集合的なあり方もしており、そういう場合に、それは私たちにとって「魂」として感じられるのである。ただし、現代における口語的な意味での「魂」は、自分の信念や、自分独自のかけがえのないものや、スピリチュアルな意味で自分を超えていながら自分の内奥にあるもの等を指すことが多く、自分を支える肯定的なものと理解されていることが多い。しかし、魂とは単に肯定的なものではない。それが心の集合性である限り、必ず影も含み、個人にとって恐るべき動きを伴うこともある。魂は、個人に関心を払うことなどなく、ただ集合的な動きをしながら、展開していくだけである。だからこそ、個人が起こしたものではない戦争があり、個人が生み出したものではない文化があり、個人に始まりを帰することのできない歴史がある。それを「自分たちで何とかやり繰りする」必要があるとユングは言っているのである。

　つまり、心を客体とし、心を主体とする際には、そこに必ず、個人と集合が同時に動いていることを知る必要がある。現代の日本の社会において、心理学は、他分野によって分解されていくように見えるが、そのこと自体が集合的な心の動きでもあるのだろう。そして、もしそうであるならば、心理学は分裂解体しながら、いったいどのように学問として、そして、どのような実践として成立しえるのだろうか。ユングは、次のようにも発言している。「たとえ自分とは何の関わりがないと思えたとしても、私たち一人ひとりが、文化の持つ価値の作り手なのだ。もしこの世界が狂っているとしたら、それは私たち一人ひとりのどこかが、そして私のどこかが狂っているのだ」[5]。そしてまた、「人間の戦争好きの本能は根扱ぎされるものではなく、完全な平和は想定不能である。しかも、平和とは不気味なもので、それが戦争を育てる養分となる。真の民主主義とは、こうした人間の本質を承知した心理学的な制度であり、自分の内側に分裂葛藤を認めるものなのだ」[6]とも言う。この世界が狂っているなら、私のどこかが狂っているのであり、人々が個性を持って自分らしく文化的で幸せに生きられる民主主義が成立するならば、私は自分の内側に「分裂葛藤」を認めていなくてはならないのである。

そのような前提の下で、まずは一つひとつ、他分野との差異を明確にして、区別することからはじめてみたい。

心理療法の（現代の）近接領域との差異

まず、たくさんの心理療法家が働いている分野の一つである「医療」との差異を見てみたいと思う。

人が医療に求めるものは、基本的に身体の治療である。その際、現在日本で通用している西洋医学は、身体を一つの有機体として対象化して考えており、身体は一つの機械のように扱われ、それを観察し分析して、外科的もしくは内科的な治療を身体に施していく。つまり、医学的な治療モデルは、身体というある種の機械を修理するモデルに従っていると言えるだろう。人体の生理はとても複雑であり、それを科学的に知るためには人体の解剖が必須であり、解剖学を経ずして、西洋医学は客観科学として成立することはなかった。西洋医学にとって身体は、あくまでも対象化できる代物であり、人間の身体と心を分離して考える外科的な治療においても、心身を統合して考える内科や精神科的な治療においても、基本的には、機械のように見て、患部を外側から治療するという根本アイデアに変わりはない。そして、実際、身体に対しては、概ね、この修理モデルでの対処が可能であるとも言える。

しかし、人間を治療していく際に、身体を機械として見ていくことになると、人間そのものを機械として見ていく思想を抱えなくてはならなくなる。西洋医学が、フランス革命を経て大きく発展することになったのはよく知られた話[7]だが、革命の大きな要素は、人間を神が作ったものであると見ることを止めたことにある。人間は、一人ひとりが自由で平等で人権を持つという革命的な思想は、人間観の大きな転換となったわけだが、それは人間を呪術的に見たり、宗教的に見たりすることを止めることによって、はじめて成立するものである。つまり、すべての人間が同じように平等であり、王も貴族も平民もすべて同じ人間であり、どのような職業に就いていても、どんな地域に生まれていても平等であるためには、人間をすべて同質のものであると見なくてはならないのである。社会は、それで大きく転換し、進歩していくことになるが、人間観は、極めて客観科学的になり、つまりは人間を機械のように同じものとしてみる思想を根付かせていくことになる。それがなければ、身体を解剖することなど叶わなかったであろう。医学は、いわゆる人間機械論に根ざしてはじめて成立する実践である。もちろん、内科や精神科では、心や人格にも注目するだろうし、終末期医療に関しては、医学的なスピリチュアリティも取り上げられるようになっているが、自然治癒力に注目し、質の高い意義のある生活を送り、死をみずからの人生の一部として生きていくことは、医学によって定義づけられるものではない。それらは、人間を対象化して機械としてみることを中止しない限り、つまり、医学の自己否定がない限り、成立しえない人間観である。

そして、医学における死という問題は、本来的に最も遠ざけられるべきものとして、医学思想の根幹に据えられている。だが、それはフーコーによって「生政治」として分析されているように、生命にあまりにも大きな価値を置くことにより、生命以外のものを犠牲にしても良いというアイデアを人々に広めることにもなった。生命よりも大切なものはないというアイデアは、人間として当然の価値観のように蔓延し、「死なないこと、殺さないこと、少しでも長く生きること」が、人間の根本的な道徳であるとさえ考えられている。しかし、そのような価値観が定着したのは、歴史的には、せいぜいこの百年である。一方、生命の絶対化に対する反省として、緩和ケアや尊厳死といった取り組みが為されてきているのは確かであるが、これも医学の根本思想とは本来相容れないものであり、実際にも病院全体の中で、特殊な位置づけをされていることは否めない。

そんな医療の中で、心理師がどのように働いているのかと言えば、医学モデル／修理モデルに沿った形で働くことになり、最も一般的な仕事は、心理検査や心理教育であり、次には生活支援や心理的なリハビリテーション、最後にわずかながらにカウンセリングと呼ばれるものであろう。心理検査は、患者の人格の状態を知ろうとするものであり、心理学の実践であるのは確かだが、本来は人格を知ることと、その後の心理療法とがシームレスにつながってこそ意味のあるものである。だが、医療の中での心理検査は、実際のところ心理療法につながることはほとんどなく、あくまでも投薬治療や入院や看護のための資料として扱われるのが一般的である。それは心理という名を持っているが、医学的に身体を見るのと同じ思想で、心を見ようとしている取り組みである。また、心理教育は、心と身体が関係する機序を患者に伝えたり、生活改善に向けた知識の提供や新しい生活の提案をするものであるが、これも心理という言葉はついているものの、医学モデルに寄り添った教育であることに変わりない。生活支援も、退院や復職に向けた心理的なリハビリテーションも、不安感を聞いて支援したり、社会適応のための考え方を提案したりするものだが、これも心理療法というよりは、知識や行動を教えて一般的な人間の社会的なあり方を理解してもらうための教育プログラムに近く、ソーシャルワークの仕事の肩代わりであるとも言える。最後に医療の中でカウンセリングと言われるものだが、これもあくまでも、患者の心の不安を聞いて軽減するという役割を担うことが多く、場合によっては、患者の考え方とその考え方から派生する行動を変化させるために、考え方や行動を修正するためのプログラムを組むようなものである。だが、いずれにしても、それは対症療法的であったり、修理モデルであったりすることに変わりはない。つまり、医療の中で、本来の心理療法が成立する可能性は極めて少ない。ごく一部の医院や病院において、医学モデル／修理モデルをそもそも逸脱して、医学的ではない人間観を持とうとする稀有な取り組みがある場合にのみ、心理療法が成立することはあるが、それも常に医学モデルに再吸収される不安定な基盤の中で実践されていると言えるだろう。

医療の中に心理療法が存在しないわけではなく、そもそも医学という思想と心理学という思想は、その人間観と世界観において相容れず、実践においてその時々で一致することがあったとしても、根本的な齟齬は拭いえない、ということである。

次に、教育分野について考えてみよう。スクールカウンセラーや学生相談など、教育の領域においても、心理師は数多くの実践に携わっている。

教育において求められることは、その言葉が本質を表しているとおり、教え育むことである。特に学校においては、教科ごとに分かれたさまざまな知識を教えることで、児童生徒が知識を習得して、身につけていく。一人ひとりが物事を学ぶ楽しさを知りながら、新しい知識を身につけ、新しい技術を身につけ、それを学校という守られた場で試みに実践してみる。そうすることで、それまで知識のないままに見ていた現象が、まったく違う見え方をするようになり、目の前の世界が新しい光で照らされ、世界そのものが変化していく。主としてこういった取り組みが、教育と呼ばれている。

そして、教育とは特に、これまでの人類が達成してきたさまざまな過去の知識や技量を一つひとつていねいに学び、それを身につけていくことを目指しているため、人類三千年の普遍的な進化の歴史を、一人の生涯の中でたどり直し、一人一人が進化していくものであるとも考えられる。教育学の原語である pedagogy は、ギリシャ語で「子ども」を意味する paid と、「導くこと」を意味する agogus を組み合わせた言葉であるが、この場合の子どもとは、いわゆる年齢的なもので定義されるのではなく、本質的な生徒や弟子などの意味を含んでいるとも言われている。つまり、広く捉えれば、人類の歴史全体の中では、すべての人々が教育学的には子どものステイタスにあるとも言えるのかもしれない。教育領域における人間観は、人類の普遍性と照らし合わせた中にあり、個体発生が系統発生を繰り返すがごとく、これまでの進化を身につけて、これからの進化を目指していくという発展的な人間観に基づくものであると考えられる。

このように新しい体験を重ね、知識を身につけ、過去の進化をたどり、さらに、これからの発展を目指していくのが教育であるとすれば、それは本質的に「啓蒙」と呼んで良いものになるのだろう。その語源に沿って言えば、道が開かれ、教え導かれ、闇の中に光が灯されていくイメージこそが教育であるとも言えるだろう。

教育領域での心理師の活動も、このような思想の中に身を浸しているため当然ながら、啓蒙的なものになる。しかし、もう一方で、医療スタッフの一員となる医学領域に比べると、教育領域ではスタッフの一員になることは少なく、一定程度の距離が置かれることになっているのも事実だろう。そのため、心理師が啓蒙に直接携わるわけではない。むしろ啓蒙を進めていく教育の思想を知り、その有効性を理解した上で、知識や体験を重ねていく学校という場や、人類の歴史や発展を支える人間の共同体への「適応」の回復に向けられたものが心理師の活動となる。一人ひとりの個性や個別性はもちろん重要であるが、教育という人間観の中では、まず人類の普遍的な活動にアクセスして、一人ひとりの進度や関心の具合に応じながらも、自分という人間を共同体の中で形成していくことが重視される。教育が目指しているものの背景には、必ず普遍性があり、個別のものが普遍のものと関わりながら、教え導かれていくことが重要になる。

教育領域の心理師の実際の活動は、不登校やいじめなどを経験した児童や生徒と直接会って心理療法を実践することや、その保護者に会って家庭や環境や家族史が抱えている課題に心理療法的に取り組んでいくことではあるが、児童・生徒が、教育を受けられる状況に適応し、社会の中に居場所を見つけて、その上で自分の人生を生きられるようになることが目指されている。つまり、人類史に参加することが、教育においては欠かせず、人間は社会的な生き物であることが、教育における人間観なのだと思われる。それは徹底した個別に注目して、一人の人の生きた世界が成立することに注力する個人心理療法とは、異なるものとならざるをえない。

もちろん、ユング自身が心理師に求めるものとして挙げた次の項目を読むと、そこに教育的な側面がないわけではない。いや、教育だけでなく、医学的な側面も、ここには記されている。「まず何よりも臨床精神医学と器質的神経疾患の知識を私は求めます。第二に教育分析、第三にある程度の哲学的教養、第四に未開人の心理学の研究、第五に比較宗教学の研究、第六に神話学の研究、第七に診断的連想技術、夢やファンタジーの解釈技術の知識から始まる分析心理学の研究、第八に自分自身の人格の訓練、すなわち、必要な教育による機能の発達と分化を、私は求めます」。この最後の八項目に教育による機能の発達と文化が挙げられており、それはまさしく教育学的な観点から見た人間観であり、心理師の人格は教育的に分化していく必要があるといわれている。このユングの書簡には次のような言葉が続いている。

「これらは、私が弟子に課した要求です。当然、これらの要求に応えられる人は限られていますが、私はとうの昔に工場的な生産をやめたのです。何よりも、心理療法を子どもの知的な遊びだと私が考えているなどという印象を与えたくありません。そして、人間の心に関する本当の知識を得るためには、膨大な量の学習だけでなく、分化した人格が必要であることを人々に向けて明らかにすることに、いつも私は苦心しています。どんなに切羽詰まったとしても、心はひとつの技法で扱うことはできません。心理療法で、私たちが扱っているのは、まさに心であっていつも同じ機械的な方法で扱える古い機器ではありません。そのため、心理療法が簡単な技法であるという印象を与えることは避けるべきなのです」[8]

医学的な知識も、教育学的な姿勢も必要である。だが、それは心理学の基本的な考え方ではない。ユングがここで明示しているように、心理学の基本的な姿勢は、技法的なものではない。心理学に必要なのは、人間の心に関する対象化された知識だけではない。自分に向けられた問いかけと、自分を理解し、自分の人格と対決していく姿勢が必要である。心が心というものを知り、その心というものを通じて他者と自分を知り、その上で、その心そのもののリアルな振動に沿って行く必要がある。

さて、医療と教育以外にも、現代日本において心理師が関わる主たる領域として、福祉・司法・産業が一般的に挙げられている。このすべてを詳細に検討することはできないが、それぞれの人間観を簡潔に示すことはしておきたい。

福祉の人間観には共生の思想が強く存在している。社会福祉という実践は、この社会で人間が共同で生きていくために、社会制度を整え、その制度を有効に利用しながら、あらゆる人々が健康で文化的な生活を送れることを目指している。共生の根本思想は、古くから続く共同体信仰に根ざしており、大地に根ざして、人間を凌駕する自然や神秘に敬意を払い、与えられたあり方を受け入れ、人々と共に日々の生活を実践していく。そうした古き良き共同体モデルを、現代社会に適合した形で再現しようとする試みが、福祉だと言えるのかも知れない。あるいは逆に、福祉的に法制度や社会制度を整えるという思想の背景には、かつての自然な村落共同体や家族共同体が現代には成立しえないという現実認識があり、だからこそ、社会福祉制度を整えて、現代的な新しい共同体を生み出そうとしているとも言えるだろう。いずれにしても、福祉的な人間観は、各々の人たちがしっかりと主体性を持って、この社会で共生していくという理想と目標に支えられている。こうした社会的な目標設定はとても重要なものであるが、それは心理学ではない。心理学的に見ると、そこにははじめから設定された理想があり、ある種の自我理想に従った活動があり、ユートピア的な発想がある。その時その場の現実に沿って、そこから生まれてくる個別のリアルな活動や、一人の心に中心軸を置いた活動とは、大きく異なっている。

司法の人間観は、いま述べた福祉の人間観にきわめて近いものだろう。つまり、人間が共同で生きていくことを目指し、それを法に則して実践していくことが司法領域では大切にされる。人と共に生きていくために法を整えて、法を守り、法に沿って、人は自分や社会を改善していくことができる。そう考えるのが、司法の人間観だろう。法は、本来的には人を罰するものではなく、人々が共に生きていく際に必要なセーフティネットのようなものであり、そのネットが、その時々で守りにもなれば、縛りにもなるのだと思われる。

ただし、実際に心理師が関わる司法領域は、犯罪や虞犯の心理の査定や鑑別、そして犯罪からの公正や矯正という活動である。法という基準によって人間を理解し、それにあった形に人間を適応させていく活動であるとも言えるだろう。もちろん、法を社会制度として上手に利用しながら、法に人間を合わせるのではなく、人間の実状にあった法の運用をしようという実践もあり、それはおそらく福祉的な思想に近いものとなるだろう。ただし、福祉が自然な共同体をモデルにしたのに対して、司法は人工的な社会共同体を人間の理性を働かせて作り出そうとする。

法は、社会や国家という集団の現実を重んじて作られ、自然の中に埋もれた人間存在や、スピリチュアルな対象と一体となった人間存在を、そのような所与のものから解放して、自由と権利を保障するための基準を導入したのである。法を作り、それを遵守しながら、人間の社会を実現しようとするのが司法であろう。心理学は、自然や神が世界の中心軸でなくなったことは理解するものの、そこに新たな中心軸を導入することはない。心理学にとって、共生も、自由も平等も、一つのアイデアであって、それが中心思想になることはない。

一方、実践において司法領域の心理師は、おそらく犯罪や虞犯にいたった状況をていねいに聞きながら、その人がそれまでに生きてきた人生を教えてもらい、犯罪をおかすにいたる経緯や背景を教えてもらい、その人生の歩みに共感を示すだろう。そして、それによって再犯を未然に防ぎ、罪の意識をみずから担う作業を援助することになるだろう。それは、その人がこの社会で生きていくための手助けとなるかもしれない。二〇二四年にＮＨＫの朝の連続テレビ小説で『虎と翼』が放映されて話題になっていたが、その中で主人公の女性が「法とは船のようなものではないかと思う。人が人らしくあるために、尊厳や権利を運ぶ船、社会という激流に飲み込まれないための船。その船の使い方は乗り手次第で、その船を改善したり修繕したりして進む[9]」と定義していた。法治国家において、降りることのできない船は、人生そのものであり、それが法であるという考え方はまったく的を射たものだと思う。そして、そのような取り組みにおいて、基準として「法」が常に参照される。基準を「心」に据えている心理学は、その点において、司法とは大きく異なる取り組みであることは明確であり、法のようなアルキメデスの点を心理学は持つことを許されない。

最後に、産業領域の人間観を検討する必要があるが、ここでの心理師の活動は言うまでもなく、会社組織と労働組織に適応し、適材適所で人が働けることを目指すものである。この領域は主に経営学として考えられたものであり、ある種の集団に所属する人々を、組織経営の視点から制御し、配置し、組織を円滑に運営していくために行われている取り組みである。いわゆる集団心理学がその基盤にあり、その集団での役割や地位や権力によって、所属する人々を円滑に組織立てていくことが重視されている。産業領域の心理師は、もちろん一人ひとりの苦労や訴えに耳を傾け、その人の働きやすい部署を共に考え、職場環境の改善や人間関係の改善に向けた取り組みも行うだろう。しかし、産業領域における基本的な人間観は、組織の側にあり、組織の中にある個人は、あくまでも組織の成員として考えられている。

このように、福祉・司法・産業のいずれの領域においても、心理学はその本質を見いだすことはなく、心そのものに軸を置くことはなく、それぞれの人間観に引きつけられながら、人と心というものを非心理学的に見ることを余儀なくされる。

ここに挙げたさまざまな領域の取り組みは、それぞれの視点や思想を備え、それを基盤や軸にしながら遂行される。しかし、実は心理学にはそれがない。心理学は、基盤のない心というものに取り組む。そもそも心を備えた者が心に取り組むため、客観的な視点を導入することは、不可能である。心を排することで心を観察することはできるかも知れないが、そうした心のない取り組みは、その活動の開始時点で、心理学と呼ばれるものにはなりえない。心理学は、基盤を持たないまま心に取り組むしかない。だからこそ、医療・教育・福祉・司法・産業のどの領域で働くかによって、当然ながらその活動が変化させられることになる。心理学が医療心理学になったり、教育心理学になったりするのは必然であるとも言えるだろう。心理学は、そうして心に想い描かれるさまざまに思想やアイデアの集積体であり、そうしたものがどのように配置され想い描かれているかによって、心理学そのものの形が変わっていくとも言えるだろう。しかし、このように固定した「基盤がない」ことが、心理学が唯一備えている自己定義なのである。このことを鑑みると、心理学は、何らかの他分野の思想によって影響を受けたり形を変えられたりするものの、実はこの「基盤のない」ことにこそ基盤を置くものであり、どのような色に染め上げられたとしても、どのような形に整えられたとしても、それはその都度の現実に沿っているのであって、本質的には、心理学はいつも必ず基盤のなさだけを基盤とするのである。それは根本的には基底をもちえない。それは底なしである。底がないことは、不安定さではあるが、同時に、底知れないほど「深い」ことでもある。そしてそれによって、心が自由に心そのものと関われる。心理学は、その都度、その場にあるものだけに関わり、外側から何らかの思想を持ち込まず、目的や目標を外側から設定せず、いつも心そのものの周りを巡りながら、心と共に活動することができる。どのような分野と関わり、どのような思想と関わっていたとしても、心理学が繰り返しこの心理学自身の基盤のなさに立ち返るならば、心理学は心理学としてその都度生まれてくる。心理学は既存の学問や活動ではなく、常にその都度、その時々の心のあり方と共に誕生し続ける分野なのである。

イニシエーション概念と心理療法の近似性

さて、ここまで心理療法と現代のその近接領域の思想や人間観の差異を見てきた。だが、もう一つ、心理療法と歴史的に近しい関係を持つものとの差異も確認しておく必要がある。それは、いわゆるスピリチュアリティと呼ばれるもの、たとえば占星術やヨーガや瞑想であり、またシャーマニズムや魔術と呼ばれるものであり、そして先祖信仰を含む宗教的実践一般である。しかし、これらに関しては、ここまで見てきたような人間観の差異として、心理療法との違いを明示することは難しく、そうした意味では、こうしたものと心理学には共通の世界観があるとも言えるかもしれない。つまり、簡潔に言ってしまえば、人間には、そしてこの世界には、「魂がある」と考えられている点で、これらには共通点がある。魂という視点から見ると、この世界の多様なものたちは、ばらばらに存在しているのではなく、一つひとつがつながり連動し、空間的・時間的な距離を常に変化させながら、多重に関わっている、とされる。それは、世界をコスモス〔多様な宇宙〕として見ているとも言えるだろう。しかし、もちろん重要な差異もある。それは、心理学が、過去のスピリチュアルな取り組みとは異なり、現代のユニバース〔一つの宇宙〕という世界観をも同時に受け入れている点である。二十一世紀という現代の社会制度・経済制度・科学技術がもたらしているものさえも、心理学は、心の描きだしたアイデアとして、つまり魂の表現として受け入れている。

ここからは、スピリチュアルで歴史的な近接領域と、心理学の両者において重要概念であるイニシエーションに注目をして、その検討を通じて、二つの領域の差異がおのずから明らかになっていく様子を見てみたいと思う。つまり、イニシエーションの検討によって、心理学へとイニシエートしていく作業に取り組みたいということである。

そもそもイニシエーションは、「心理療法において中核的な重要性をもつもの」[11]であり、心理学に欠かせない概念である。儀式としてのイニシエーションが人の心の転換作用を活性化させ、世界と自分という存在の新たな扉を開くように、心理療法も一つの転換の活動であると考えられる。イニシエーションは通過儀礼や成人式祭などと日本語に翻訳されるが、その基本的なプロセスとして「1．分離、2．過渡、3．統合」の三段階をエリアーデは挙げている。[12]それは子どもらしい素朴で守られた共生を飛び出し（分離）、不安定な生の状態に入り込み、生死の関わるリアルな試練をくぐり抜けると同時に「あの世」を知り（過渡）、その上で、自分が帰属する社会集団というものの存在を認識し、その社会集団の中で大人として責務を果たす協働へと移行し、安定性のある社会的現実を始める（統合）ことである。

このように、イニシエーションはいくつかの段階や定型で理解されることが多く、それに倣うと、心理療法も段階や定型を持った治療法の一つとして理解されることになる。だが「心理療法において中核的な重要性を持つ」という先ほどの河合の言葉は、むしろイニシエーションの多様性を基盤に据えている。「心理療法の場合は、現実にやっている時は雑多な要素がたくさん入るんですが、ものを言うときにはある程度理論的に言わねばならないという宿命がある。そうするとイニシエーションのパターンなどに引きつけてものを言う」ことになり、心理療法という活動も分かりやすくなり、治療の筋道のようなものが共有される。「ただし、筋道に話をもっていこうとすると、セラピーも失敗する」という。[13] つまり、河合はイニシエーションという概念を使って心理療法を理解することが必要であると説く一方で、心理療法の現実の多様な要素を一つのイニシエーション・モデルに収斂させないようにすると言っているのである。ここで言う「雑多な要素」とは、現実の生活の些末な出来事かも知れないし、心理療法の中で語られる世間話のようなものかも知れない。しかし、そのような分類不可能な雑多な要素こそが、その人の個性や現実の一回性を示し、それが心理療法の中で息づいてくることによって、本来的な意味での「個性化」も成立する。

ここでこれから、一つの昔話を通じて、あらためて心理療法におけるイニシエーションを検討したいのだが、それによって、イニシエーションの新しい亜型を示そうとするのではない。イニシエーションの構造よりも動勢に注目して、イニシエーションと心理療法を本来の多様性へと解放しようとするのである。

ここで昔話を取り上げる理由も述べておきたい。一般に物語を体験する者は、それを自分と関わりのないお話として聞いているようでありながら、実はその心は物語の世界に入り込み、その世界を生きはじめる。すなわち物語は、それを聞く者に対して知らぬ間にコミットメントを要求するメディアである。そこで要求されるのは特殊なコミットメントであり、以下の二つの点において心理療法に要請されるコミットメントと近似している。

心理療法は、客観科学と教義宗教の限界と共に生まれた実践である。世界に生じる出来事から不確定要素を取り除いて分析する方法を科学が成立させた。しかし、そこには個別性や雑多性のある一人の人の存在や心が関わる余地はなくなる。そこに、一人の人の現実や存在への問いが生まれたとき、心理療法は、雑多な不確定要素としての私自身を関わらせる方法をとる。それはユングがみずからの心理療法の先祖として錬金術を研究したことにも通じる。錬金術は、客観科学の礎を作ったと同時に、決定的に科学とは異質な点をもつのだが、その一つは錬金術師がみずからの魂を作業工程に関わらせることで、一般的な金でなく、唯一の卑俗な私の金を生み出そうとした点にある。「私」という不確定要素が加わることで、科学的に定式化はできなくなる。だが、これはクライアントとセラピストという二つの私がいま目の前の物事にコミットし、その関わりを通じて転換作用を生み出そうとする心理療法の営みと通底する。同じように、私たちが物語を聞く際、それを客観的にお話として聞きながらも、同時に、私が物語に関わり、物語を生きているかのように、それを聞くことになる。すなわち、物語を聞きながら物語を生きるというコミットメントが始まり、それは、雑多な私自身のコミットメントを必要とする心理療法的営みと近接することになる。こうした取り組みは、以前は、信仰が担ってきたものであった。神話や伝承や言い伝えといったものが生きている時代には、一つひとつの事物や人物が疎かにされることはなく、物語形式を取りながら、それを聞く人々の心に個々のものが生きていた。だが、その現実が教義にまとめられ、その実践が定式化されて行くにつれて、個別性もコミットメントも疎かにされることになっていった。ユングが、キリスト教のミサに、それが本来持っていた転換を生み出す作用を、象徴的に見ようとしても、そこにはもはや何もなかったことを記しているが[14]、教義的になった宗教実践には、ユングという個がコミットする余地がなかったとも言える。しかし、教義に定式化することのない物語は、それを読むものの読み方次第で、あらゆるものが生き生きとしている世界を再度、現出させる。しかもそこに私という個が深く関わる可能性を開いている。

一方で、心理療法は社会変革や革命的な行動の限界と共に生まれた実践でもある。つまり、実存主義的な覚悟や道徳的な倫理をたずさえて現実変革に関わり、この現実を改変しようとする意志を持ったコミットメントが成立しなくなったところに、心理療法は生まれている。意志や意識の強さを基礎にしたコミットメントは、その個や集団の目的にコミットするものであり、ある種の目的や思想にコミットするものであり、その時その場の現実にコミットするものではない。その時その場へのコミットメントは、むしろ、物語を聞いて、いつの間にかに誘われ入り込んでいくようなものであり、意識的決断による関わりではなく、無意識的に動かされるような関わりである。それは能動的で積極的なものではなく、受動的で消極的なものであると言ってもよいだろう。しかし、この心理療法における受動性と消極性は、ただ状況に流されるというものでもない。たとえばそのようなコミットメントはギーゲリッヒのいう心理学の性質としての「否定negation」[15]に準じたものであり、積極性や実体性と対照される心理学の独自の活動性であるとも言える。臨床の実際で言えば、セラピストは目の前のクライアントの問題解決のために、積極的に行動し医療的な処置や福祉的な措置を講じることはないが、そのような行動に出ないことを通じて、逆説的により深くクライアントの苦悩に関わろうとする。問題解決のために行動を起こすことは、一見すると積極的なコミットメントに見えるが、実はクライアントの苦悩そのものへの関わりではなく、医療や福祉の文脈から解釈された問題への関わりである。それに対して、受動的・消極的・ネガティブなコミットメントとは、外的な行動には出ない内的な活動であり、内的な活動であるからこそ、あらゆる既存の判断を中止した上で「いま、ここ」の個人の一回性の苦悩に関わることができるのである。この非行動性において逆説的に内的な活動性が生まれる。ここでは、このような物語の心理療法的コミットメントを頼りにして、イニシエーションを検討していきたい。

実際の物語に取りかかる前に、イニシエーションについて、もう一点だけ確認しておこう。イニシエーションを経ることで、人は死という解決不可能な終わりを知り、それでも生きてみずからの活動に専心することの意義を知る。河合は『宗教と科学の接点』において、死後の生についてお話として物語る「神話の知」の重要性を説いているが、物語的なコミットメントを備えたイニシエーションは、親と子、人間と動物、生と死といった二項対立しかなかったところに、死後の生という二項に分類できない心の世界を生み出すという。[16] さらにエリアーデは、イニシエーションにおいて、私たちを支える神話的伝承は語られるだけでなく、「ふたたび検証し直」されるという。[17] つまりこの「神話の知」は自明の共同の幻想として存在しているのではなく、物語へのコミットメントを通じてその都度新たに体験され、その都度、その体験者によって検証され納得されていく。たとえばユングは「私たちは、神々の変容の時代に生きている。つまり根本的な原理と象徴が変容していくのである。もちろん私たちがそれを選び取ったわけではなく、それがこの時代そのものの関心事であり、いま起き続けている人間の内的な変化、無意識的な変化がそこに現れているのである。来たるべき世代は、この現在の変化を引き受けねばならないだろう[18]」という。私たちはイニシエーションあるいは心理療法を通じて、現代において変容しづける神話の知を知り、それを検証し、それと共に私たち自身も変容していくのである。

「自分は『イニシエートされた』と完了形で体験してとどまっていることは、イニシエートされない状態」になると河合が言うのは、神話の知をいったん共同の幻想として保持してしまうと、それが絶対視され、他のものを受け入れられなくなる状態を指しているのであろう。だからこそ、「分離・過渡・統合」を図式的に考えず、むしろ「過渡にはじまって過渡に終わるような覚悟を持って」心理療法を進める必要があると河合は言う[19]。だが「過渡にはじまり過渡に終わる」イニシエーションは、特別に現代的な様式ではなく、そもそも物語られる神話の知を、その体験者が繰り返し検証し直すことで成立するものである。イニシエーションが基盤に据えているのは、まさしくこの「過渡」という動きのある「神話の知」である。定式化されたものしかない此岸を離れ、川を渡り、未知の彼岸へと決定的に渡ることが、「過渡にはじまり過渡に終わる」ことの真意であろう。傷つきのない安定した日々を、教義や制度によって保証されるのではなく、物語が生き生きと体験され検証され、新たに生まれ続けることがその真意であり、それが心理療法的なイニシエーションなのである[20]。

いまや私たちを支える世界観や宗教観は、そもそも自明のものとしては存在していない。教義化された信仰はもちろんのこと、土着の神々や自然への素朴な信仰も、総体として世界を支える神話にはならない。心理学にも心理療法にも、それを支える根本的な理論や世界観はなく、それが根本的には基底をもちないことは、先ほど確認したとおりである。イニシエーションや心理療法のオプス opus〔作業〕は、この基底のないところでこそ稼働し始める。存在を支えるものとしての神話的な知はその時々の出来事の経過の中で生成してくる。ここからは、グリム童話「ラプンツェル」を通じて、この底なしのイニシエーションを体験していきたいと思う。

ラプンツェルのイニシエーション

1. 物語のテーマと魂の活動（以下、物語はグリム版（一九八〇）を底本としゴシック体で示す[21]）。

「むかしむかし夫婦者があって、永い間、子どもがほしいほしいと言って暮しておりました」。

物語「ラプンツェル」は、「子どもがほしい」という思いから始まる。現実の社会では、子どもがほしいという思いの背景にさまざまな動機が想像され、それは人の置かれた状況によって変わり、一つに還元することはできない。他方で、昔話において冒頭に提示される思いは、物語自体を展開させる根源的な思いであり、物語に息づく魂の願いでもある。物語はこの一つの願いの自己展開として語られるとも言える。つまり「子どもがほしい」という思いに対する回答は、この物語そのものが語り全体として提出しており、物語を読み終えれば、「子どもがほしい」という魂の願いがどんなものであるのかが読者の心の中に息づくのである。そしてまた、この願いは臨床現場で主訴と呼ばれるはじまりの困難と比肩するものであると考えると、主訴をセラピストが受け取るように「子どもがほしい」という訴えを、読者は聞き届ける必要があるのだろう。

この物語のはじまりに欠如はない。「母親がいない、後継者が決まらない、貧しく死に瀕している」などさまざまな欠如が物語の初めに訴えられることがあるが、ここにはそれがない。唯一あるものが「子どもがほしい」という思いである。それは過去に欠如したものに対して向けられているのではなく、未来に向かっている。「子どもがほしい」という思いは、先の未来に向けて発せられる。子どもとは、心理学的には未来の象徴であり、「子どもがほしい」という訴えはまだ見ぬ未来へ託された希望である。つまり、この物語の冒頭に示される主訴は「未来を生み出したい」「未来を切り開きたい」という訴えだとも言えるように思う。それは、ここでの主題である心理療法・イニシエーションに臨む者たちが、その心に思い描くものである。未来は、文字通り、未だ訪れていない。それはいままで見ていた現実とは決定的に違う。いままでとは異なる現実を、この現在に呼び込もうとすることで物語は始まる。

2．光と影、カテゴリーの越境

すぐに待望の子どもが授かり女性が身ごもることになる。だが、そこに新たなテーマが表れてくる。「夫婦の家の裏には、小さな窓があって、その向こうには美しい花や野菜の育つきれいな庭がみえるのですが、庭の周囲には高い塀がたてまわされています。庭の持主は世間から恐れられている一人の魔女でしたから、誰一人、中へはいろうという者はありませんでした。妻がこの窓の所へ立って、庭を眺めていると、ふと美しいラプンツェル（チシャとも呼ばれるサラダ菜）の生え揃った苗床が眼につきました。すると彼女はそれを食べたくてたまらなくなり、毎日、そのサラダ菜のことしか考えられず、日ましに瘦せて青ざめていきます。それを見かねた夫は塀を越える決意をします。〈妻を死なせるくらいなら、どうなってもいいや、その菜を取って来てやろう〉と思い、夜に庭に忍び込んでラプンツェルという名のサラダ菜を取ってきます。それを妻はとても美味しそうに、すべて平らげます」。

子どもを授かると同時に、裏窓から魔女の庭が見えることが語られる。その庭は壁に囲まれてこちらの世界から分断されている。一方でそこには植物が豊かに生息し、美しく輝いている。暗さと恐ろしさを示しながら、同時に計り知れない豊かさを持っている野性の森のような庭が裏窓から見えている。

身ごもった女性は、光と影を併せ持った魔女の野性の庭に育つラプンツェルが食べたくなる。どうやら未来を担う子どもを生み出すためには、光だけでも影だけでもなく、光と影を内在させた魔女の野性の庭の力が必要らしい。まだ見ぬ未来を開く者は、現在の価値観から光に見えているものだけでなく、影に見えているものも混在のままに必要とし、それが未来において光であるか影であるかの判断を中止して、その答えを未来に託す。同時に夫は恐ろしくて越えられないはずの壁を越えてラプンツェルを取りに行く。妻と子どもを助けたいという思いが、安全な日常の世界と、魔女の世界との境界を越えさせていく。そうして、この越境は対立する二項の分断を破棄する。人間と魔女の境界が越えられると同時に、日常と野性、光と影、意識と無意識の境界が越えられることにもなる。

ところでラプンツェルという植物は、現代ヨーロッパでも日常的に食するサラダ菜の一つであり、近代まではヨーロッパの北部の冬期において、唯一植生可能な青菜であった。寒い冬でも緑豊かに育つラプンツェルは、北部ヨーロッパにおいて絶えることのない生命の輝きとして、人々にとって一つの希望の姿であり、冬の暗闇に光る灯火であった。この植生と重ねて考えると、魔女／野性との接触を通じたラプンツェルの菜食は、冬の闇と植物の光との混成物の体内への同化であり、暗闇の中にある光の可能性の暗示である。暗く寒い冬に青々と育つことのできるラプンツェルを心に迎え入れると、闇はただ闇に光はただ光になるのではなく、その固定した枠を越えて、二つの異なるものが混じり合いながら育つ可能性が生まれてくる。ラプンツェルはそもそもカテゴリーを越えた植物であり、それを食して「カテゴリーをまたぐ」ことで既存の枠組みが変更されていく。そしてそれを象徴する子の誕生が予感されていく。

3. イメージの可能性と未分化性

さて、二度目に夫がラプンツェルを摘みに行くと、魔女に見つかり盗人として問い詰められる。だが、妻が身ごもっており、ラプンツェルの葉が食べたいと言って聞かなかったことを告白すると、魔女は言う。「**ここにあるラプンツェルを、お前のほしいだけ持たしてあげるよ。だ**

が、それには、お前のおかみさんが産み落した子どもを、わたしにくれる約束をしなくちゃいけない」。夫は目の前の心配に気をとられ、言われる通りに約束してしまう。そして子どもが生まれると、「魔女が来て、その子に〈ラプンツェル〉という名をつけて、連れて行って」しまう。ラプンツェルは美しい娘に育つが、「十二歳になると、魔女は森の中にある塔へと、娘を閉じこめてしまいます。その塔は、梯子も無ければ、出口も無く、ただ小さな窓が一つあるかぎりです。魔女が入ろうと思う時には、塔の下へ立って、大きな声でこう言うのです。〈ラプンツェルやラプンツェル、お前の髪を下しておくれ!〉」。

ここで夫は、あまりにもうかつに、子どもを魔女に渡す約束をしてしまう。だが、こうした「うかつさ」は昔話には頻繁に登場する。意識的な判断では考えられないようなこうした「うかつさ」は、多くの場合、心のより深い層からたち現れてくる。

そして、ここで魔女の庭に植生として存在していたラプンツェルと、女性の中に胎児として存在していたラプンツェルが一つに成るかのように、はじめて人としてのラプンツェルが現実に生まれてくる。このラプンツェルは、野性と日常性と、植物性と人間性というカテゴリーをまたぐ者として物語の中に生まれる。しかし、その子は魔女に連れられて、まるで第二の胎生を必要としているかのように、塔の中に幽閉される。

このあたりの物語展開は、虐待や束縛など現実の親子関係と比較して分析されることもあるだろう。しかし本論ではそれは関心の埒外にある。物語に入り込む者は、此岸の通常の価値観で出来事を計りはしない。むしろこの幽閉は、イニシエーション儀礼の中の出来事のように見えて、世界の中にラプンツェルだけを抱える新たな枠が発生したようにも見える。光と影、日常と野性の両方を取り入れたラプンツェルは、今度は胎内ではなく高い塔の壁に囲まれて育つ。しかも、それは外側への通路を持たない場所である。しかし、完全に閉じられた場所かといえばそうではない。はじめの両親の家に魔女の庭に続く裏窓が開いていたように、ここにも塔の高い位置に窓がある。窓は、扉とは違い、別の空間への通路にはなっていない。しかし、壁とは違い、別の空間とのつながりを遮断してもいない。窓は、二つの空間が行き来できる可能態の表現であり、まだつながっていないものがつながろうとする潜勢力の表れでもある。

しかし、窓は可能態の表現であると同時に、イメージだけの世界へとひきこもる危うさも含んでいる。高い塔の中にいて窓だけが開いているとき、どうしてもイメージが先行する。まるでスマートフォンやタブレットの画面を通してイメージ世界が広がっていくように、行動の伴わないイメージが窓外に広がることになる。窓からの眺めの良い部屋は、ときにはその眺めの良さの中に人を安穏と幽閉することにもなる。加えてその幽閉の一翼を担うのが有名なラプンツェルの長い髪である。何もせずとも伸び続ける髪は魂の絶え間ない活動と考えられ、民俗的な信仰を集める。しかし、これは断ち切ることのできないつながりでもある。野性の魔女の世界の豊かさは、自然との緊密なつながりから生まれているが、自然との関係は密接で未分化でもある。魔女がこの塔を訪れるときに、ラプンツェルの長い髪を下ろさせて塔に上っていくが、この塔の中へは、一度も切られたことのない長い髪でしか立ち入れない。窓からの眺めと長い髪は、豊かなイメージと自然との未分化なつながりを象徴し、それが幽閉なのか、あるいは第二の胎生なのか、答えはすぐには判明しない。

4．髪と声の垂直性と流動的知性

さて、髪による塔への出入りは、塔の上と下という垂直方向にも作用している。垂直方向の移動はユングの夢に現れる家の構造のように[22]、意識と無意識の違いを明確にし、同時にそのつながりを生む。通常の意識は、時間的・空間的に横に広がり、いくつもの時代と場所を比べ、比較によって本質を明らかにしようとする。逆に垂直方向の活動は、ある一瞬の一つの場の本質を、天上の光の世界から地底の闇の世界まで、貫いて表現しようとする。天と地と地底という垂直に貫かれたつながりは、日常の水平のつながりとは根本的に異なり、聖なる世界と俗なる世界をつなげ、人間と非人間をつなげる。つまり垂直性はその時と場において現れる共時的な体験を呼び込み、自己の個別性を支えるものにもなる。しかしこの垂直性のつながりは、水平性のつながりを疎外するものにもなる。シャーマンや巫女が霊的な能力を活性化させるために、籠もりや禊ぎを通じて人間的なつながりを一時的に途絶するように、垂直方向のつながりは日常的で社会的な水平方向のつながりと両立することがない。

この垂直方向の移動を見ても、やはりこれは、個別性を孕む第二の胎生でありながら、水平方向のつながりを断ち切る幽閉でもある。つまり、それは矛盾を含んだ活動であり、意識の論理からすると価値の定まらない分裂した状態である。だが無意識の心から見れば、たとえば人類学者中沢新一や精神科医マテ・ブランコによって対称性の論理と名付けられたように、二律背反とは別種の二項の運動を可能にする活動である。胎生／幽閉であることは、二律背反の価値判断を中止し、その二項を価値基準のないシンメトリカルな対と見て、あらためて現在において捕らえ直す「流動的知性」を活性化する。[23] 同じことがユング心理学では、分離を含みながらも結合している運動態としてシジギーと名付けられてもいる。

また、声もこのシジギー的知性の活性化に、一役をかっている。「**ラプンツェルやラプンツェル、お前の髪を下ろしておくれ**」。この種の声による呼びかけは、祝詞や経のように垂直軸にある二つの世界をつなぐ方法としてさまざまな儀式でも実践されている。この言葉は、その音を一度聞いただけでは、実は意味が判然としない。だが、それは意味伝達を目的とせず、まず音声を伝えることを目的としているように思える。呪文のような音でしかない音声は、まだ意味はわからないが、むしろこれから意味になる可能性を孕んでいる。もともと歌と対話は同じ一つのものであったと言われるが、それが記述されるものになり、さらに手を使わずに印刷されるものになり、二つは別種のものになったと人類学者インゴルドは言う。[24] しかしそもそもそれは同じ一つのものの二つの活動面である。音声は、意味を伝える言葉にも、身体的に感じ取られる歌にもなる。ラプンツェルが植物を意味すると同時に一人の女性を意味し、髪が頭髪を意味すると同時に梯子を意味するように、音声による呼びかけもその内実が定まらず流動化する。そう考えると、この音声はラプンツェルの髪を下に降ろす役目を果たすだけでなく、髪を先駆けとしてラプンツェル自身を高い塔の上から下界へと呼び覚まし、この大地の上に降ろそうとしている祝詞かもしれない。音声は魔女やラプンツェルや王子を結びつける役目を担いながら、その潜在的な可能性を呼び覚ましている。

5. 内側への冒険

あるとき、一人の王子が、この森に通りかかり、「塔の中から、何とも言いようのない美しい歌が聞こえて来て」立ち止まる。「王子は上へ昇って見たい」と思うのだが、どこにも入口はない。「けれどもそのとき聞いた歌がこころの底までしみ込んでいたので、それからは毎日、歌をききに森へ出かけて行く」。

今度は声が再び一つの境界を超えようとする思いを招き入れる。王子は子どもでも青菜でもなく、歌声によって誘われる。また今回ははじめの越境とは違い、外側へと誘われるのではなく、塔の内側へ誘われ、王子が求めるものは、美しい歌声を発している人であり、人間そのものへの関心が明確に示される。この関心は、物体への関心ではなく、美しい歌を歌う一人の人物とその心への関心である。歌声が現れる塔の内側が象徴的に表しているのは、生きた人間の心であり、ここには人の内面への関心が生まれている。塔の内側の歌声は、身体の内側の心の声に通じている。この内側への関心は、心や魂を命題とする心理学への関心でもある。

王子は、塔の中へ呼びかけて降ろされた髪を頼りとして、魔女が上に登っていく場面を目撃し、「あれが梯子になって、人が登って行かれるなら、おれも一つ運試しをやって見よう」と思う。日が暮れかかった頃に塔の下へ行って呼びかける。「ラプンツェルやラプンツェル、お前の髪を下ろしておくれ」。そうして王子は登って行く。

王子は声に誘われて内側に至ろうとする。ところで現代の臨床で若いクライアントの話を聞いていると、ボーカロイドや声優といった声の存在の大きさに驚かされることがある。生身の人間では歌えない速度で歌う声や、演じられたのがよくわかる擬態的な声たちが、その声だけで若い人々を魅了している。人工よりも生身に、演技性よりも事実性に重きを置いて、虚よりも実を取ろうとする大人からは理解できないものかもしれない。しかし、そもそもこの虚実はいつも極めて薄い皮膜によって隔てられているだけである。塔の中から聞こえてくるラプンツェルの歌声に実体があるのかどうかはわからないが、虚に関心を持って出会おうとしない限り、実体もわからない。虚である声に誘われてこそ、皮膜の向こうとこちらの行き来が生まれる。そもそも実体を持たない心や内面への関心は、虚に信を置いてこそ生まれる。だからそれは、王子が言うように間違いなく「運試し」であり、若者は虚に寄り、未明に立ち入り、内側への冒険、無意識への冒険を始めるのである。

6. 作業・分類・感情による日常への誕生

王子が塔の中に入ってはじめて、この物語の中にラプンツェルという女性が意志や感情を持った人物として登場する。「ラプンツェルは、まだ一度も、男というものを見たことがなかったので、いま王子が入って来たのを見ると、はじめは大変に驚きました。けれども王子は優しく話しかけて、一度聞いた歌が深く心に泌み込んで、顔を見るまではどうしても気が安まらなかったことを話したので、ラプンツェルもやっと安心しました」。王子はすぐにラプンツェルに婚約を申し出るが、この塔から外に出る方法が問題となる。ラプンツェルは「わたしには、どうして降りたらいいかわらないの。あなたがお出でになるたんびに、絹ひもを一本ずつ持って来て下さい。わたしそれで梯子を編んで、それが出来上ったら、下へ降りますから」という。

塔の内に入るためには、髪を切らずに置けば良かったのだが、塔の外に出るためには、自分たちの手で梯子になる綱を編まなくてはならない。自然の髪は役立たない。いま必要とされているのは手をかけて糸から縄を作る作業である。みずからの意志で他者のいる外界に出て行くためには、手間暇をかけ労力を惜しまず、日々の現実にたゆまずコミットし、外への道を形作らなければならない。ばらばらな繊維が縒りをかけられてしっかりとした一本の糸になるように、絹ひもは、大地に降りるための梯子となるまで、手塩にかけて編まれなくてはならない。ここに姿を現したばかりのラプンツェルは、それが生きた未来の姿として現実化するための地道な作業を必要としている。

しかし、地道な作業だけでもうまくはいかないらしい。そのことを物語は教えようとしている。

魔女は王子が来るようになったことに少しも気がつかないが、ある日ラプンツェルは、うっかり魔女に向かって言ってしまう。「ねえ、ゴテルおばあさん、どうしてあんたの方が、あの若さまより、引上げるのに骨が折れるんでしょう。若さまは、ちょいとの間に登っていらっしゃるのに！」。それを聞くと魔女は事態をすぐに理解して「何だって？　わたしはお前を世間から引離して置いたつもりだったのに、お前はわたしをだましたんだね！」と言って、ラプンツェルの美しく長い髪をはさみで切り落としてしまう。そうして、何の容赦もなく、この憐れなむすめを人のいない荒野の真中へ連れて行って、悲しみと嘆きの底へ置き去りにしてしまう。

地道な縄作りの途中で起きるこの惨劇は、あまりに唐突に見えるが、一方で一つの必然的な帰結でもある。塔の中しか知らなかったラプンツェルに主体性が芽生え、王子という外の世界の人物を知れば、当然いままでの世界と外の世界を比較せざるをえなくなる。魔女は重く、王子は軽い。ただそれだけのことでも、目覚めたばかりの自我にとって新鮮な驚きに満ちたものである。初めて体感する世界の差異なのである。またここで同じ意味で印象的なのは、魔女が〈ゴテルおばあさん〉という名前で呼ばれることである。それまで魔女はあくまでも魔女であり、他に比較すべきものなどなかった。しかし外の世界が現れることによって、魔女は〈ゴテルおばあさん〉と名付けることができる人物となり、ラプンツェル自身によって判断し分類できる対象になる。

そして、こうなると、世界とのスピリチュアルなつながりであった髪は必然的に切られることになる。物事の比較が始まったということは、水平方向に世界が広がり、いくつかに分かれて現れ始めたということであり、それは垂直方向の一つの軸と両立しなくなる。天と地のつながりは、人間の住む日常的な地平が生まれるときに必然的に断ち切られる。そして、髪を切られたラプンツェルは、人間の住む場に入り込むしかない。それは水平方向に広がる自由な世界であるが、同時にさまざまな日常の作業が必要な世界である。糸から縄を編むような日々の仕事は、まさしくこうした場で行われるものであり、縄梯子を編み始めたときにはすでに、ラプンツェルが

「荒野」という人間世界に立ち入ることは決まっていたのである。

またここには個人的な感情も成立する。魔女はラプンツェルを置き去りにするが、そのときにラプンツェルが感じている〈嘆きと悲しみ〉は、はじめて表現された彼女の感情であり、ラプンツェルが自分のいる世界を感情という心の機能で判断し意味づけた証でもある。嘆きであり悲しみであるため、ここでの感情機能の登場を人は単純には喜べないだろう。しかし、〈嘆きと悲しみ〉と日本語に訳されているものは、グリムのドイツ語ではJammerとElendであり、英語に翻訳すればshameとsufferingである。shameはしばしば日本語の〈恥〉に当てられる言葉だが、人が恥を感じるのは、自分という存在が個別のものと感じられ、他と違う自分の存在が成立したときである。他者と違うからこそ、人はJammer／shame／恥を知るのである。そして同様にsufferingはユングが好んで使う概念でもあり、私という個人がこの世界に曝され、それを受容し、そしてそれを享受することを示す。それは否定的な意味の苦悩だけではなく、私が世界を感じ取りここに存在していることを指し示す繊細な感情でもある。

7．見る知性の否定と、共生

次にこの境界を越えなくてはならないのは王子である。ラプンツェルを荒野に置き去りにした後、魔女は塔の上へ引き返して、切り取った髪を窓の折れ釘へ結えつけて王子が来るのを待つ。髪を下ろす呪文が唱えられて王子が登っていくと、ラプンツェルの代りに魔女が意地のわるい恐い眼をして睨んで居る。「あッは！」と魔女は嘲笑う。「お前は可愛い人を連れに来たのだろうが、あのきれいな鳥は、もう巣の中で歌ってはいない。あれは猫がさらっていってしまったよ。今度は、お前の眼玉もかきむしるかもしれない。ラプンツェルはもうお前のものじゃあない。お前はもう、二度とあれに会うことはあるまいよ」。こう言われて王子はあまりの心の痛みに身を切り裂かれ、絶望して塔から飛びおりる。茨の茂みに落ちたために命は助かるが、眼を茨に刺されて失明し、森の中を這い回る。そして木の根や野の実を食べて、ただ愛する妻を失ってしまったことを思い、泣いて嘆いて彷徨っていく。

王子は塔の外へ、世界へ放たれる。ラプンツェルが髪を切られて放逐されたのに対して、王子は目を失って森の中をさまよう。私たちには目で見て知れることがたくさんあるが、目は私たちの意識を見るという行為とその眺めの中に集中させる。そのため、見るだけでわかった気になることもある。幽閉の塔に窓が一つだけ空いている状態がそれである。見て知ることの心理学では「オイディプス王」の悲劇が名高いが、オイディプスは自分の目で見て正しく判断してきたにもかかわらず、最後に自分の理解と判断が及ばなかったことを知り、その目をえぐる。見て知るという知性の限界が提示され、悲劇「オイディプス王」はその幕を下ろす。「ラプンツェル」で王子が目を失うのは、オイディプスのような見る知性への絶望ではないが、そもそも王子が見ていたものは、ラプンツェルという一人の女性ではなかったことがほのめかされているのかもしれない。声によって誘われて、見たいものを見ていただけなのかもしれない。魔女が「ラプンツェルはもうお前のものじゃあない。お前はもう、二度と、あれに会うことはあるまいよ」という言葉を投げかけるが、王子は「自分のもの」のように見ていたラプンツェルを、目で見る世界を失った。そして、魔女の言うように、目を失った王子はそのような形では、もう二度とラプンツェルと、世界とは会えない。この「会う」という動詞はグリムの原語ではerblickenであり、「能動的に詳しく見て捕らえる」という意味を持つ動詞である。つまり、そのように能動的につかみ取るような知性による出会いは、もう成立しない。

そして、王子は絶望して塔から飛び降りる。臨床の場で投身自殺の危険に触れている私たち心理療法家にとって、ここには王子の恐ろしいほどの絶望と危機が感じられる。もはやこの世に何ひとつとして希望がない。誰かにすがる気持ちも誰かを恨む気持ちもなく、この世に自分をつなぎ止めるものが何もないほど絶望したとき、人は宙に身を投げる。王子にとってラプンツェルを失うことは、未来を失うことであり、飛び降りる以外の道はない。しかし同時に、ここには二つのものがひかれ合う愛の「計り知れないパラドックス」[25]があり、絶望によってはじめて王子は、塔の外に出て、塔の外で這い回りながら、ラプンツェルを求める。王子の心は、塔の中のラプンツェルを失い、失うことによって、自分だけの世界の外に出る。外に逃亡したのではなく、世を捨てたのでもなく、心底絶望し、おのれの身を投げ出して塔の上から大地に落下した。個人の勝手な心の内面から抜け出し、真の他者が存在する現実にたどり着いたとも言える。それは、ギーゲリッヒのいう「絶対的な内性」が現れる局面でもある。「幽閉がそれ自身へと内化し、自分に適用されると、幽閉はむしろ自分自身に向けて開かれ、自分の真実へと自分を解放する。[…]そのとき幽閉と解放は、同じ一つのものとなる[26]」。つまり、心理学的に見れば、それまでの王子はその心の中にラプンツェルを幽閉していたのであり、ここで絶望し失明し、その幽閉という行為そのものが幽閉されることになり、王子自身が小さく区分けされた塔ではなく、この開かれた世界へと幽閉され、かつ世界へと解き放たれる。この世界こそが、その外側を持たない「いま、ここ」にしかない場所である。幽閉の自己否定が生じ、幽閉と解放のウロボロス的で運動となる。〈絶対的な〉意味で世界の〈中〉へとたどり着く。そしてこの世界の中で、ラプンツェルと王子が、他者として出会う可能性が生まれてくる。

王子は森を這い回るが、ソフォクレスの悲劇オイディプス三部作の第二部である「コロノスのオイディプス」でも、盲目のオイディプスはアンティゴネーとイスメーネという娘二人に手を引かれ諸国をさまよい歩く。その中でオイディプスは、娘たちに教えてもらい、娘たちの手助けによって、あらためて世界を知っていく。オイディプスは何度も娘に問いかけ、娘の言葉に耳を澄ます。J・ヒルマンは、この見ることから聞くことへと移っていく心の態勢の移動を重視する。テーベの王であったオイディプスが、コロノスに至り、「心は見ることから聞くことに変わり、問いかけは〈何が起きたのか〉から〈いま私たちはどこにいるのか〉に変わり、[…]人のテーマは〈探求〉から終末に備える〈起源〉へと変わり、行動して都市を守ることから死を通じて都市の加護を祈ることに変わり、信心は神託から捧げられる御神酒へと変わる[27]」という。守ることも神託を得ることも一つの強さだが、祈ることや捧げることは弱さを認め弱さと共にあることである。目に頼って探求することは意味をなさなくなり、いま自分がどこにいるのかを他者に尋ね、人の声に耳を澄まし、知ることから祈ることへ態勢は移る。目を失い、能動的な知の探求を失うが、それと共に、オイディプスもラプンツェルの王子も、他者を知り、他者を通じて学ぶ世界へ向かい、他者と共生し他者に身を委ねる世界へと立ち入る。手探りで木の根や野の実を食し、触れて教わることへと、世界の体験様式が転換していく。

8. 越境と追想

物語は二人の再会を経て終局にいたる。「王子は憐れなありさまで、数年の間、あてもなくさまよい歩いて、とうとうラプンツェルがすてられた荒野にやって来ました。ラプンツェルは、その後、男の子と女の子の双子を産み、この荒野で苦しい生活を送っていたのです。王子は、その近くまで来ると、どこからか聞いたことのある声が耳に入って来ることに気がつきます。そして声のする方へ進んで行くと、ラプンツェルがすぐに王子に気がついて、いきなりその首に抱きついて泣きました。その涙が王子の眼へ入ると、たちまち両の眼が明いて、前の通りよく見えるようになりました」。その後、二人は王子の国で人々に迎え入れられ、幸せに暮らすことになり、最後に次の言葉が残る。「それにしても、あの年をとった魔女は、どうなったでしょう？　それは誰も知った者がありません」。

本章では、この物語を心理療法／イニシエーションの一つの事例として考えてきたが、それは未来を欲することで始まり、そこでは何度も境界が越えられ、既存のものを新たに問い直すことが繰り返されてきた。子どもが欲しいという思いが境界を越え受肉し、植物のラプンツェルを欲して魔女の庭へと立ち入り、子どものラプンツェルは塔の中へと内閉し、その塔の塀を越えて王子が内側に入り、ラプンツェルも王子も塔の外へと追い出されるように世に出る。そうして繰り返し、いま現在の枠が越えられ続けてきた。

ある枠内で決められた価値は、その枠内でだけ通用する分類原理によって定められている。この分類原理は「虚構で人工的で恣意的なものにすぎない」ことをメアリー・ダグラスは分類不能な生物センザンコウを食すというイニシエーションの分析で示している。[28] 幽閉／胎生の分析の際にも説いたが、ラプンツェルのイニシエーションは、二項を越境することで始まり、分類されて二律背反に対立していたものが、排斥し合うことなく対称性を持ってシジギー的に運動し始めることを導く。二項の対立が生じていたのは、それが一般化されていたからであり、その分類から解き放たれれば、二つのものは二つのもののまま、それぞれの豊かな関係を築いていく。分類の境界を越えながら、このような対称性の運動に入り込むことが、まさしく心理療法であり、イニシエーションなのである。

物語の最後に、境界のない荒野で二人は再会するが、この荒野は分類のある現在と未だ分類のない未来との接触面としての「いま、ここ」である。そこにはラプンツェルと王子の現在があり、また次世代である男の子と女の子の双子が未来を担い存在している。求められた未来が現在に入り込み、「いま、ここ」に人々との共生があらためて始まる。

最後に残る魔女への言及は、私たちに、どこかにいまでも魔女がいることを忘れないように促しているように思える。これと同じものが、コロノスのオイディプスのいまわの言葉としても残されている。「私を思い出しておくれ remember me」。この遺言を評して、J・ヒルマンは、「焦点は〈起きたことを思い起こす〉にあるのではない。オイディプスはこの悲劇の最後に、追想

memoriaの中に、[…]すなわち、神話に成る意識の中に去っていく」[29]のである。いまここに居ない者たちは、いなくなったわけではなく、私たちの追想の中にいる。それはデータのような記憶ではない。追想という行為を通じて私たちが関わることではじめて現れ、まさしく心の創造的な活動の中に、はじめて生み出されてくる。「流動的知性」や「神話の知」は、オイディプスのような死者と、忘却の際にある魔女と、あえて関わることで、心の現実として、魂の真実として動き始める。イニシエーションによって、分類されない「いま、ここ」にたどり着いても、またいつかさまざまな分類と価値づけで現実は固定したものになるのだろう。しかし、そんなときにこそ、追想という行為がもう一度イニシエーションを稼働させてくれる。裏窓を開いて闇の向こうに未来を思うことが、いつでも心理療法とイニシエーションの入口になる。

揺れる愛としての心理学

ラプンツェルのイニシエーションは、境界を越え続けていく運動を私たちに見せてくれた。そして、それが心理学もしくは心理療法の運動であることを、私たちは物語に入り込みながら体験してきた。だが、しかし、これは決してモデル化されるものではない。相変わらず心理学には基盤がなく、それは底のないままであることを忘れてはならない。この底のなさこそが、心理学の心理学らしさを生み出すものであり、ラプンツェルの物語が展開していく基盤である。

ギーゲリッヒは、ホフマンスタールの「Die Beide〔ふたり〕」という詩を解釈して、「震え」としての愛を語り出している。[30]

一方で、相手の最も内なるものによって互いが相互に貫かれて、外に生み出され、他方で、自分自身の内側において自分自身を超えて、〔…〕その最も内なる本質の水準にまで引き上げられることによって、内に生み出されるとき、それは魂的で論理的な震えになる。そしてそれは、彼女の震えでも彼の震えでもなく、ふたりが共に震えることであり、ふたりがひとつであることの証である。〔…〕この共揺れは、経験的・現実的なふたつの自律的な存在があることと、そのふたつが論理的に一体であることの活発な矛盾である。それは、ふたりがそれぞれ人格性や、自己性や、そのみずからの「定義」において揺さぶられることであり、さらにそれ以上に、彼らの安全な内自的で対自的なあり方から追い出されるあり方であり、あまりにも衝撃的なふたりの論理的統一としての愛の内へと追いやられるあり方である。

ふたりのままでありながら、一体であることは、愛というものの大きな矛盾である。そして、おそらくそれは、客観的な定義から常にこぼれ落ちていくものであり、わかりやすさに回収されないものである。しかし、それでいて、心理学という活動の根幹に常に動き続けているものである。愛は、ここで言われているようにおそらく、「揺れ」や「震え」であり、その動きを止めないものである。それはラプンツェルと王子が再会したときに流される、目に見えない涙のようなものであり、目に新たな光を灯す涙のようなものである。だが、この光は、目を失う前に感じられていた光とは別の光であり、この再会のときの震えの中にだけ現出する光であり、プリズムの揺れのような光であり、永続性も、実体性もないものである。

愛とは、純粋に否定的な言い方をすれば、私たちが愛を理解することであり、それは常に、私たちが愛に理解されることをも含んでいる。それは、みずからが愛の意識において成長することであり、その結果、より愛に満ちた意識（困窮する世界をより愛おしく見つめる意識）を得ることを意味する。愛は、世界の困窮をなくすものではないし、私たちの前にある外側の問題を解決するものでもない。愛は、せいぜいのところ、私たち自身を「解消し」、私たちの心情を、私たちの意味を「解消する」だけである。愛するとは、理解することである。[31]

愛することは、私という一つのものを解消することであり、私が理解してきた世界のあり方を解消することである。愛は喜ばしいものかもしれないが、おそらく大きな苦悩でさえある。しかし、同時に、愛による解消は、単なる喪失ではなく、一つの探索でもあり、「ひとり」が解消されるからこそ生まれる「ふたり」というものの可能態である。ひとりからふたりへの、一つから二つへの途上には、おそらく底なしの震えがある。その震えを土台にしてはじめて、対立する二つのものの結合が、ユング心理学の本質が、愛としての心理学が、成立する可能性が動き始める。

註

[1] 公認心理師法、第一章第二条の要約。

[2] C・G・ユング『近代心理学の歴史』創元社、二〇二〇年、三頁。

[3] Jung, C. G., *C. G. Jung Speaking: Interviews and Encounters*, Edited by W. McGuire and R. F. C. Hull, Princeton University Press, 1977, p.88.

[4] 参照：W・ギーゲリッヒ『夢と共に作業する』日本評論社、二〇二三年、一七四頁。

[5] Jung, C. G., *GW*10, § 329.

[6] Jung, C. G., *GW*10, § 456.

[7] 参照：中井久夫『日本の医者』日本評論社、二〇一〇年、『西洋精神医学背景史』みすず書房、一九九九年。

[8] Jung, C. G., *Letters* 1, p.188, to Körner, 22. March 1935.

[9] NHK朝の連続テレビ小説『虎に翼』第百二十九回。

[10] Giegerich, W., Die Bodenlosigkeit der Jungschen Psychologie, *Gorgo* 12, S.43-62, 1987.〔河合俊雄監訳『魂と歴史性』日本評論社、二〇〇〇年所収〕

[11] 河合隼雄『心理療法とイニシエーション』岩波書店、二〇〇〇年。

[12] Eliade, M., *Birth and Rebirth*, Haper&Brothers, 1958.〔堀一郎訳『生と再生』東京大学出版会、一九七一年〕

[13] 前掲書10。

[14] Jung, C. G., *Erinnerungen, Träume, Gedanken von C.G.Jung*, Walter Verlag, Olten, 1971.〔『ユング自伝 思い出・夢・思想』河合隼雄・藤縄昭・出井淑子訳、みすず書房、一九七二年〕

[15] 参照：Giegerich, W., *The Soul's Logical Life*, Peter Lang, 1998.〔『魂の論理的生命』田中康裕訳、創元社、二〇一八年〕

[16] 河合隼雄『宗教と科学の接点』岩波書店、一九八六年。

[17] 前掲書11。

[18] Jung, C. G., *GW* 10, § 585.

[19] この過渡、すなわち「川を渡る」ことについては、前掲書4、第三章参照。

[20] 前掲書10。

[21] Brüder Grimm, *Kinder- und Hausmärchen*, Philipp Reclam, 1980.

[22] 前掲書14。

[23] 中沢新一『対称性人類学』講談社、二〇〇四年。

[24] Ingold, T., *Lines: A Brief History*, Routledge, 2007.〔工藤晋訳『ラインズ　線の文化史』左右社、二〇一四年〕

[25] 前掲書14。

[26] Giegerich, W., *Collected English Papers* Vol. V, Spring Journal Books, 2013.

[27] Hillman, J. & Kerényi, K., *Oedious Variations*, Spring Publications, 1991.

[28] Douglas, M., *Purity and Danger*, Routledge, 2002.〔塚本利明訳『汚辱と禁忌』筑摩書房、二〇〇九年〕

[29] 前掲書27。

[30] Giegerich, W., Logische Liebe, , 2024.〔私信による論説〕

[31] Giegerich, W., *Animus-Psychologie*, Peter-Lang, 1994.

コラム

佐渡島フィールドワーク　鬼太鼓とLA PAGODE

植田あや

「日本に暮らしていながら、我々は日本のことをあまりに知らないのではないか」という猪股の言葉のもと、各地に赴いてフィールドワークを行ったその様子は、各論考でもたびたび登場している。このコラムでは私なりにその一端を紹介したい。

今回佐渡島でLA PAGODEのシェフであるジル・スタッサールさんと妻の今井朋さんのアレンジのもと、地域の方をご紹介していただいたり、いろいろな場所を案内していただいたりして、佐渡島の歴史や文化を体験させてもらった。

佐渡島と言えば、佐渡金山が世界文化遺産となったことで有名であるが、歴史的に見ても興味深い場所である。というのも、佐渡島は古来から中世にかけて流刑地であり、多くの流刑者を受け入れてきた。聖武天皇が即位した奈良時代の神亀元年（七二四年）、当時の律令の「近流」「中流」「遠流」の区分において、佐渡島は当時の都からの距離が遠く、日本海の孤島という位置付けから「遠流」と定められた。それ以後朝廷の意向にそぐわない者など、重罪に値する多くの貴族や知識人が流刑者として送られた。能楽を完成させた世阿弥や日蓮聖人も佐渡島へ流刑となったことは有名である。しかしこの流刑になった貴族や知識人によって、さまざまな文化がもたらされ、特有の伝統文化が花開き、それは今日まで引き継がれ、文化的な豊かさをもたらしてきたと、皆さんは教えてくださった。

その伝統文化のひとつに鬼太鼓がある。鬼太鼓の起源は不明であるが、江戸時代、延亨年間（一七四四―一七四八）の相川祭の絵には、鬼太鼓が描かれているそうである。各地区によって少しずつ踊りは異なり、大きく三つ（五つとする説も）の流派の踊りの流れがある。島開きの四月十五日に多くの集落で開かれることが多く、集落の厄を払い、五穀豊穣や大漁、家内安全などを願って行われる。佐渡島にしかない伝統芸能である。鬼太鼓のお祭りの折、あちこちのお家で振る舞われる心のこもったご馳走やお菓子をいただきながら、鬼太鼓のことや佐渡島の歴史や風土のことなどをたくさん教えてもらい、佐渡島の皆さんに暖かく迎えていただいた。島外から豊かな文化がもたらされてきた歴史が、このように遠くから来た人をこのように暖かくもてなし、受け入れてくださることにつながっているのかもしれない。文化や芸術ということがどれだけ人の心にとって喜びをもたらし、人が豊かに生きる上で欠くことのできないものであるかを考えさせてくれる体験であった。

ジル・スタッサールさんと妻の今井朋さんのレストラン、LA PAGODEは、佐渡島の妙宣寺の五重塔の近くにある。二〇二二年にオープンした、焼杉の外壁が印象的なレストランである。ジルさんはレストラン・プロデューサーで、パリをはじめヨーロッパ各地、中国などでモダンなレストランの立ち上げに関わってきた人である。また世界各国を長く旅をしてその土地の人と一緒に生活をし、「人間と火の関わり」を探究して、火をテーマにまとめた美しい本を出版している。お店のコンセプトは「６００℃に達すると薪は黒から赤に変化する　自然や農業をたべものに変化させる料理の中心には常に火が存在する　太古から人間は火を焚く動物だった」で、「LA PAGODE は「森と火と食をつなげるラボ」である。そのジルさんに、火を扱う体験のひとつとして、焼杉を一緒に作る体験をさせてもらった。

LA PAGODE のお店の外壁は焼杉の板でできており、お店の雰囲気にとても良くあっていてお洒落なのだが、同じように焼杉の板を外壁にしたい人からのオーダーがあったそうで、我々はその焼杉の板を作るお手伝いをした。作り方は同じ大きさの杉の板を、隙間が開かないよう内側が三角形になるように組み、外れてしまわないよう金具などでしっかり固定する。金具で固定した杉の板を斜めになるように傾けて吊り上げ、その下方の三角形の穴からガスバーナーの火を入れると、杉の板の内側をあっという間に火は焼き進んでゆき、傾けた上方の穴の方までガスバーナーの激しい火が到達し、さながら大きなバズーカが火を吹いたようになる。皆順番にガスバーナーで火をつけさせてもらったのだが、皆一様にわーっと歓声を上げていた。杉の板の内側がきれいに黒く焼けたのを確認すると、ガスバーナーの火を止める。そして吊り上げていた杉の板を降ろし、そっと金具を取る。すると内側は鱗状の模様ができて黒く焼け、外側は生木のままである。黒い面が全部焼けているかチェックして、焼けていなければガスバーナーで追加で焼き焦がし、でき上がれば水で冷却する。これで焼杉の板の完成である。

ジルさんは焼杉の板のことをいろいろと教えてくれた。杉は焼くことでより強度を増し丈夫になるとのこと。帰ってから焼杉の板についてもう少し調べてみたのだが、焼杉の外壁は、日本の伝統建物で用いられている外壁の手法なのである。焼き焦がすことにより、炭化した部分が耐久性を高め、現代建築で使用されているような塗料の代わりとなり、生木の部分を守る働きがある。炭はなかなか腐らないため、メンテナンスの必要が少なく、耐久性も高く、外壁に適した材料なのだ。木は燃料にしたり、炭にするだけではなく、火によってこのような形にも変容した木が、我々の暮らしを助けてくれることにも驚いた。

LA PAGODE にある薪窯は、フランスの Le Panyol 社の本格的な薪窯だということで、薪窯への火入れも見学させてもらった。フランスでは薪窯が家にあるのが珍しいことではないらしく、佐渡島でレストランオープンにあたり、思い切って設置したとのこと。ジルさんはその薪窯で焼き上げたばかりのクロワッサンとカフェオレを淹れて我々を出迎えてくださった。そのクロワッサンは外はパリパリで、中はしっとりとしていて、皆とレストランの外でいただいたのだが、本当に美味しかった。電子レンジで温めるのと薪窯で温めるのでは、熱の入り方がまったく異なると、ジルさんは再々熱を込めてお話ししてくださったが、それを体感したように思う。薪窯のお料理は、外が一番熱くて、中までしっかり火が通っているが熱すぎることがない。あとこれは体感でしかないのだが、薪窯の熱が体に染み渡り、温泉に浸かったときのように体を芯から温めてくれるような気がする。お料理をいただくということは、火を使ってたべものを温め、生きるために必要なエネルギーをいただいているということを改めて気づかせてくれる体験であった。

こうやってその地に赴き、その土地の人々の生活の場に参加させてもらうことは、心身ともにエネルギーの交流をすることなのだと気づき、本当に貴重な体験をさせていただいた。お世話になった佐渡島の皆さまに心から感謝申し上げたい。

第二章　心理療法と真実

兼城賢志

一、心理療法家になるまで

意味への問い

私は「治療の最大因子は治療者の人格である」というユングの言葉を大切にしている。心理療法一般を語ることは難しい。現在、心理療法は多様化しており、数百もの治療法がある。日本だけでも七万人を超える「心理職」がそれぞれの心理学を信じ、日々支援に従事している。治療者の人格の数だけ、心理療法もあるのだろうと思う。だから、一人ひとりが心とは何かを問い続け、自分自身の考える心理療法を追求するしかない。追求者としての姿をもって、心理療法家の人格は真に治療因子になるのだと思う。

私がこのエッセイに書けることも、問いかける私の姿であり、私の心理療法でしかない。誰の役にも立たないものかもしれない。それでも、私はここに、心理療法家の私が形成されるプロセスを描いてみようと思う。それがひとりの私ではなく、普遍的な、それぞれの「私」を考える作業になることを願いながら。そして、ユング派心理療法の実践における人格という治療因子が、少しでも読者に伝われば幸いである。

*

私が臨床心理学を学ぼうと思ったのは、高校三年生の頃だった。

当時、私はドキュメンタリー作品が好きで、よく観ていた。映像の中の世界はあまりに悲惨だった。東南アジアの貧困街で、ごみを拾って売ることで生活している子どもたち。薬が手に入らずに感染症で死んでいくアフリカの子どもたち。私が毎日温かい食事をとり、心地よいベッドで眠っているのと同じ世界で、こんな不幸が起きている。そのことがショックだった。だから、私は国際開発に関わりたいと思っていた。しかし、そもそも「不幸とは何か」ということを考えてしまう青年だった。

物心がついた頃にバブル経済が崩壊した。大人たちの醸し出す雰囲気で、世の中は少し灰色に見えた。バブル崩壊後に阪神淡路大震災が起き、地下鉄サリン事件が起きた。その後も酒鬼薔薇事件、ワールドトレードセンターの崩壊、イラク戦争と続いた。日本国内の年間自殺者数は三万人を超えていた。

テレビを通して、悲惨な風景や悲痛な声が流れてきた。現実の多層性に気づかざるを得ない時代だった。平和の裏に戦争が、豊かさの裏に貧困が、幸せの裏に不幸が張り付いていた。どれだけ物質的に恵まれていても、「幸福」とは言えないことを子どもながらに感じ取っていた。しかし、幸福とは何なのか、教えてくれる教師はいなかった。多くの教師は偏差値が高い大学に生徒を入学させることに躍起になっていた。

高校三年の三者面談だった。私は適当に志望大学を書いて提出していたのだが、担任から「あなたはもっと良い大学を狙えるのだから、この大学じゃダメ。こっちの大学にしなさい」と言われた。

「なぜ、その大学がいいのですか?」「偏差値が高いからよ」「偏差値が高いと何が良いのですか?」「より良い企業に就職できるのよ」「より良い企業は何が良いのですか?」「もっとお金がもらえるのよ」「お金にはあまり興味が無いので、結構です」

担任の先生は一瞬ぽかんとした表情を浮かべたが、その後は黙ってうなずくだけだった。学歴、地位、お金、子育て、家族。そういった事柄が大事であることはわかる。けれど、私は別の何かを追い求めていた。私は国外の大学に進学することさえ考え始めていた。ここではない場所に行けば、何かがわかるのかもしれない。そう思っていた。そんなひねくれた思春期の夏休みに読んだのが、キューブラ＝ロスの自伝だった。

キューブラ＝ロスは病気に苦しむ人々の話を聴くことを実践した精神科医だった。彼女は末期がんで死にゆく人の嘆きに耳を澄まし、人々から怖れられ遠ざけられたエイズ患者たちの手をとって話を聴いた。

ある講演で、キューブラ＝ロスが自身の臨床経験について語った後、聴衆の中の僧侶が立ち上がり言った。

「死の床にある患者や子どもたちのそばについて、何時間もその人に注意を集中すること、それは瞑想のもっとも高度なかたちのひとつです」

この場面を読んだとき、それがいったい何を意味しているのか、わからなかった。けれど、人間の苦しみに耳を澄ますことと、人生の意味を問う宗教の間には、何か関連がありそうだと感じた。

自伝を読み終えたのは、高校三年生の夏休みの終わりだった。あと数日、休みがある。私はこの人に会いに行かないといけない。そう思って、親に相談した。パスポートは有効期限内だった。「行ってみたらいいんじゃない」と言われ、私はインターネットでキューブラ＝ロスの住所を調べた。そしてホームページを見て愕然とした。ちょうど私が自伝を読み終わった頃の、二〇〇四年八月二十四日、彼女はこの世を去っていた。しばらく脱力してしまったが、この先は自分で学ばないといけないのだろうと思い直した。こうして、私は臨床心理学を学ぶことを決めた。

傾聴と人格

臨床心理学の大学教育では「聴くこと」が重視されていた。多くの学生が最初に学ぶのは、「共感」や「受容」を行いながら、話を聴く方法だった。相手の話すことを否定せず、共感的に受け止める。多くの大学院では実際にロールプレイを行って、うなずきや言葉の繰り返しなどを練習する。こういった話を聴く技術は、初心者にとって役に立つ。けれど、当然ながら小手先の技術を使って話を聴いているだけで、クライエントが変化していくことはない。心理療法はそんな簡単なことではない。

心理療法を学び始めた頃、私は困惑していた。どうも話を聴くだけでは駄目のようだった。それでは、セラピストとして何をすべきなのだろう。座学だけで心理療法を学ぶことはできないと感じて、大学生の私は老人ホームの傾聴ボランティアに応募した。週一回、朝から四時間ほど滞在して、高齢者の話を聴くという内容だった。簡単な面接を経て、あっさりと私は採用された。

初日、案内されたのは認知症を患う高齢者が多いフロアだった。しかも、ほとんどの人が重度の認知症だった。「傾聴ボランティア」と聞いていたが、発語のある人はほとんどいなくて、フロアは静まり返っていた。私は「ここで利用者さんを見ていてね。お話はどうぞ自由にしてください」と言われ、認知症の高齢者がまどろんでいる部屋に座らされた。ほっておかれたというほうが適切かもしれない。いま思えば、おそらくその施設は人手不足で、安全管理のために誰でもいいから高齢者を見ている人が欲しかったのだろう。

私が見ていないといけないのは、車椅子で共同スペースに連れてこられた五、六人の利用者たちだった。やわらかい蛍光灯に照らされた彼らはたいてい眠っているか、どこでもない宙を見つめていた。廊下は薄暗く、私たちのいる場所だけが蛍光灯に照らされていた。音量を小さくしたテレビがついており、ニュースが流れていた。小さなテレビの声と空調のカタカタという音だけが響いていた。

私はしばらく、じっとその音を聴いていた。やがて退屈してきて、「傾聴ボランティアなのだから」と自分に言い聞かせて、ぼーっと宙を見つめている高齢者の方々に声をかけた。多くは無反応だった。最初は笑顔だったのに、「お前は誰だ！　出て行け！」と突然怒鳴る人もいた。私はただ戸惑っていた。

そうして数週間がたち、ある日、新しい利用者が入居してきた。高齢男性だった。ここでは仮に名前を土門さんとしておく。彼はぱっちりと目を覚ましていた。介護士の女性が、「この人とお話してくださいね」と言いながら、わざわざ車椅子を押して私の目の前に連れてきた。

私が挨拶をすると、土門さんはちらっと私を見て、もごもごと何かを言った。挨拶を返してくれたようだった。それから、私はいろいろと話しかけたが、そのたびに土門さんは何かを答えてくれる。しかし、何を言っているのかがわからなかった。土門さんは認知症に加えて、言語障害も併発していたのだ。しばらくすると疲れてきて、土門さんも無口になってきた。お互いにやりとりがずれているのだから、それも仕方がないことだった。私は聞き取れないので、何度も聞き返していたが、そのことが土門さんを疲れさせているようだった。

私は質問することをやめ、言葉で理解することをやめた。その代わり、できるだけ土門さんの声の調子や響きに耳を澄ませることにした。土門さんが明るい声で何かを言っているときには、私も明るい声を出した。悲しそうに何か低い声で言っているときには、私もできるだけ一緒にその悲しみを感じながら、低くうなった。すると徐々に土門さんの表情は明るくなっていった。私たちは、そういうやりとりを続け、長いときは三時間近くやりとりをした。認知症を患い、私のことを毎回忘れているはずなのに、次第に土門さんは生き生きとしてきた。そのことが嬉しかったし、音だけでやりとりをすることも不思議と心地よかった。

ある日、私が少し落ち込んでいるときに、いつものように土門さんはモゴモゴと何かを言った。そのモゴモゴの中に、一瞬だけ「……だいじょうぶだよ……」と、はっきり聞き取れる言葉が響いた。私は涙が溢れそうになるのを堪えながら、「ありがとうございます」と答えた。

後日、スタッフから聴いたところによると、土門さんはかつて地方の大企業の社長だったらしい。私は納得した。土門さんは座っているだけで風格があり、威厳に満ちていた。私のような若い部下もたくさんいたのだろう。

彼との対話において、言語的意味の伝達は重要ではなかった。声のトーンや表情といった非言語的情報から情動調律が生じたのだ、と言う心理学者もいるかもしれない。けれど、それが単に情動調律によってもたらされた変化だとしたら、彼の家族であっても、介護スタッフであってもよかったと思う。ここで重要なのは、彼が「教え導く者」としてそこにいて何かを語っていたこと、私は「学ぶ者」としてそこにいて、彼の言葉にならない言葉を聴き続けていたことだった。

そこにふたりがいること自体が、お互いに変化を起こした。

これが情動調律であったなら、若い学生だった私が「励まされた」と体験し、深く心を動かされたことの説明がつかない。私は彼の感情を調律し操作しようとしていたのではない。私は心とは何かという問いを抱き、人生というものへの漠然とした不安と期待を抱いた若者のひとりに過ぎなかった。それゆえに「だいじょうぶだよ」という一言に、深く揺り動かされたのだと思う。

ユングのいう「治療の最大因子は治療者の人格である」という言葉が指しているのは、こういうことなのかもしれないと思う。セラピスト自身もまたひとりの人間であり、切実な問いを抱えながら人生を生きている。いや、むしろ、クライエントと共に「心」という謎に取り組んでいるのならば、セラピストもまた自分の人生に問いかけ、切実に生きている必要がある。そうして初めて、治療者の人格が治療の因子としての効果を発揮するのだ。

俳句と心理療法

もうひとつ、私が心理療法家として歩み始める上で、大きな出来事があった。それは俳句に出会ったことだった。ちょうど大学院に進学すると同時に、指導教員の藤山直樹先生に誘われて、私は俳句を書き始めた。もしかすると、アカデミックな臨床心理学から学んだことと同じくらいに、私は俳句から心について学んできた。

俳句は短い。わずか十七音である。さらに、そこに季語を入れるので、実際に作家が表現できる部分は十二音程度である。とうてい「自己表現」には向かない詩型である。このため、俳句は自我の詩ではない。そこには人間的な感情が入り込む余地が無いのだ。では、俳句は何の詩か。ユング心理学的に言えば、それは「魂の詩」ということになるのだろう。

俳句は季語を中心に据え、季語から感じられる情趣と調和したり格闘したりする中で、詩としての火花を放つ。季語とは日本人が長い歴史の中で蓄積してきた感情を凝縮した詩的言語である。誰かが作ったものではなく、それは文化的に醸成された、集団的な感情だと言える。たとえば、桜という季語は、早春のまだ冷たい空気や、曇りがちの空に淡い色の花が咲き満ちる風景を思い出させる。それは個人の記憶にとどまらず、何百年も日本人に共有されてきた情趣である。あっという間に散ってしまう様子は、時の流れや人生の儚さを表し、それゆえに日本人に好まれる。そこに、現代では卒業式や入学式といった人生の移行期に特有の心細さが重なる。一方で、サクラという音の軽やかさや、「サクラ」という女の子の名前も結びつき、春という季節のもつ生まれたばかりの生命の質感も表している。このように古典的な情趣から現代の風景に至るまで、あらゆる感情が桜という言葉に凝縮されている。

季語はユングのいう客観的な心（objective psyche）そのものだった。ユングは思考や感情というものが、個人の心においてのみ生じるという考えに批判的だった。多くの人は「心」とは個人の内側にあるものであって、どうやっても主観の域を超えないと思っている。一方で、ユングは客観的な心を重視し、これこそが心理学の研究対象であると考えていた。

たとえば、クライエントが相談室に来て、「今年も桜が散りましたね。来年も桜が見れるかな」と語ったとき、多くのセラピストはそれをクライエントの主観的表現と受け取り、個人的な悲しみや空虚感であると解釈するかもしれない。しかし、ユングは個人の心に生じるすべてを、個人が作り出しているわけではないと注意を喚起している。これは日本人の共有してきた「人生の儚さ」という客観的な感情が、クライエントの心を通して現れており、クライエント自身がみずからの人生を通してその主題に取り組んでいるのかもしれないのである。私たちが思っている以上に、多くの心的現象は外側からやってくる。けれど、この客観的な心は、私たちの主観を通らないと現れることがないから、個人の投影であると誤解されることになる。

この客観的な心の現れにもっとも敏感なのが、アーティストだと思う。詩人でも画家でも、写真家でも小説家でもいい。表現を行うアーティストは、客観的な心に注意を向ける。単にアーティストが自分自身の主観にとどまり、そこから作品が創り出されるのなら、多くの人の心を揺さぶるような作品はできない。アーティスト自身がみずからの（主観的な）心を使って、この時代の人々に共有されている客観的な心を表現し得たとき、多くの人を揺さぶる作品が生まれるのだ。

心理療法もまたこの客観的な心に関わりながら展開していく。私は俳句を読み書くという表現活動の中で、おのずとそのことを学んできた。最近になって、それがいかに私の心理療法の実践、特にその中心にある夢分析を支えているかに気がつくようになった。そこでは、セラピストの主観でも、クライエントの主観でもなく、その両者を包み込む夢のテキストが重視される。このテキストを読むときには、客観的な心への視点が必要になる。それはクライエントの心の中から生まれたものでありながら、それを越えて日本人に共有されてきた意味や象徴を多く含んでいる。いわば、夢は一片の詩なのだ。詩を読むとき、私たちはいちいちその作者の生い立ちや家族構成を考え、そこから詩の内容を解釈することはない。ただ、詩の中にあるイメージや言葉のみに没入し、詩自体の内側から意味が立ち現れる。それゆえに、それはクライエントの表現でありセラピストの解釈でありながら、同時に夢自体の客観的な心の現れなのである。

ユング派心理療法では、この客観的な心が治癒のプロセスを進めていく。そのため、この客観的な心への感受性を鍛えるために、心理療法家は芸術作品や文化から多くを学んでいる。

二、アートをめぐるフィールドワーク

私は二〇二〇年頃からユングに倣ってフィールドワークに参加してきた。最近ではアーティストと直接会う機会が増えてきた。たとえば、本書で紹介されている鈴木昭男さん、ジルさん、蓮沼昌宏さんといった方々だ。彼らとの対話は、容易に言葉にできないものだった。これまで人々が実際に生きているフィールドに入らせてもらい、その一部を体験することができた。一方で、アーティストの作業はより心理学的であった。つまり、フィールドは心の内側にあった。フィールドに入り一緒に作業をするだけでは、その本質はわからず、私自身もまた心を使い、内的な作業を行わないといけなかった。

そのため、外側から作業の様子を描写するだけでは、なかなかその本質は伝わらないように思

う。それでも、ここでアーティストの彼らが行ってくれたワークショップのごく一部を記述してみよう。

火とジルさん

私が最初に佐渡を訪れたのは二〇二三年の夏だった。妙宣寺の美しい五重塔の前にあるレストラン。そこでジルさんと今井さんに出会った。ジルさんはフランス人のアーティストで、作品として料理を作っていた。ジルさんは、パートナーでありキュレーターでもある今井さんとレストラン『ラ・パゴッド』を営んでいた。

『ラ・パゴッド』の釜

まず、私たちはそこで食事をさせてもらった。料理の手法や素材には一つひとつ意味が込められていた。もちろん、意味を知らなくても料理を楽しめるのだが、料理の素材の背景にある象徴的意味や思想に触れながら食すことで、心の中にも佐渡の海や山がひろがり、日本とフランスの文化が交差し、さまざまな調理法を考案してきた人類の文明が思われた。そうして、私自身もこの世界の一部を取り入れながら生きていることを実感させられるのだった。

忙しい作業の合間に、ジルさんはテーブルに来て料理の解説をしてくれた。その際にジルさんが出版した火に関する本を紹介してくれた。フランス語で書かれているので、残念ながら私は読むことができなかったが、そこに掲載された写真だけでもインパクトがあった。ジルさんは「火」について考えるために、世界中の火を使った料理を調査して、本にまとめていた。牛を一頭まるごと切り開いて焚火にくべる料理など、本をめくるたび切り開かれた動物たちや火、それを取り囲む人間たちの姿が現れた。次は火について考えるワークショップを開催してくれないかとお願いして、私たちは佐渡を去った。

二度目に佐渡を訪れたとき、私たちは火の象徴学について考えることになった。まず、私たちはジルさんがわざわざフランスから取り寄せた釜についての説明を受けた。燃えやすい木の選び方、木の組み方、火の温度の上昇と釜壁面の色変化、火が消えたあとにも温度が維持され、釜は数日かけて冷えていくこと、その過程で作ることができる料理が変わること。それらは料理の話をしているはずなのに、不思議なことに心理療法の話のように聞こえた。たとえば、燃えやすい木の組み方について、木と木が同じ方向でぴったりと重なっていると、火がつきづらいという話があった。この話がまるでセラピストとクライエントの話のように聞こえた。

確かにセラピストがクライエントに完全に共感し、同じ感情や考えを抱いていると、そこに火がつくことはなく、心理療法は停滞する。むしろ、セラピストとクライエントがすれ違うときに、火がつく。クライエントはなぜわかってくれないのかと怒り、セラピストもまた自分の理解が及ばないことに落胆する、といったすれ違いである。これは心理療法において苦しい時期だけど、ここで火が燃えあがることが、次への展開、すなわち、燃え上がる火の中に一瞬見える美しさ（転移・逆転移における愛）や、火が消えた後の黒の世界（治療過程としての抑鬱状態）や、素材が変容して旨みが出ること（これまでの人格の解体と再構築）が生じる。

ユングは中世の錬金術を研究し、錬金術の奇怪なイメージが心理療法で表現されるものと一致していることを見出した。そして、錬金術は物質の変容ではなく、それを扱う者の心の変容を扱っているのではないかと考えた。私はジルさんとのワークショップを通して、錬金術はここに生き残っていると感じた。料理は現代の錬金術だった。あらゆる物が発酵したり焼かれたり、蒸発したり、濃縮したりしながら結合し変容する。その過程は私たちの無意識と繋がっている。

職場のトラブルで疲れて帰ってきた日も、にんじんを切り、じゃがいもを剝き、コンソメとソーセージを入れて、鍋を火にかける。鍋蓋の隙間から湯気が出てきて、キッチンはスープの匂いに満たされる。空気を入れ替えるために窓を開けると、一番星が見え、冷たい夜風が入ってくる。スープが出来上がる頃にはなぜか考えがまとまり、こじれた問題もどうにか解きほぐせそうに思える。こんなふうに素材に触れ、手を動かしているうちに、気持ちの変化を体験する人は案外多いのではないだろうか。

私たちは当たり前のように毎日料理をするから、そのことに気づかない。けれど、無意識とはそもそも当たり前すぎて、私たちが意識することもない文化のうちに生きているものである。こういった一見すると何の意味もなさそうな、日常生活の動作や素材のうちに、アーティストたちは作品のモチーフを見出す。そうして私たちの生きている時代の無意識を意識化してくれるのだ。

新型コロナウイルスと蓮沼昌宏さん

蓮沼昌宏さんは画家・写真家である。蓮沼さんの作品に初めて出会ったのは、新型コロナウイルスの流行時で、私は苦しい状況にあった。少し長くなるが、まずは作品に出会うまでの状況から記したい。

当時、私は心理臨床の現場での仕事を減らし、大学教育に足を踏み入れたばかりだった。大学附属の心理相談室で大学院生の指導を行い、大学院生とクライエントというペアが作り出す心理療法の場を守ること。それが私の役目だった。しかし、未知のウイルスに対して大学は閉鎖された。附属機関である相談室も同様に閉鎖が決まり、学生は立ち入ることを禁止された。

すべての心理療法は中断され、私は百人ほどのクライエントに電話をして、事情を説明し、彼らの無事を確かめた。「こんなときだからこそ、話す場所が必要なのではないか」と意見を言ってくださる方もいた。その通りだと思った。相談室の閉鎖は一時的なもので、感染症の危険性や予防法が判明すれば、すぐにでも再開されるだろうと思っていた。しかし、なかなか大学が開放されることはなく、心理療法の中断は続いた。テレビではローマ教皇フランシスコが世界中の神父に対して、感染を恐れずに今弱っている人々のもとに行きなさい、と発信していた。その言葉を受けて、感染症に苦しむ人々を訪問した神父も多くいた。そしてウイルスに感染し、亡くなった神父もいたという。

もちろん、科学的見地から見て、感染のリスクがある状況で人と会うのは問題であるという意見もあるだろう。そうなのだけど……と、私は考えざるを得なかった。「こんなときだからこそ」と訴えるクライエントに対して、私はいったい何をしているのだろう、と。

心理療法の中でクライエントは、誰にも語ったことがないような、プライベートな記憶や感情をセラピストに話す。初めて誰かに胸の内を話すという人もいる。そこで表現される「心」という、ささやかだけれど切実なものは、社会の流れの中で簡単にかき消されてしまう。そのことが、心理療法の強制中断という出来事に象徴されているように感じられた。人類の歴史を見れば、個人の権利が侵害されることは何度も繰り返されているし、戦争によって多くの若者の命が奪われた時代があったことを考えれば、パンデミックによる心理療法の中断など、たいしたことではない。そう考えようとした。けれど、大学院生たちとクライエントの心理療法というささやかな営みが、こんなにも簡単に中断することに、私は衝撃を受けていた。

私が蓮沼さんの作品に出会ったのは、この時期だった。コロナ禍で多くのアートイベントや展覧会が中止になる状況で、蓮沼さんは小さな冊子を発行した。その表紙には飛び跳ねるリスが描かれていて、『床が傾いていて、ボールがそこをひとりでにころころ転がって、階段に落ちて跳ねて、窓の隙間から外へポーンと飛び出てしまう。』というタイトルがついていた。ページをめくると、蓮沼さんの展覧会もコロナ禍で中止になり、再開されることなく会期が終わったと書いてあった。

蓮沼さんの作品を初めて見たときに、私が思い出したのは、子どもの頃のらくがきだった。つまらない授業中に教科書の隅に小さな絵を描く。夢中になって描いていると、その小さなものたちが教科書の隅を駆け回ったり、踊りはじめる。そのまま、教科書の片隅をパラパラ漫画にすることもあった。ふと窓の外を見ると、誰もいない校庭に、午後の日差しが燦々とふり注いでいる。やがて教科書から飛び出した小人たちが校庭を走り始める。小さなものからファンタジーが生まれ、物語が動き出す。そう思った瞬間、「よそ見をするな！」という叱責の声が響く。驚いて前を見ると先生がこちらを見ている。ファンタジーは消え去る。そういう遠い記憶を蓮沼さんの作品から私は思い起こしていた。

新型コロナウイルスの流行で大学が閉鎖されても、医療機関に付属している心理相談室は閉まることがなかった。そのため、私はいつも通り出勤して、クライエントたちの語りを聴いた。緊急事態宣言下では、驚くほど外を歩いている人はなく、東京は静まり返っていた。人も車もない夜道に、街灯だけが煌々ときらめていた。

これはコロナ禍において誰もが経験した一場面だと思う。この記憶の彼方に流れ去っていた風景が、なぜか蓮沼さんの『参詣曼荼羅』という作品を見たときに、私の中によみがえってきた。この作品は東日本大震災があった年に、蓮沼さんがひたすら夜の山道を車で走っていたときの経験がモチーフになっている。蓮沼さんの代表作であるキノーラという装置を使った作品で、レバーを手で回すと、パラパラ漫画の要領で絵が動き出す。闇夜を車が走り出し、ヘッドライトに一瞬だけ照らされたように、さまざまな生き物や幻影が闇の中に浮かんでは消え、通り過ぎていく。

この作品を見たとき、私はコロナ禍の夜の街を思い出した。誰も歩いていないあの夜の街にも、何かが動いていたのかもしれない。大学院生とクライエントの会えない日々においても、心は見えないところで動き続け、そこに道が続いていたのかもしれない。私は心理療法の強制中断という出来事からずっと感じていた息苦しさに、少しだけ風が通り抜けたように感じた。

感染症による規制が緩和された二〇二一年、蓮沼さんは『特別的にできない、ファンタジー』という展覧会を開催した。その案内には、阪神淡路大震災の年から二十年以上続いていた神戸ルミナリエというイルミネーションのイベントが、コロナ禍のために中断されたと書いてあった。神戸ルミナリエは毎年点灯式のときに手を合わせる人もいるという、地元の人にとって深い意味をもつイベントだった。

この展覧会で発表された絵を初めて目にしたとき、私は驚いた。蓮沼さんの絵には、イルミネーションのような灯が点されていたのだ。らくがきのように、のびのびと描かれたものたちに、人工的にキラキラとひかる灯りがともり、そのいまにも消えそうなものたちを照らし出していた。

初めてその絵を見たとき、私は言葉にできない感情が込み上げてくるのを感じた。これまで当たり前にできていたことが、特殊な状況下において「できない」となった時代に対する、蓮沼さんの応答がそこに描かれていた。それは私たち心理療法家が、人生に行き詰まり何かができなくなり、悩み苦しんでいるクライエントたちと行う心理療法の中で、ささやかに灯されるあかりに似ていた。

「描けない」ワークショップ

二〇二四年、私は蓮沼さんに依頼して、芸術と心理療法について考えるワークショップを開催した。ワークショップのテーマは「描けないこと」で、なかなか表現ができない苦しさと、そのこと自体を大切にする芸術と心理療法のあり方をめぐって意見が交わされた。

ワークショップでは、蓮沼さん自身、コロナ禍で絵が描けないという体験をしていたことが語られた。何を描いても、絵として成立しない。普段なら発表しないような絵に灯りをつけてみて、そしたら作品として成立したという話だった。

この日、蓮沼さんが描けない体験について話す中で、陸前高田市に滞在して制作をしたときのエピソードがあった。「奇跡の一本松」と呼ばれる、津波によって周りの松が流されてしまった場所で、一本だけ残った松を観にいった話だった。

工事が行われていたので、一本松の近くに車を停めることができなかった。そのため、一本松にたどりつくまでに二十分ほど歩かないといけなかった。蓮沼さんは一本松の隣に駐車場があったら全然ダメだったと思うと語った。作品を生み出すために必要だったのは、一本松そのものではなく、それに至るまでの「なかなかたどりつかない道のり」だった。

蓮沼さんは一本松にたどりつくまでの風景を写真におさめていた。プロジェクターで何枚もの写真を映し出しながら、一本松に近づいていくまでの道のりを見せてくれた。曇り空、遠くの山、工事の金網、剝き出しのコンクリート道路。その途中に、川が流れていた。金網の向こうに、傾き始めたオレンジ色の日が差し込んで、きらきらと光っていた。

あ！と私は思った。それまで記録のために何気なく連写された写真のようだったのが、ここで写真そのものが作品として成立しているように見えた。けれど、蓮沼さんは何も言わず、そのままパソコンを操作して写真を映し続け、スクリーン上の風景はだんだんと一本松に近づいていった。最後の写真は、フェンスの向こうに一本松が立っているものだった。

「道が続いていたのは、一本松の手前までだったんです。結局、たどりつけなかったんです」

そう言って、蓮沼さんは悪戯っぽく笑った。

アーティストとは動き続けている人なのだ、と思った。世の中の多くの人が悲惨な出来事に言葉を失い、自分自身も描けない状態に陥っても、それでも道を歩み続けている。スランプという「穴」に落ちて、動いていないように見えても、どこかで何かが動き続けている。この目に見えない運動自体が「道」なのだと思った。結果として生み出される作品は、生成と消滅を繰り返す運動態にかたちを与え、その作品に触れた者のなかに、再び同じような運動が生じる仕組みが考えられたものだ。それはアーティストの心に生じた運動の痕跡でしかない。

実は、私もコロナ禍のあの出来事以来、俳人として作品が「書けない」という体験に苦しんでいた。何を書いても言葉が上滑りしているように感じられた。そのため、「描けない」ワークショップは、私自身のためでもあった。

ふりかえると、「何も書けない」と感じながら、私は心理療法の仕事を続けていた。毎週、部屋に行って家具を整え、座り、話を聴き続けた。ある日の通勤途中、周囲に誰もいなかったので、マスクを外して駅までの道を歩いていた。そのとき、どこかからキンモクセイが香ってきた。「見えさうな金木犀の香なりけり　津川絵里子」の句のほか、いくつかのキンモクセイの作品が思い浮かんだ。そのとき、私が俳句を書くことができなくなっても、俳句はずっとそこにあるのだろう、と思った。その気づきは心地よく私を揺さぶった。

どこかで俳句を思いながら、私は書けない日々を生きていた。もしかしたら、私たちが何かができないという状況に陥ったとき、それでも、それを思い続けていることが道となるのかもしれない。そして、心理療法は、この目に見えない運動のための場所を提供しているのではないだろうか。それは「もうできない」という体験、これ以上は前に進むことができないという体験によってのみ拓かれる場所だと思う。蓮沼さんの言葉で言えば、それは「穴」に落ちるということだ。そうして穴のなかに落ちたとき、私たちは何も見えない暗闇の中で、何かを思い描き始める。

今まさに起きている新しい出来事を前にすると、私たちは言葉を失う。このとき、私たちを包み込んでいる客観的な心を意識化することは容易ではない。けれど、何もすることができないという暗闇の中で灯りをともすことが、意識化することであり内省することなのだろう。心理療法はそこから始まる。

三、客観的な心と作業する

「聴くこと」の原点

いったい、今起きていることの意味は何なのか。私はなぜこんな息苦しさを感じているのか。そういうふうに問いを発することから、「それ」との作業は始まる。現代という時代の背後で動いている客観的な心は、まだ共有された意味として確定していない。だから、「それ」とか呼ぶことのできない漠然としたものであり、そう簡単に表現できない。「それ」は私たちを巻き込みながら今も継続しているプロセスなのだ。

アーティストは、まだ意味の確定していない客観的な心に関わっているが、その際、今私に起きていることの「意味」を問うことが出発点であると思う。実は心理療法家の原点にも、多くの場合、意味への問いかけがある。代表的な問いのひとつは、河合隼雄も書いているように、幼少期に「死」に目覚めることである。このことが人生の意味の探求のはじまりにある。私自身もそうだった。

＊

私は小学校五年生、十一歳だった。ある夜に夢を見た。

私は窓から覗き込むように、自分の内側から世界を見ている。目の前に祖母が見える。そのとき、実は私の身体が乗っ取られているのだと気がつく。私の意志とは無関係に身体が祖母の方に向かって歩いていく。私は咄嗟に「逃げて！」と叫ぼうとするが、声が出ない。私は自分の内側でだんだん小さくなって、自分が消えていくのだと思い、恐怖を感じる。

目が覚めたとき、私は混乱と恐怖でいっぱいだった。きっと私は祖母を殺した、と思った。もちろん、現実の祖母は生きていたが、私はそのように心のなかで体験し、殺害を遂行していた。

このとき、私はなぜか人はいつか死ぬのだという真実を、深く理解した。そして大切な人もみないつか死ぬのだということに気がつき、怖くなり、母親に人は死ぬとどうなるのかと尋ねた。母もまた困惑した様子で、たどたどしく答えるだけだった。私や親の世代には、すでに「信仰」は生きていなかった。神様や仏様に答えを求めることはできなかった。

死というものの不可思議さに気づいたとき、私はそれと表裏一体である「生」の不思議さにも気づいてしまい、それからしばらく考えることをやめられなかった。死というものが謎であり、誰にも答えられないのと同じように、今ここに生きているということもまた不思議で、私は困ってしまった。

子どもの私はそれなりに考えて、ひとつの結論を導き出した。それは、家族の中でもっとも長く生きていて、死に近い人に話を聴いてみよう、ということだった。それが、私が夢の中で殺した祖母だった。私は祖母の部屋に居座って、彼女の人生の物語を聴くようになった。今思えば、まるで夢に導かれるようだった。

祖母は大正七年に沖縄で生まれた。本が好きな少女だった。勉強が好きだったので、彼女は師範学校に行き、教師になりたいと思っていた。しかし、「嫁いだら家を出ていくのだから、女子に教育を授けても意味がない」という継母の考えで、当時の多くの女性たちと同じように中学卒業後に就職した。彼女が二十七歳のとき、沖縄戦が勃発した。多くの人が死ぬ場面を目撃しながら、本島南部へと逃げていく途中、米兵に捕まって彼女は生き延びた。終戦後、親の選んだ男性と結婚したが、子どもができずに離縁された。次に結婚した男性とは何人も子どもができた。そうして、父が生まれ、私が生まれた。

どの話も、同じ国のこととは思えなかった。私はこんなに身近な祖母の人生に、まったく知らない世界があることに驚いた。自分で結婚相手を選べないこと、道端にごろごろと転がっている無惨な死体、捕虜になる経験や食べ物がない日々を生き延びる術。そのなかでも、祖母が何度も話したのが、師範学校に行けなかったことだった。祖母は「学んだことは決して消えない。誰にも奪われることがない財産だ」と繰り返した。よっぽど教育の機会を奪われたことが悔しかったのだろうと思った。

ある日、戦時中の話をしているときだった。祖母の語りは対馬丸事件に及んだ。対馬丸は学童を疎開させるための船で、七八四名の子供や引率の教員が乗船していた。それが米国の潜水艦によって撃沈したのが対馬丸事件であり、一五〇〇名近い人が亡くなった。祖母は当時のことを話しながら、海に沈んでいった子どもたちを憐んでいた。私はふと彼女が教師になりたかったことを思い出して、「おばあちゃんも、学校の先生になっていたら、危なかったかもしれない。そしたら、僕も生まれなかった」とつぶやいた。すると彼女はハッとした表情をして、そうだねと静かに答えた。

それ以来、師範学校に行けなかったという語りは少なくなり、それが語られるときはいつも対馬丸と結びつくようになった。そのことが私には不思議だった。祖母の人生の物語が、海に沈んでいった子どもたちや学校の先生たちの物語と出会い、結びつき、別の物語を創り出したようだった。晩年、祖母はしきりに空を眺めて、「沖縄の空はきれいだ。この島に生まれてよかった」と繰り返した。気の強い祖母が、そんなことを言うようになったことも、私には不思議で、祖母が遠い人になったようで少し怖かった。

この体験が心理療法家としての私の「聴くこと」の原点にあると思う。人は現実世界だけを生きているのではなく、物語を生きていることを私は知った。そして、それは歴史という死者の物語と結びついたり離れたりしながら、日々新しく創り出されている。この物語の生成と解体は私たちが死ぬ日まで終わることがない。

追求と信仰

先ほど紹介した子ども時代の夢について、分析家と話し合ったことがある。分析家はこんなふうに解釈した。十一歳の夢である点でも、イニシエーションの性質を持っているように思う。おそらくこれは客観的世界と主観的な「私」との分離の夢であり、自己意識の始まりを表わすのだろう。本来なら「僕を助けて」と言いそうな場面で、祖母を救おうとしている点は、子ども時代の無垢さを救い出そうとする試みであり、自己の不一致性を生み出したのではないか。だいたいこんな話だった。

なるほど、と思った。確かにその後の私は考えることをやめられず、心ここにあらずのぼんやりした思春期を送ることになった。ここに付け加えるなら、祖母を救おうとしたことは「信仰」を救い出そうとする試みだったようにも思う。

私の祖父母の世代には、しっかりとした信仰があった。私の祖母も、死後はご先祖様の世界に自分も加わるのだと思っていたし、それゆえに子孫が墓の世話をすることが非常に重要なことだと考えていた。一方で、私たち世代にとって、子孫繁栄も墓を守ることも、ほとんど重要な意味を持たなくなっていた。私たちはすでに信仰なき時代に生きていた。けれど、夢の中の私は自分ではなく、「祖母」を救おうとすることで、この信仰によって人生の意味が支えられていた時代を救い出そうとしていたのかもしれない。

夢を見た後、私はなぜ人は死ぬのか／生きるのかという謎に囚われ、その「答え」が与えられることはないと気づいたとき、追求を始めた。河合隼雄も幼少期の死の不安の強さが心理学を学ぶ根底にあったと回想しているが、実は、こういった意味への問いかけが原点にある心理療法家は多いように思う。

私たちの時代において、もっとも多くの人に共有されていること、つまり、現代を特徴づける客観的な心のひとつは、この「信仰の喪失」なのではないかと思う。神も仏もおらず、人生の意味を与えてくれるような思想や世界観がない時代。この時代に人生の無意味さに気づいてしまうところから、心理療法的な探求が始まることは意外と多い。そして、それはアートも同じなのではないかと思う。心理療法家にしてもアーティストにしても、容易には言葉にならない答えに手を伸ばそうとしている。大雑把な言い方だが、人生の意味を追い求めていると言ってもいい。そういう意味で、両者ともに「求道者」でもある。

ユングは宗教が成立しない時代に心理学が生まれたと考えていた。それゆえに、心理学とは宗教の後継である、と。アートも心理療法も真理を求めて道を歩み続ける、という点においては宗教的とも言える。もちろん、結局は答えなど見つからないという結末に至る点で、いわゆる宗教とは決定的に異なる。けれど、それでもなお追い求めるという運動は変わらず続いていく。

手に入らないとわかっていながら追い求めることなど、無駄ではないかと思う人もいるかもしれない。しかし、この「追い求める」という行為と、同時に真理がないということの両方がないと、心理療法は成立しない。この矛盾が鮮やかに描かれている小説がある。その小説は村田沙耶香の短編小説『信仰』である。この小説を心理学的に分析することで、心理療法において真理を追い求めることの矛盾を考えてみようと思う。

物語は主人公の女性・永岡に、地元の同級生である石毛が「カルトを始めないか」と誘う場面から始まる。永岡は疑いを持ちながらも石毛の話を聴いているが、そこに「斉川さん」という同級生の女性が合流する。斉川さんはかつてマルチ商法に騙されていた。本当に良い浄水器だと信じてしまい、友人に浄水器を売りつけ、次第に友人は離れていった。彼女は「リベンジ」のために、石毛とカルトを始めるという。石毛は完全に金儲けのために人を騙そうとしているのだが、斉川さんは少し違っていて、不思議な雰囲気をまとっている。

永岡はカルト商法に加わることを拒否する。そもそも彼女は女子会で話すネタを仕入れるために、石毛と会って話を聴いていたのだった。永岡は同級生との女子会で、石毛や斉川さんの計画のことを話す。それを聴いていた友人たちは笑い飛ばし、彼らを馬鹿にする。一方で、友人たちは鼻の穴のホワイトンニングという美容の話や、ブランド食器の話に盛り上がる。彼女たちが数万円から数十万円という大金を払って美容やブランド品に夢中になっていることと、斉川さんが浄水器が世界一良いものであると信じてしまったことや、カルトを信じる人たちとの違いは何だろうか、と永岡は考え始める。なぜブランド品は本当に価値があるものだと多くの人は考え、カルトは偽物であると言えるのか、と。

次に斉川さんと会ったとき、永岡は彼女が本当にスピリチュアルな雰囲気をまとい始めていることに驚く。永岡は斉川さんにカルト商法をやめるように言うが、計画は進んでいく。その中で永岡は自分自身の信じている「現実」についても考え始める。

私は子供のころから、「現実」こそが自分たちを幸せにする真実の世界だと思っていた。私は自分だけでなく、周りの人にもそれを勧め続けた。

永岡は人が買う物に対して、「原価いくら?」と言うことが癖だった。彼女は周りの人々が高額な物を買ってしまうことから「救い出すこと」に喜びを感じていた。

しかし、永岡は友人の一人から一緒にいると「なんか冷める」と言われてしまう。彼女はこの「冷める」という言葉を「目覚める」という意味だと誤解していたが、次第に自分が煙たがられていることに気づく。そして、妹に「お姉ちゃんの「現実」って、ほとんどカルトだよね」と言われたことが決定的出来事だった。永岡は彼女の信じる「現実」へと人々を「勧誘」していたのだと思い、こうして彼女の信じてきた世界が揺らぎ始めた。

一か月後、永岡は斉川さんに連絡し、「勧誘してほしい」と願い出る。そして斉川さんと石毛が考えたカルト商法のイベント、「天動説セラピー」に十万円支払って参加する。天動説セラピーは、地動説の世界を離れて、天動説の古代に精神を飛ばし、そこでメッセージを受け取るというシナリオだった。煙の中に浮かび上がってきたイメージを見て、セラピストとしての斉川さんが参加者に「言葉」をプレゼントする。それは「一生消えない、心のタトゥー」になり、参加者はその言葉と共に生きていくことになると説明される。

現代を脱ぎ捨てて、古代の精神へと戻るために、参加者は衣服を脱ぎ、裸に布を巻き付けた姿になるのだが、儀式の最中で男性に盗撮されていることに気がつく。石毛がさらに金儲けをするために、女性たちの裸を盗撮してその動画を売る計画を立てていたのだった。

「この者に裁きを!」という斉川さんの声と共に、参加者たちは石毛を殴り続ける。やがて石毛は血を流しながら動かなくなる。

興奮状態の女性たちは、布も脱ぎ捨てて裸のままに儀式を続け、次々と幻覚を見始める。それに対して斉川さんが「言葉」を授けていく。やがて永岡の順番になるのだが、彼女はセラピーの妖しげな煙の中に、いかなる幻覚も見ることができなかった。永岡はこう叫ぶ。

「私には現実が見えます！　異常事態による集団幻覚。脳内のドーパミンによる異常な快楽。異常な状態を脳が回避するために見せている錯覚。私には現実が見えます！　現実が見えます！」

それに対して斉川さんは「それはあなたのカルマ、すなわち業です！　あなたはそれを一生抱えて生きていくのです！」と伝える。永岡は必死に「私を洗脳してください！　私にも幻覚を見せてください！」とせがむが、斉川さんは「現実こそ、あなたの洗脳です」と答える。

思わず永岡は「十万円返せ！」と叫ぶ。すると皆が「すてきな言葉ね。十万円返せ！」と言って、うっとりと歌い始める。

皆、その言葉の意味すら忘れてしまったように、笑いながらその言葉を歌い続けた。

「ジュウマンエンカエセ、ジュウマンエンカエセ、ジュウマンエンカエセ」

皆の歌声が夜空へと吸い込まれている。私の地動説の空へと、歌声が響き続ける。

以上が物語のあらすじである。微妙な心理描写を割愛しているので、ぜひ元の小説にあたってほしいのだが、これは非常に心理療法的な物語である。

私はいつもこの短編小説を最後まで読むと、なぜか笑いがこみあげてくる。現代人の姿が生々しく描かれ、永岡の必死さはだんだんと悲愴感を帯び、儀式の女性たちの言動は狂気に満ちている。それでもなお、物語のクライマックスで笑いがこみあげてくるのだ。

フロイトは私たちが無意識下に抑圧しているものが、社会的に受け入れやすい形で表現されたときに、笑いというものが生じるのだと考えた。おそらくこの物語を読んで笑ってしまうのも、私たちがそれぞれ信じている「現実」がゆらぎ始めるからだろう。そうして、私たちは永岡の必死な姿を笑いながら、そこに自分自身の姿も見ているのだ。

この物語はそもそも信仰が成り立たなくなった世界を描いている。神も仏もおらず、「現実」だけがあり、宝石やブランド品や美容整形に価値がある時代に、斉川さんは人々のためになることをしたいと願い、本当に良いと信じていた浄水器を売った。しかし、彼女は騙されていた。一方で、高級ブランドの食器を買い、美容にお金を費やす人々もまた何かを信じている。永岡はそうやって、みんな「現実が見えていない」と考えていたわけだが、物語が進むにつれて、その自分が信じている「現実」もまた一つの信仰に過ぎないことに気づいてしまう。

そこから、彼女は必死に信じることができるものを追い求める。この「現実」から抜け出るための洗脳を求めるのだ。そうして、自覚的にカルトに参加する。しかし彼女に授けられた言葉は「現実」であった。彼女はそれと共に生きることしかできないと言われる。彼女は自分の「現実」もまた一つの信仰でしかないと気づき、「現実」を抜け出すことを求めるが、それは叶わない。これは「現実」ではないと思いながらも、この「私の現実」を生きるしかないという矛盾がここにある。

これまで自分が信じてきた世界がゆらぎ、何か確固たるものを求め始めるが、答えが見つかることはない。そうして自分の足元がゆらぎ始めたときに、人は心理療法にやってくる。この時期は非常に苦しいものであるし、実際にカルトに入信してしまう危険もある。ここで真に心理療法的な展開を遂行するためには、人は自分の足元がゆらいでいる状態にとどまらなければいけない。そうして、足元の底が抜けて、確固とした基盤がなくなったとき、心理療法の「底なしさ」が現れる。このとき、あらゆる意味は解体されて、これまでの「現実」は流動的なものになる。その「底なしさ」が開かれる瞬間が、小説の終わりに見事に描かれている。

永岡は「十万円返せ！」という怒りの声を上げるが、あらゆる意味が解体されていく儀式の中で、彼女の叫びは単なる音、「ジュウマンエンカエセ」になる。そして、儀式の参加者たちはその音を歌い始める。解体された意味は、歌となって夜空へと吸い込まれていく。この夜空こそが心理療法の「底なしさ」である。このとき、人は心という終わりの見えない深淵を覗き込むことになる。その無限性はかつてなら「神」と呼ばれたものかもしれない。しかし、現代において、それは宗教的な世界観に回収されることがなく、そのとき、その場所でのみ姿を現す真実である。それでいて、間違いなく「私の真実」であると深く実感されるのだ。

おそらく、この真実を見た後も、永岡の人生は何も変わらない。彼女は相変わらず「現実」から抜け出ることはできず、人が買うものの原価が気になってしまうだろう。けれど、彼女は自分の「現実」もまた一つの信仰でしかないことに気づいてしまった。そうして意味の解体を経て、再構成された彼女の「現実」は、もはや同じ現実でありながら違うものでもある。

このことは、河合隼雄がクライエントに言われたこと、「先生との心理療法を通して、僕は三百六十度変わりました」という言葉と同じである。結局、一周して同じところに帰って来るのだ。私は私でしかなかった。この現実を抜け出ることはできなかった。しかし、一回まわってきたという運動自体は、同じ現実に目に見えない痕跡として残っている。

河合隼雄は心理療法の目指している地平のひとつとして、「私は私の人生を私の物語として生きる」という境地を挙げている。これは、「私の現実」が、どこまでいっても私にとっての現実でしかないと気づきながら、それでもなお、それこそが「私の物語」であるとリアルに感じることである。これは真理のない時代における真理のあり方を表している。心理療法を通してこの境地にたどりついたとき、確かにクライエントはもう心理療法を必要とせず、人生を生きていくことができる。

夢分析と真理

客観的な心と関わるために、心理療法家もアーティストも意味を追い求めることが出発点になる。けれど、河合隼雄は心理療法家の態度として「何もしないことに全力を注ぐ」とも述べている。精神分析家のビオンは「記憶なく欲望なく」患者と会うことを説いた。このように心理療法家がみずからを無にするあり方と、ここまで述べてきた追求する姿は矛盾するように思える。

ここで両者の弁証法的な関係を考える必要がある。初めから「答えなどない」と言ってしまったら問いが発せられることはなく、真理などないと考えていたら追求が始まることもない。けれど、追い求めることがなければ、真理などないという壁にぶつかることもない。追い求めること、なおかつ真理がないということ。この両者が揃って、初めて心理療法になる。追い求めるべき真理が失われたとき、追い求めるという前進運動は純粋な運動態となり、このとき、心理療法に特有の「内省」という次元が開かれる。言い換えるなら、人生の意味を追い求めることを通して、「意味などない」という壁に衝突し、そうして追求のベクトルは外側から内側へと転じ、そうして「意味」を生み出している私を意識する私、つまり「私の物語を生きる私」という形式で真理が現れるのだ。

最後に夢分析の一部を紹介して、この心理療法的な真理の出現を描いてみようと思う。

＊

ある二十代の女性が私の勤務する心理相談室を訪れた。彼女は自分が誰かを傷つけたのではないか、という強迫観念に悩まされていた。たとえば、道端で知らない人とすれ違ったときに、彼女は自分の傘がその人に当たったのではないか、と不安になり、ふりかえって何度も確認しないといけなかった。

コロナ禍で人にも会えない、行きたい場所にも行けないという状況を経験し、もともと不安になりやすい性格だったが、こういった強迫観念が出てきたとのことだった。次第に彼女の生い立ちが明らかになった。彼女の父親が非常に厳格であったことや、いまも彼女にはどうすることもできない家族状況があることなど複雑な思いが語られた。

これまでにできていたことができなくなり、自分の思っていた現実がゆらぎ始めるときに、症状が現れる。症状は「私は傷つけたのか、傷つけていないのか」という現実のゆらぎを表している。このとき、ユング派心理療法では夢を扱う。そして、夢をひとつの詩のように読んでいく。それは夢自体の持っている「ひとつの現実」を理解することである。そうして、私の人生という現実がゆらぎはじめたときに、心の中から生まれてきた別の現実を扱うことで、現実は多層化する。

私が夢について尋ねると、彼女は次の夢を報告した。

夢1　同級生の女の子が後ろにいる。ニコニコしている。私は刺身を食べないといけないことになっている。時間がなくて、早くしないといけない。刺身は茶色くなっていて、腐っているんじゃないかと思う。美味しくなさそうだけど食べる。

この夢を受けて、心理療法家がどういう作業をするか描いてみよう。まず、料理の素材を一つひとつ確かめるように、夢を構成する要素を反芻し、響かせ、感じる。たとえば、「同級生の女の子が後ろにいる」という表現。同級生という学校生活の登場人物は、自分らしさを確立する過程で、「もうひとりの自分」を担う存在を思わせる。そのもうひとりの自分が、後ろにいる。「後ろ」とは自分には見えない位置だ。それゆえに、その同級生は見えない部分、「無意識」の側面なのだろうと思わせる。その子はニコニコと笑っている。この場面は、無意識の側から見たら楽しく、喜ばしいことなのだろう。それに対して、意識の側から見たら、「食べたくないものを食べる」という、嫌な状況だ。

このギャップに気づいたとき、この状況がとても儀式的に見えてくる。日常生活の食事なら、食べたくないものは食べない。気が進まないけれど食べるという行為は、食べることが個人の意志と関係なく定められている行為だと感じさせる。そういう意味で、儀式的なのだ。儀式は何かが変化したり移行する場で行われる。現代でいえば、年が変わるときの初詣や、新しい夫婦の誕生を祝う結婚式、生から死への移行を表す葬式など。こういった個人の意志とは関わりなく、大きな流れの中で変化や移行が生じるときに儀式が行われる。このとき、大きな流れの一部となるために「食べる行為」がよく行われる。彼女は変化に気が進まない様子だけれど、それを食べて受け入れる。彼女が生きてこなかったもうひとつの側面である同級生に従うこと。それが彼女の心理療法のひとつの流れなのだと思う。

ここまでは、通常のシンボリズムから考えることができる。けれど、夢は新しいシンボルを生み出そうとしていることが多い。それは多くの場合、奇妙で、不自然で、理解しがたい表現として現れてくる。この夢でいえば、それは「茶色になっている刺身」だろう。夢の分析では、このような謎が残されることは悪いことではない。むしろ、「わからないこと」がわかると、それは問いとなって、セラピストの無意識下で反響を続ける。

刺身は魚の一部で、海を連想させるが、ここでは鮮度が強調されていることがわかる。魚を海から取り出すと、陸の世界でその身を長く保つことはできない。この刺身にはすでに腐敗と解体が始まりつつあり、彼女は急いでそれを食べないといけない。そして食べる行為が、それと同化することであるなら、彼女もまたみずからの「フレッシュさ」に別れを告げ、腐敗と解体へと向かうことを感じさせる。それは発酵のように、物質を変化させ、熟成へと向かわせるプロセスだ。

ここまで考えてくると、彼女の置かれた状況の別の側面が見えてくる。それは子ども時代への別れの悲しみであり、家族の問題に別れを告げ、時間の流れと成熟を受け入れることだと思われる。そのプロセスを見守るのが同級生の女の子だから、それは女性としての成熟に関わるものかもしれない。

以上が、夢のイメージを前にしてセラピストが行う作業である。「よくもまぁ、ここまで言えるな」と思う人も多いかもしれない。夢のテキスト自体は、通常の意識にとって、大した意味を持たない。ユング派心理療法では、こういった夢のテキストを記録してもらい、それについて話し合うわけだが、多くのクライエントも最初はいったい何の意味があるのかと疑問を抱く。確かに夢のテキスト自体は無意味かもしれない。ここに示した夢の分析はアーティストが、石ころを触ったり、木材にキャンバスを貼り付けたり、粘土をこねたり、腐りかけた桃の香りや味を確かめたりするような作業だ。「意味」が生まれてくる前に、それ以上に長い時間をかけて「無意味な物」と関わる作業が必要とされる。そうして物としてのテキストに衝突することで、はじめて心が動き始める。

その後、彼女との心理療法は夢の分析を中心に続いた。その過程で彼女は家族への思いや人生の後悔に向き合い、次第に症状は消失していった。夢には海や山が現れ、見知らぬ男性や家族が繰り返し登場した。二年後、心理療法の終了直前に語られたのが、次の夢だった。

夢23　藁人形を持った男がやってきて「呪ってやる」という。「名前を教えろ」というので「嫌だ」と答えると、私の持ち物を探そうとする。持ち物に名前が書いてあるのを見つけようとしている。自分の物を探されるくらいならと思って、自分の名前を言った。呪うのは相手の意思であって、私にはどうにもできないことだと思う。

名前を明かすことは、「私」の本質を表すことなのだろう。それゆえに、名前を奪った者は相手を支配し、呪うことができる。ここで、彼女は自分の物を探られ、名前を見出されるくらいなら、自分から名前を言うことを決意する。ここに受動から能動への反転がある。それは運命から逃げ隠れするのではなく、呪いを受けること、「私」としてこの運命と対決する意思の表明である。

ユングは夢の中に異性のイメージがしばしば現れることに注目し、男性にとってのそれをアニマ、女性にとってのそれをアニムスと呼んだ。その後、ヒルマンやギーゲリッヒは、イメージを生み出し、物の存在を生み出す肯定の力がアニマであり、アニムスはイメージを殺し、物の世界に衝突し、そのことによって目には見えない「心」の運動を生み出す否定の力であると考えた。この緊張と対決が、彼女の心の中で動いていたようだった。それゆえに、彼女は「誰かを傷つけたのではないか」というみずからの暴力性に怯え、その強迫観念に悩まされていたのかもしれない。そして、この夢に至って、彼女の心の中でアニムス的暴力性はそれ自身を表現し、彼女はそれに脅かされつつも、奪われることのない自分自身を証明したように思われる。

これは彼女が自分の人生に物語を取り戻していく過程で語られた夢である。夢と作業するセラピストは、夢のテキストを中心におきながら、その周囲をめぐるように、映画や小説などの芸術作品、昔話や神話、心理学の理論などが去来する舞台となる。そして、次第に夢のテキストがそれ自身のなかでこだまするように響き始める。ここで提示した心理療法に、「客観的な心」が現れているなら、それは結婚を機に「名前」を手放さざるを得ない女性たちが、歴史上で繰り返し経験してきた悲しみや怒りであり、女性の成熟過程における「腐敗」や男性的暴力性との対決である。このように歴史的なものが現れている夢は、元型的とも言えるし、心理療法家は神話や昔話、芸術作品といった文化的知識から、夢を理解することができる。

それでは、心理療法家にはこういった教養が必要なのだろうか。もちろん、そうとも言えるが、それは本質的な問題ではない。ここで重要なのは心理療法家の作業自体であり、夢というテキストに向き合い、思考している心理療法家の人格そのものである。夢の解釈もまた「私の解釈」でしかなく、「私の物語」でしかない。その事実は変わらない。夢のテキストと心理療法家／クライエントが出会い、意味が創造されるが、そこでふたりが共有された意味に包まれること自体よりも、意味を創造するという運動自体が重要なのだ。もし、ここで夢がクライエントの主観に留まるものであると受け取るなら、夢は常にクライエントの個人史に結び付けられ、必然的にセラピストへのメッセージとして解釈される。それはいわば一片の詩を解釈する際に、それが恋人に贈られたものであるとか、詩人が母親コンプレックスを抱えていたとかいう外側の情報を入れ込むことと同じである。そのとき、クライエントもセラピストも、夢そのもののテキストに深く入り込むことができず、そこに真理は現れない。

語り、記憶、夢、絵、箱庭、セラピストとクライエントの心に去来するイメージの数々。心理療法家が真に客観的な心に関わろうとするなら、心理療法における表現はセラピストとクライエントの外側から到来するものとして体験される。すると、クライエントもセラピストも自分たちが語り合っているにもかかわらず、自分たちをある種の鑑賞者として体験する。それはアーティストが作品を作るとき、私が作ったのではなく、私という主観を通って目の前の物が語りだした、と体験することに似ている。心理療法が展開するとき、ふたりの人間ではなく、物が語り出すのである。真理がない時代に、それでもなお私の真理として圧倒的なリアリティを感じさせるものが語り出す。この語り手のいない語りが心理療法における真理である。それは必ずしも喜ばしいものではなく、「業」や「呪い」のようにやってくる。それを拒否するのではなく引き受けるとき、私の物語が始まる。

謝辞　夢の掲載を快諾してくださったクライエントに心より感謝申し上げます。

参考文献

河合隼雄（河合俊雄編）『心理療法序説』岩波現代文庫、二〇〇九年
S・フロイト（新宮一成ほか編）「機知」『フロイト全集8』岩波書店、二〇〇八年
C・G・ユング（林道義編訳）『心理療法論［新装版］』みすず書房、二〇一六年
C・G・ユング（河合俊雄監訳）『分析心理学セミナー1925　ユング心理学のはじまり』創元社、二〇一九年
蓮沼昌宏、蓮沼菜穂子編集『床が傾いていて、ボールがそこをひとりでにころころ転がって、階段に落ちて跳ねて、窓の隙間から外へポーンと飛び出てしまう。』二〇二〇年
W・ギーゲリッヒ（猪股剛監訳）『夢と共に作業する　ユングの夢解釈の実際』日本評論社、二〇二三年
W・ギーゲリッヒ（田中康裕訳）『心理療法において何が癒すのか？』創元社、二〇二四年
Giegerich, W., *The Soul alyways thinks, The Collected English Papers*, Vol. 4, Routledge, 2020.
Hillman, J., *Alchemical Psychology, Uniform Edition of the Writings of James Hillman*, Vol. 5, Spring Publications, 2009.
村田沙耶香『信仰』文藝春秋、二〇二二年
エリザベス・キューブラー・ロス（上野圭一訳）『人生は廻る輪のように』ＫＡＤＯＫＡＷＡ、二〇〇三年
津川絵理子『津川絵理子作品集Ⅰ』ふらんす堂、二〇一三年

読書案内

長堀加奈子

W・ギーゲリッヒ『ユングの神経症概念』河合俊雄監訳、河合俊雄・猪股剛・北口雄一・小木曽由佳訳、創元社、二〇二一年

心理療法はジャネやフロイトの神経症研究を成立の背景に持つが、国際的な精神科診断基準から「神経症」の文字が消えて久しい。しかし、本書によって、現代の私たちにも適応される重要な概念としての神経症に出会い直すことができるだろう。

本書は、『ユング自伝』にあるユングの不登校体験のテキストを基にして、神経症の概念を論じている。ある日、少年ユングは友人に小突かれて石で頭を打ち、そこで「そうだ、もうお前〔ユング自身のこと〕は学校に行かなくてもよいのだ！」と閃く。それ以来、彼は学校に行くように言われると失心発作が起きるという神経症を発症し、不登校になるのである。

本書は神経症の原因や治療法について解説した本ではない。それにもかかわらず、まさしく臨床的な本である。それは、本書の読書体験がある種の心理療法になりうるからだ。神経症概念が丁寧に解きほぐされていく描写を追いかけていくと、自分の神経症が「私たちここにいま

す」と柱の影から手を挙げる。あるいは自分がこれまで出会ったクライエントの姿が想起されることもしばしばであるが、それらも結局自分の神経症の一部かもしれない。読み進めるにつれて、私の神経症は光を当てられて、精緻に分析される。逃げ場がなくなり、苦しささえ感じるが、読後には私と神経症は共にいられるようになるのである。もちろん本書を読んで何らかの症状がなくなる、と言っているわけではない。その意味では、必ずしも症状消失や社会適応だけを目的としない、ユング派心理療法における癒しとは何かを感じさせてくれるとも言える。

実は、私は本書を読む以前の自分が、神経症をどのように捉えていたかを忘れてしまった。神経症という一つの概念にとどまって、徹底的に考え続ける稀有な読書体験によって、自分のこれまでの理解が塗り替えられていったのだ。本書の冒頭でギーゲリッヒは「心理学は概念を必要とし、思考を必要とする」「ユングに対しても〔略〕思考しながら近づき取り組んでいかなければならない」としている。この部分はあらゆる局面について当てはまると言えるだろう。本書を読み、その内容を理解することだけが大切なのではなく、一人ひとりがその人のやり方で心理学について「思考し」取り組んでいくことが求められているのだ。

C・G・ユング『分析心理学セミナー 1925 ユング心理学の始まり』河合俊雄監訳、猪股剛・小木曽由佳・宮澤淳滋・鹿野友章訳、創元社、二〇一九年

C・G・ユング『分析心理学セミナー 1925年、チューリッヒ』横山博監訳、大塚紳一郎・河合麻衣子・小林泰斗訳、みすず書房、二〇一九年

フロイトとユングはリビドーに対する考え方の違いから、一九一二年に決別する。その後に訪れた精神的な危機から抜け出したユングは、一九二一年に初期の代表作『タイプ論』を出版し、国内外で広く賞賛を浴びることとなる。同時期にユングが見た幻視《ヴィジョン》や夢が書き留められたものがのちに『赤の書』としてまとめられる。

一九二五年セミナーについて、編者であるシャムダサーニは、「ユング自身という『事例』を彼の理論の最もわかりやすい例として挙げることで、分析心理学を一人称によって提示するという一つの実験であった」としている。その解説どおり、このセミナーでは『ユング自伝』や『赤の書』に書かれているユング自身の夢や幻視《ヴィジョン》について、ユング自ら解説しており、心理学がどのように生み出されていったのかという軌跡をユング自身の言葉で追うことができる。また、『ユング自伝』では、この精神的危機の際にユングがマンダラを制作していたことが書かれているが、一九二五年セミナーではむしろタイプ論と繋げて語られているなど、他のユングの資料と合わせて読むのもおすすめである。

心理療法家であれば、誰もが「私の心理学」と向き合うことがあるだろう。この本に出会った頃、私は長らく本が読めない精神状態が続いて困っていた。ユングが夜の海の航海から自分の心理学を立ち上げていく様を読み通すことができたとき、私は自分自身も危機から脱したと少し感じることができた。そういう意味で個人的に恩を感じている一冊でもある。

日本における僥倖は、二つのバージョンで本セミナーを読むことができることだろう。創元社版は専門性が高く豊富な訳注や資料（書籍紹介など）があり、そして猪股剛の解題が圧巻である。みすず版は、言葉を大切にした温かみのある訳と、痒いところに手が届く訳注が魅力である。

H・グリーン『デボラの世界 分裂病の少女』佐伯わか子・笠原嘉訳、みすず書房、一九七一年

青年期特有のナイーブさから「心とはなにか」に関心を抱いていた私は、実験心理学によって心の一般的法則を解き明かすことに魅力を感じて心理学科の門をくぐった。しかし、家族療法家の故中釜洋子先生の講義を受講してから、その気持ちに揺れが生じ始めた。心理臨床の営みを通じて紡がれる中釜先生の言葉には、私が本当に知りたかった心の真実の手触りがあったからだ。本書とは、そんな中釜ゼミの課題図書の一冊として出会った。

舞台は一九四八年のアメリカ。物語は、統合失調症（作中では精神分裂病）を発症したユダヤ系移民の少女デボラが、両親に連れられて郊外の精神病院を訪れるところから始まる。

デボラの心理療法を担当したフリード博士のモデルは、精神科医フロム゠ライヒマンであったと言われている。抗精神病薬がなかったこの時代、統合失調症患者との治療は対話による心理療法によって行われていた。原題は『*I Never Promised You a Rose Garden*（あなたにバラ園を約束したことはない）』であり、これはフリード博士がデボラとの面接でくり返し伝えたことである。フリード博士は、患者に「うそを言うこと」が一番危険だと知っており、安易な慰めはしない。しかし、デボラが自分の心に向き合うときには必ず「私たち二人で」と声をかけ、徹底的にそのプロセスに同行する。

〈Yr《イア》〉という内的世界と現実を行き来するデボラの心理描写や、デボラが回復していく様子が胸を打つのはもちろんだが、崩壊し再建されていくデボラの家族、病棟の魅力的な患者たちとの関わり、嫌われものの病棟スタッフたちの描写にも深く感銘を受ける。デボラが「すみませんが、先生。私が普通の人と違うということが、私の病気なのではありません」と告げる場面などは心にずしんとくるものがあった。

精神病者との心理臨床は、細いピアノ線の上を綱渡りするようなものだと感じる。その線を一歩外れたら患者は心を閉ざしてしまうし、その線以外に行くべき道はない。実際その線の上では、デボラが経験するように恐怖や苦しみにたびたび襲われるが、その先に「生きること」がある。私にとって本書は、誰かの心の「ほんとう」と出会うために、心理臨床を志してみようと思ったきっかけの一冊である。

第三章　モノからコトへ

喪失の底にエコーする論理

植田　静

人々とアート

某日、私は音楽関係の友人の誘いで、私の住む宇都宮市の行政と文化活動を考える集まりに赴いた。そこでは市内の芸術家たちと新たに出会い、大小さまざまな活動の話が聴くことができた。なかでも福祉施設で、高齢者やあらゆる障碍者と絵を描いたり、民芸品を作ったりする仕事をする人が多いことを知り、自分も臨床で芸術療法を行うので親近感をもった。また行政や施設側との対話のなかで彼らが苦労している話も多く聴かれた。画期的な企画アイデアを出しても「前例がないので」などといわれて取り入れられないことがあるという。企画が扱われたとしても、事務の鋳型に入れられることで自由さを失い、活動の魂を抜かれ、つまらないイベントになっていくことが多いという。行政の文化活動枠の落とし所として、機械的に芸術が組み込まれているかのようである。法務の構造上やむを得ないとはいえ、自由な命の動きを生む芸術活動に「前例」を求めるのは自ずと矛盾した状況を作っている。世のなかの芸術に対しての信頼度が低いようだ。確かに芸術活動には、目に見える効果や即効性、収益、持続性などに裏付けされる「信頼度」は乏しいかもしれない。しかし、それらとは対極の、想像もできないような「未知の変質」に対しての信頼が託されるべきがクリエイティビティというものである。芸術家の側にも、行政の側にも、互いに相入れない理由を丁寧に嚙み砕いていくことが価値があるのだが、検討の前にアイデアがバッサリと切り捨てられてしまうことも少なくないようだ。コロナ禍には「不要不急」という言葉を切り口に、芸術系のイベントが真っ先に削られたり、心理療法室の閉室が余儀なくされたりしていたのも、同じような理由からだろう。最近私たちのなかから芸術や心のことについて考える機会がなくなるとどうなるか、という不安が私のなかにリアリティを帯びてきた。そのため、私はその重要性を語りたい気持ちに駆られるのだが、言葉にしていくのは難しい問題である。芸術療法のプロセスは日常の感覚とはかけ離れている。私はこれまでも臨床の場で多くの夢の話やファンタジーが登場し、意味深い展開が起こるさまをみてきているもののそのことを言葉にして人に伝えていく自信がなかった。そこには日常の論理には乗らない論理が流れているからだ。

1．若き日の臨床の感動と伝わらなさ

遊戯療法《プレイセラピー》の話

私が初めて心理の学会で発表をしたのは修士課程を終えて間もない頃だった。内容は未就学児の遊戯療法で、クライアントが六芒星を描いたことに、若きセラピストの私が興奮を覚えたケースだった。まずはこの時の体験を振り返って、芸術療法の躍動を伝えてみたいと思う。

園の友達にうっかり手を上げ、傷つけてしまう問題を抱えた彼は、両親に相談室に連れてこられた。彼には自分の感じることや思うことがうまく表現できないようだった。就学直前というのは、発達の途上でありながらすごい勢いであらゆる社会性を獲得しなければならない時期なので、こういった問題が生じることは珍しくはない。抱えているものを出せないもどかしさは彼には苦しいことであったであろう。初めて会った時、自分が叱責を受けるのではと緊張していたのか、あるいは幼いなりに攻撃性をコントロールできない自分を責めていたのか、彼は頭を抱えて座っていた。両親に生育歴を聞くと、彼の家族歴には汚いものや暴力性などのネガティブなものを極端に恐れ、排除しようとする、ある種の潔癖の痕跡があった。

毎週一時間のセッションを契約し、密室で自分の思うままに遊んで良いことを伝えると、彼の場合は楽しく遊び始めるのにそう時間はかからなかった。私たちは毎週箱庭や粘土を使って遊び続け、数週間経った頃から粘土でいくつもモンスターを作り始めた。ポケットモンスターのファ

ンの彼は、それについて何も知らない私の師であった。石のポケモンはゴツゴツと、火のポケモンはボウボウと、電気ポケモンはビリビリと、私たちの体験世界を広げていった。箱庭や粘土の戦いに、心のスタジアムに命の火がともされていくようだった。カードや電子機器で遊ぶのとは違い、私たちの遊びはもっと散らかっていてベタベタして不格好であった。遊戯療法はそんな非合理的なものたちに、主観的にも客観的にも居場所を与えていった。まったくもって汚い子どもの遊びであり、何よりも生き生きとしていた。

ある時、開封から時間が経ったせいで粘土が固ってしまうことがあった。「粘土を柔らかくするには水をつけるといい」と彼がいうので、濡らしてみた。しかしそのせいで粘土たちはドロドロに溶けてしまったのだ。カラフルなドロドロを手につけ戯れながら、彼は「わーっ」と歓喜の声を上げた。肌についたドロドロはますます不浄でコントロール不能であったが、この感触が彼のなかに何かの産声を上げさせたようだった。それはまるで分娩台の赤子に付着しているもののような、重要なドロドロだったのだ。部屋の外に手を洗いに行く際にも彼は待合室にいる母に向かいドロドロの手を広げて「ママ見てー！」と感動を隠せなかった。家族の潔癖性をも打ち砕かんとする勢いだった。

抽象性の発現

この頃には暴力の問題はすっかりなくなっていたものの、彼の表現活動は終わらなかった。ある日彼は、いろいろなアイテムを箱庭に完全に埋めてしまった。過去が埋葬され、ゼロの世界が作られた。その後、既成のモンスターたちではなく、自分の想像の龍を粘土で数体つくり、まっさらな箱庭に並べ出した。それらは彼自身が粘土を練って作り上げた、より原初的で自由な形態を持つ個体だった。龍は蛇のように長い体を持ちながら、脚や翼を持つ。平行運動と上下運動、水平軸と垂直軸の掛け合わせである。水・陸・空の多次元での動きを可能にし、境界を突き抜ける。私たちは粘土の龍を手で確かめ、命を吹き込み、自分たちも龍そのものとなったかのように「しゅううううう」と音を立て、手で動かしていった。龍を縦に横に螺旋を描くように動き回らせることで、部屋は海と空の大空間に変容した。私たちは感触で、心に聞こえる音で、そして相手を見ることで世界を体験し続けた。生き生きとした踊りのような動きに、あたかも固まりから解き放たれた龍が、彼の手を使って動き出したかのようだった。

ある時、彼が箱庭の砂に指で六芒星を描いて喜んでいた。たまたまそのタイミングで人から描き方を教わっていたようだが、彼の感動は大きかった。「三角と逆三角をうまく組み合わせると、六芒星になるんだよ」と興奮して、私の目の前でいくつか描いてくれた。単純な図形と図形を、バランスよく重ねていくと、意味のある星になる。龍の遊びと、彼の手先の動きと、図形と意味のミーティング・ポイントのように六芒星が現れてきた。六芒星は錬金術師たちの間では、水と火や男と女、などの対照的な「相対するエネルギーの調和」という意味の表現である。龍と共に、水の世界と空の世界、どちらか一つの世界の視点では想像し得なかったこと、一つの言語だけでは表しきれないことの象徴である。

彼はしみじみと何かに納得するように満足げであった。単純に星の記号が描けるようになった具体的な満足感ももちろんあったろう。しかしこれには、今までの体験が抽象化され空に浮かぶ星、喜びの刻印となって永遠に輝きはじめたのだと、プロセスの一区切りのような感覚を私は覚えた。龍の解放の体験が結晶化して、星という記号が現れてきたのだと。

言葉というものも、本来はこんな風に感覚の海から感動を伴って浮かび上がるのではないか。もちろん彼も知能検査で測れるような言語発達はクリアしていたが、それまでの表現は言語や遊びを含め、どこか真似事にすぎず、表層的で記号的な伝達の道具にすぎないようなものだった。不意の暴力が表出していたのは、彼が自分だけの内なる体験から語る言葉を持たなかったからで、語られずに滞留してしまっていたものが漏れ出ていたということだったのではないか、と私は想像している。与えられた言葉だけではその人を表すことはできないのだ。暴力の問題をきっかけに始まったこの心理療法の一連のコトは、彼がようやくと自分の言葉を持つ世界へと生まれるプロセスだった。海と空、感覚と理性と、母性と父性など背反なものたちが体験のなかで存在を見せてきた場所から、龍が顔を出し生まれてくるようにシンボルが生まれてきた。物質偏重的な世界に背を向け、自分の言葉の次元、こころの次元へと彼が目覚めるさまを、ゼロからの龍の遊び、六芒星の投影までの出来事が物語っている。彼がセラピーの最後にプレゼントしてくれた絵のなかにも、花咲く草原の空の空白に「ありがとう」の文字が浮かんでいた。当時はわからなかったが、今なら私にもその絵と文字には、彼自身の言葉に存在の居場所《スペース》を与えられた様子が表れていると思える。

以上は遊戯療法という一つの枠組みに彼の生が投じられたことで、自ずと生じてきたコトたちである。遊びとはいえ龍の顕現も六芒星も起こそうとして起こすものでも、「その前にこれをすれば生じる」と意図的に組み立てる出来事ではない。むしろ余白が要る。セラピストもセッションのなかで起きる出来事一つひとつを観察しつつも、時に解釈を見失いそうになるほど自らを委ね、遊びに参与していく。本気で参与するには「わからない」「予測がつかない」前提を持ち、耳をすまし目を凝らす必要がある。心理療法的な新しい出来事たちは、操作とは対照的な自由な空白《スペース》をセラピストと部屋とクライアントが守らなければ、その命を得られないのである。

象徴にどうかかわるべきなのか、という問い

この学会発表は今から二十五年近く前のことなので、今以上に私に感受性も表現力もなかったであろう。どうやら感動の部分が伝わらないまま対立物の結合の話などしてしまったようで、指定討論の先生からは「記号論的」との指摘をもらうことになった。その指摘は間違ってはいない。当時の私が象徴の発見に喜びすぎ、あたかも自分が龍を手にしたかのように、モノ的に事象を扱ってしまったのだろう。そのせいで論点がずれ、目に見えないところの大事な点が欠落し、発表内容は抜け殻しか表せなかったのだろう。言ってしまえば、象徴的な出来事など、そこらじゅうに起きているし、象徴に意味があるであろうことも今では自明である。そんななか真に心理学的視点を持つには、どこに焦点を合わせて思考していくべきだったのか。心理療法に現れるイメージとどう付き合うのかは、記号論のようにシンプルには語れないことだ。発表のディスカッションの最後に、先生から「しゅううううううう」という龍の感覚を大切にするように、

と言われた。私は、答えを掴みきれず、反芻し続けた。音楽活動やフィールドワークなど、仕事の外でも、象徴について思考するようになっていった。

2．出来事の主体とは　サウンド・アーティスト、鈴木昭男さんのはなし

トークイベントでの演奏

龍や六芒星など、遊戯療法に馴染みのない人には突拍子もない象徴の話をしてきてしまったかもしれない。これらは遥か昔から人が表現してきたシンボルで、長い歴史のなかでは一般性を備えているとはいえ、現代の日常の感覚からは離れてしまっている。しかし、心理療法で密やかに行われているような非日常的プロセスも、アート界ではオープンにシェアされるものだ。アーティストたちは、非日常的な事象であろうと真に心の価値のあるものを、自分自身と共に差し出し、現代の白日の元に晒す。ときにそれが社会と衝突して、予想だにしなかった心のコトを生み出す。近年私たちは、そんなアーティストの一人、鈴木昭男さんの、突拍子もないパフォーマンスを目の当たりにする幸運に恵まれた。目に見えないものごとと、それとともに作業することを考えるために、彼の話をしておきたい。

鈴木さんは、一九六三年、名古屋駅の中央線ホームの階段の上から、バケツいっぱいのピンポン玉や空き缶をぶちまけ音を聴く「階段にものを投げる」というアクションに始まり、今もなお

徹底して音をきくことの取り組みをしている人だ。サウンドアートの先駆的存在として、音を介し、世界との「なげかけ」と「辿り」の活動を続けており、そこから開く感覚を私たちにシェアし続けてくれている。彼の「自修イベント」という概念は「自ら学び、修める」という意味であり、心理療法に自身を投じる私たちの姿勢と似ている。

そんな彼に会いたくて本書のシリーズ二回目の『私たちのなかの自然』出版記念トークイベントに招いて、いくつか楽器の演奏もお願いした。そのなかに細い棒の先につけられた薄いポリエステルの紐がたゆたうものを見ながら石笛を吹くパフォーマンスがあった（動画）。完璧なフォルムとともに、あの世的な音が、空間を優しく裂き、潤わせた。登壇していた猪股もその後言っていたが、本当にトランスしそうな、只事ではない演奏だった。鈴木さんは数々の作品解説の最後にこの演奏についても説明してくれた。

この演技は能舞台の構造を取り入れていた。図に示すように、能舞台の柱は北極星の周りを巡る北斗七星の配列をしていて、その文化には北極星信仰の名残があるのだとい

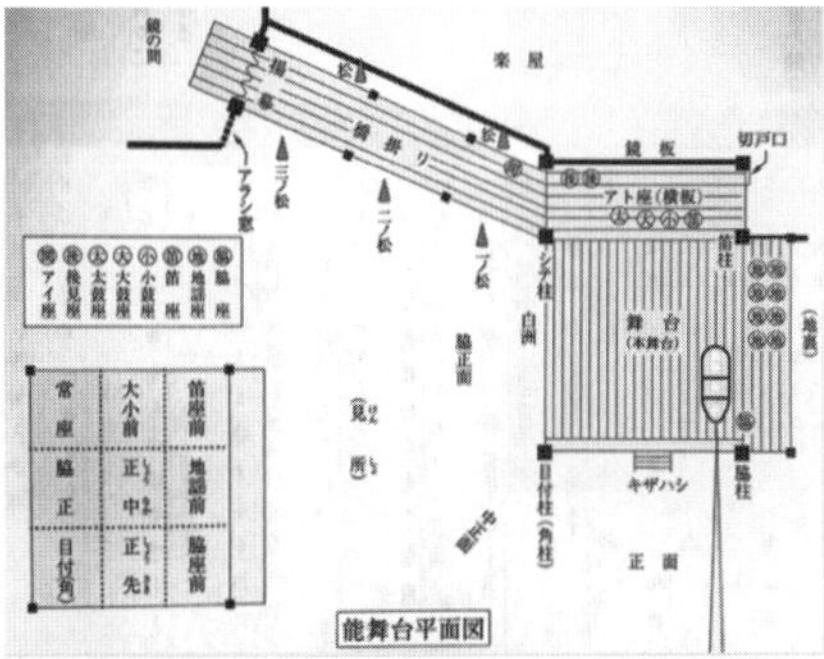

能舞台平面図（川西、2000年）

Tsuyoshi, Inomata「耳をすまし、ひらいてくるもの」2022, YouTube

う。かつて中国思想で「仏が天竺にいる」とされて皆で西を目指したように、伝来以前の日本列島では不動の北極星を頼りにする時代があって、先祖の霊も皆そこに行くという思想があったのではという。となると、鏡板、舞台背後の松の絵の方向に北極星があることになる。世阿弥が能楽で表した魂呼びの話も、魂を北極星から呼んでいるという。能のストーリーでは、主役のシテは亡霊や精霊、鬼など「人間でない」存在であることが多い。旅人がシテに出遭って話しているうちに、シテが彼らに心を許す。語りを傾聴されたシテは喜んで乱拍子で舞って星に帰っていく。此度の演技について鈴木さんは次のように話していた。

> 先程やったこれもシテ柱から漂う依代なんです。これ［ポリエステルの紐］が本当は垂《しで》、麻の白いものを纏って翁が舞う最初の原点ですね。その風を笛は模したんです。笛で風を翻訳するわけです。それでたゆたいという、能楽ってお化けが出てくるようにヒューっと言っている、あれは魂が風の語りを翻訳した音なんです。……遊びのように軽やかな風を……音に表現するわけです。

鈴木さんは私たちの見ていた場の、「人間でない」もののための空間を見つめ、そこに自然に起こる動きを、音に翻訳していたのだ。

また彼は「僕はなんでも音に翻訳できるんです」とあっさりと特殊な才能のことを打ち明けてくれた。そこで、彼に私の顔を見て吹いていてもらうことになった。鈴木さんに顔を向けると私は緊張してしまった。しかし聴こえてきた音は優しかった。とてもとても古いようだったり、アジア的かと思うと少し西洋風展開も聴こえたり、たまに昭和中期の歌謡のようだったりした。母親が密やかに子どもに語るように歌う、そんな音色だった。音を聴きながら私の顔や体がヒクヒクと動き出した。筋肉が勝手に動いたと伝えたら、「動かしていただいたら、それ……になったんです。心を読んでいたんです」と教えてくれたのだが、なんとも不思議な話であるし、言葉の途中も聞き取れなかった。そのわかりづらさゆえに、またとても耳をすますことになる。心が先なのか、彼の笛の音が先なのか、動きが先なのか、わからない。そもそも現象が、わかりやすい因果関係にないような構造なのかもしれないと思った。

その言葉通り、鈴木さんは自身を翻訳者として捉える。翻訳されると、私のなかのシテが解放されるべく動き出すのかもしれない。でも、私が動かされたのか笛が動かされたのか、どちらかわからないとも言える。正直にいうと、最初の紐の依代のパフォーマンスも、笛が風を翻訳しているようなだけでなく、どう見ても笛の音の方が風を動かしているようにも見えた。これはもはやどちらかわからない領域なのだろう。この出来事の主体は、私たち人やモノに規定される側にはなく、コトの側にある、とそんなイメージを私は持った。風と笛、魂と事象の対話のなかで、コトが展開していた。鈴木さんは能の構造と風の翻訳を通して、見えないものと私たちの間に、コトを起こすようだった。

彼の笛の音はとても密やかであった。鈴木さんは、そもそも昔はみんな自分の儀式で笛を吹いていたので、人に聴かせるようなものではなかったのでは、という。傾聴を受け、翻訳を行ってもらいながら自ずと踊り出す「自分の儀式」となると、個室で理解を深めていくうちに龍が舞い出した、あのセラピーの感覚のようだ。能舞台の構造にまつわる思想も、心理療法の閉じた部屋、箱庭の横五七センチメートル×縦二七センチメートル×深さ七センチメートルの定型構造や風景構成法など描画に枠付けをする作法、また夢を一つひとつの世界として閉じたものと捉えて翻訳する作法を彷彿とさせる。心理療法においても、これら「枠づけ」とは、密閉した容器のなかで化学変化を起こさせるように、儀式的空間を作るためのものでもある。

心理療法のフラスコのなかにいると、形のない魂の動きはどのような形をとってくるかわからない、ストーリーの決まっていない能のようである。踊り出すのは私だったり、筋肉だったり、龍だったりする。コミットする者は突き動かされるように翻訳者になったり踊り出したりするようなものかもしれない。心理学はモノではなくコトであり、かつ出来事全体の主体は私やクライエントの自我意識ではない。

おならとパフォーマンスのなかの「本当のこと」――コミットメントと開放

この時の鈴木さんにはアナラポスという彼発明の楽器の演奏も頼んだ。エコーを手元で作り出す、缶とバネを繋げたような楽器である。演奏が始まると、子どもの頃トンネルのなかを歩きながら音に戯れた感覚が蘇ってきた。その私の音遊びの空想が宇宙まで吹っ飛んだタイミングで鈴木さんが「んーんーほっほー」と歌い出したから、また感動してしまった。猪股が「アナラポスの演奏の時はどうも笑いが込み上げてきて、堪えていました」と後に感想を述べたら、鈴木さんに言わせれば実はこの演奏には大笑いされることがたくさんあるというのだ。ある時のオーディエンスも猪股のように堪えていたのがわかり、鈴木さん自身が一度笑ったという。すると「みんなも大笑いしだした。笑いも一つの感覚表現で、自由。もし猪股さんが笑っていたら、始まったかも」と彼は言う。文化的イベントの堅苦しさを抜け出し、思うままに反応していたら、その場でコトが起きていたかもしれない、という。会場の皆が「ワハハハハ」と笑い出す、表現が自ずと弾け出す時間を共有できたかもしれなかったというのだ。

　企画段階で鈴木さんとメールでやり取りをしている時に、私はうっかり「アナポラスの演奏をお願いします」と送ってしまっていたのだが、その後しっかり「アナラポスなのです」と修正されて返ってきた。後でまた訊いたら、「おなら」が由来でアナラポスと命名されたとのことだった。これはいろんな意味で重要な点だった。先の笑いの件も考えると、吹き出す放屁ぐらい大事な表現にゆかりのある楽器ということになる。確かに私も心理療法中にクライアントからおならが聞かれると、心のなかでガッツポーズをしている。なぜならそれは防衛の解けた緩みの表現だからである。先の笛の音による顔面の動き同様、傾聴と翻訳のなかで体の内側までも緩んで生き生きとした躍動が起こり、空気の

アナラポス（1976、南画廊・東京、個展風景／鈴木昭男蔵）

放出が起こる。それも作為のない自発的な表現の歌、音楽なのだ。笑いもオナラも自ずと吹き出す。その音の主体は私でありながらも同時に私ではないところのものだ。

アナラポスの笑いの件にしても鈴木さんの在り方は、ある種の強烈なコミットメントがありながらも、とてつもなく開放的であるとの印象を持つ。まずパフォーマンスに自らを捧げる能動的なコミットメントがある。しかしそれと同時に、その先に現れてくる、未知の結果に対しての信頼ともいえるような、徹底的に受動的なスタンスがある。未知へのコミットメント、といってもいいだろう。現世的な利益や現世的な常識が保たれたり充足されたりすることとは別の次元のことに、自らを開放しているスタンスである。もちろん彼も欲や社会性を欠いているわけではない。鈴木さんとは、いつも気持ちがほこっとするような面白おかしい日常エピソードの話をしてくれるひとで、彼との会話には笑みが絶えない。そんな人間的なものを敬愛しながらも、日常感覚を超えたことにも静かに耳をすますスタンスがあるのだ。

石笛の喪失と青空マーケットの夢

鈴木さんのエピソードのなかには喪失の話がいくつもある。彼のあの本質的なパフォーマンスへのコミットメント、出来事へのコミットメントについて考える上で、触れておくべきことであろう。彼の一子相伝の石笛の喪失の話は、各地で行われるトークのなかで私はたびたび聴いてきていた。聴くたびにいろんな次元で少しずつ大事なものを授けられるが、どこまで行っても十分にあじわいつくせない話だ。この時のトークイベントで後半の主題となったが、その後も私たちは丹後の彼の自宅までさらなる話を聴きに行った。

その石笛の起源は数千年前といわれ、つまりどのぐらい長いこと使われていたかわからないという。口伝の逸話がたくさんあるようだ。日本神話の核心にもかかわる神事に使われてきたらしい。義経が一時期吹いたともいわれている。時代によっては弾圧され、あってはならないものとされたりもしたが、その都度土のなかに埋めて隠されたりしながら、守り抜かれ受け継がれてきた、人の世に翻弄され数奇の運命を背負ってきた笛だった。そもそも石は気の遠くなるような年月を経た存在ではあるが、これはそれに加えて人との長い長い物語を携えた奇跡の石である。この門外不出で脈々と受け継がれてきたものが、彼の父親の手元にあった。「たまたま」石の笛が「家に伝わっていて、そこにあった、ということ」と、鈴木さんは言葉にする。偶然性、つまり主体が人ではないことが、ここでも強調される。

彼の父親は厳格に保存していたのか、鈴木さんに対しても中学生の時に一度だけ、しかも一音だけ吹いて聴かせただけで、またすぐにしまってしまった。そのあと石のコトが頭をもたげてくるのは一九七八年、彼が大人になってからである。鈴木さんがある舞台の音楽監督と演奏を依頼され、半年のワークショップを経たところで演出家に「石の笛を一音やるといいんじゃないか」と言われた。彼は父親に掛け合ってみたが、最初は断られたという。しかししばらくして稽古が最終段階に進んだところで、突然父親から「授けられた」のだという。この授けるまでの間はなんだったのだろう。彼の父親の思いをもはや知ることはできないが、そのなかにとても深い思考と決断があるように想像する。

鈴木さんはそれを手にしてから自分流に吹きこなし、世界中からオファーがあり、いろいろなところで演奏をしていた。二〇〇五年の演奏の旅でパリからの高速列車に乗っていた時のことだった。笛をカバンに入れ網棚にあげ、鈴木さんはスケッチなどをしていた。それがアントワープ辺りで見上げたら鞄ごと無くなっていたという。車掌に一生懸命話したが言葉は通じないし、絵も描いて渡したがどうにもならなかった。数奇な石笛は夢のように忽然と無くなってしまった。話を聴きながら私の頭のなかも神話レベルの歴史を振り返り、さまざまな問いがぐるぐると渦巻く。すでに多くの音が聞こえてきている。石は帰ってくるのか？　来ないのか？　すごいレベルの投げかけが生じた、とも思えてしまう話である。

その晩鈴木さんは空港のホテルで眠れない夜を過ごしたという。彼は明け方にほんの少し寝た時に夢を見た。その内容が示唆に満ちている。

青空マーケットの机の上に古本が並んでいて、本の上にその石笛が置かれているのを見つけて。驚いて、再会に喜んで、手に取って石笛を胸に抱くんだけど、良心が働いて。そして、店主に「いくらかしら」と訊いた。すると「いいよ、一生かかって支払いたまえ」と言ったんです。日本人じゃないのに、言葉がわかった。

登壇していた猪股がその場で話した解釈も一部参考にしながら、この夢から思うことを書いてみたい。

そもそも、夢の場所が「青空マーケット」である。完全に開かれた場所である。誰かが手放したもはや誰のものでもないものが並び、それらが未来には別の誰かの手にわたるかもしれない、そんな巡りの場所である。それがこの夢の場所である。

「本」とは、閉じて置かれたままでは単なるモノであるが、人が手に取って開いて心を向けてテキストを読み始めると声が聴こえてきて、魂が動き出す。どんな古い記憶でも再び命を吹き込まれて、心が再生する。モノであってモノではないものだ。その本たちと一緒に、まさに無くなった石笛がある。本たちの上に置かれていることで、石に高い精神性の結晶すら彷彿とさせる。それも今や自分のものではなく、一度巡りのなかに失われていったものとして、つまり個を超えた笛として、そこにある。夢の鈴木さんは、それがわかっているかのように「おいくらかしら」と値を問うのである。

夢とは象徴で構成されるもので、一つのことに対し、同時にいくつもの視点から理解を深められるものだ。この夢についても、行為の水準から見ると、夢の鈴木さんは石笛を手にとり胸にまで抱くのであるから、もう一度違った形で手に入れているといえる。しかも、彼が所有する意味でのモノの次元ではなく、個を超えたものとして、手に入れているのだ。現実にはモノとしては失われており、失われたままである。しかし今度こそ、モノを超えたものとして、その本質を真に手に入れた、といえるかもしれない。本当の喜びとは、そういった次元まで踏み込んだものにおいて初めて得られるのではないか。夢の鈴木さんの「喜び」は、その意味でも非常に感動的である。

この多重な水準からみる夢の世界なら、彼が「値」を訊くこととは、真に獲得するための課題をすでに問うていることなのだと、解釈できる。店主の「一生かかって払いなさい」という言葉が、それが夢の鈴木さんに授けられたことを保証しているし、その課題の大きさを表している。それも「わからない言葉」なのに意味が伝わっている。それはこの世のものでない言葉、かもしれない。夢のなかで授けられた石ももはや物質ではない。「一生かかって」というように、それは生涯を賭けて打ち込んでいく課題のようなコトであることがわかる。完全に行為的《パフォーマティヴ》なコトとなったのである。

不思議なことに、その直後現実でも無くしたものに似た石笛が鈴木さんのもとに届く。「吹き続けなさい」といわれるかのように、ファンや友人が拾った石笛が、たて続けにプレゼントされたという。しかし、無くした笛こそが唯一のものだったという。他の石の笛はなかなか音が出ず大変な修行を要するものばかりだそうだが、それは人が構えなくても、音の方からやってきて。どこで何をやっても自由自在で恥じらいもなく吹けたという。それは人間の水準ではない、あちらの方からきてくれる超越の石だった。つまり、これからは音を出していくのは石でなく鈴木さんなのである。無くなってしまったからこそ、自分の力が必要になる。失ってしまったからこそ、そこに焦がれ、行為が現れてくる。もはや、地道に近づいていくこと、努力や修行をして辿り着こうとすること以外にない。失っているから、もっと音に耳をすますようになるのだ。そういう形で天命というものが生まれ、そこに近づこうと行動する主体を生まれさせている。

モノを通して、向こうからきてくれるだけでは完了しない、ということを私たちに教えてくれている、非常に心理学的なエピソードである。外の現実と、心の世界が交差するようで、きいている私のなかの六芒星が瞬くような話である。無くなったことでさらにその本質的な活動を強いるような運命の石のことが、夢に顕れ、その表現を深く読み取ろうとすることで、さらにコトとして生きるようになる。鈴木さん本人の言葉はこうである。「無くしたものに近づきたいんですね。無くす必要があった。それも天命だと思います。僕という性格にとって、一種の天からの命令みたいなものがあるということですね……『一生かかって償え』というのと似ている。すごい声でした」。

3．わからないことに身を浸す　その一——夢・詩

人間的解釈と人間的でない解釈

心理学も芸術も心の世界のことを相手にする。これだけ日常と離れた土台のこととどう付き合うのかが本論のテーマなのである。私たちは心理学の語らいのなかで「自我的なこと」「人間的なこと」という言葉をつかうことがある。これは社会常識や一般的なわかりやすい願望や必要性のことで、「心理学的なこと」との差異を明示する時につかう言葉である。生きていくためには金も健康も友人も必要だし、礼節をわきまえるといいし、人から好かれたいし、など魂のことと

は関係のなさそうだが、常識的に大事なことである。しかし心理学的な出来事を望むなら、この次元の視点だけでは手詰まりになるだろう。

夢の解釈においては、できるだけ人間的な解釈をしないことが大切である。夢やファンタジーはそもそも日常とは成り立ちが違うので、社会常識や法律や一般的な欲望などを準えて説明できる事象でも、規制されるものごとでもない。人間的な見方のみで笛の夢を捉えようと思うと、あまり意味が見出されないし、説明がつかない。夢に現れる石の笛は、夢の次元のものであり、石の笛の言霊の次元のものである。解釈においては、現実におけるそのモノよりも、実際に夢のなかに現れてきたものだけが、その夢だけの法則に従って何を意味し、何を行い、何を言っているのか、が重要なのだ。そこだけの現実において真性な意味を探らなくてはならない。

この夢とそれに対する彼の姿勢からも、鈴木さんが人間的でないことに開放されたスタンスを持っているといえるだろう。もちろんすべて理解できたり真似できたりできるような話ではない。しかしこの石の喪失は今の私たち現代人の姿を象徴しているような気もする。この出来事に、現代において私たちの心が自然の神のような超越の存在を、すでに失っていることを、強調されたようにも私は思っている。だから彼の父親は笛が外に持ち出されることを許したのかもしれない、と私は妄想している。とっくに超越的な存在のいた時代は終わっている。一つひとつ私たちが地道に音を出す努力をするしかない。それが私の読み取るこの夢の話である。

そこからさらに進んで、モノやサイエンスの信頼も徐々に落ちてきているとも言える。もはや超越を感じ取ることができないのはもちろんのこと、モノの価値をはじめとした「人間的な」ことが私たちを満たさないことをも、みんな本当はわかってきている。どこか心のなかでは両方とも否定されている時代にいることを知っている。今またエッジにいる私たちは、その耳をさらにすます必要がある。

心理学的スタンス――エッジにいることと、手放しであること

丹後フィールドワークの前半には、近年世界各国で行われている「音点 o to da te」というプロジェクトを鈴木さんの住む網野町で敢行してもらった。このプロジェクトでは、日常のなかに、立ち止まって音をきくスポットを作って、その周囲の音に耳をすます。そのスポットには、ジョン・ケージの耳を模写した絵をもとに、足を置くポイントが印される。ケージの『四分三十三秒』のように、無演奏の音楽に耳を傾けるよう立ち止まる点を、鈴木さんは世界中に生み出していっているのだ。

不思議とその点で耳をすますと、空間の感知とともに一人である感覚が増し、無防備な感覚が生まれた。音は美しかったり、面白かったりするものばかりではない、迫ってくる感覚に心拍が上がる体験もあった。日々あたり前に横切ったりしている車道での「o to da te」は、耳をすましていない時よりも、危険なエッジに立たされている感覚を持った。本当の傾聴というのはこういう感覚なのかもしれないと思った。かき集め培ってきた知識を一旦後ろに置いて、いつも初めてのものに向き合うような、意味と切り離された音への感受性とともに、ゼロから始める感覚を持つのが心理療法の理想である。それが普通のことに見えたとして

も、一つとして同じ生命も同じ人生もなければ、同じ心理療法的プロセスが生じてくるわけでもないのだから。丸腰でなければ手に入らないコトというものもある。

もちろんそんなスタンスはなかなか持てない。だから「できない自分」と隣り合わせの意識で、地道に丁寧に傾聴の積み重ねをしていくのである。即興的な音楽演奏においても、クライアントに向かう上でも、夢とともに作業する上でも、同様である。夢も私にとっては決して理解できないけれど、理解しようとするものである。空間をともにし、出来事をともにし、その意識の音も無意識の音も聴き取ろうと、開かれたスタンスでともに居続けるものである。

ユング心理学の夢分析 「夢は夢による詩作」

私が修士に進んだ頃は、河合隼雄が頻繁に東京を訪れていた。私も月に一度は彼の講演や勉強会に足を運んでいた。ある講演のなかで彼はユング派分析家がトレーニングの一環で夢分析を徹底的に行うことの話をしていた。しかし、彼はその舌の根の乾かぬうちに、おどけるように「そうしたところで何も起こりはしませんがね」と付け加えたのだ。あっさりと否定の言葉を滑り込ませた、そのインパクトの方が私には強かった。夢分析を徹底的にやるのに、それが何にもならない、という一見矛盾した語りをどう受け取っていいのか、私にはわからなかった。

「わからないままの私」が、ヴォルフガング・ギーゲリッヒの小グループの夢分析セミナーに足を運んだのがそのおよそ十五年後だった。彼の夢分析のプロセスはとても新鮮だった。ギーゲリッヒは、夢はそれぞれ、閉じられた一つの世界であると説明する。夢の始まりに始まり、その終わりで終わる、一つの完全体であり、続きもなければ、二つと同じものはない。解釈時においては、一人称で行動する夢のなかの自分ですら、覚醒時の私と連続性がない、ただの登場人物と一旦はみなす。目覚めて終わる時にすべて消滅する、そんな世界が夢というものであると言及する。

そんな夢にアプローチする時に、彼は夢の記録《テキスト》の第一文から丁寧に論じ出す。まず、その最初の数語についてだけを、集中して考えることから始める。それから順次、二つ目の文言、三つ目の文言、と報告されたテキストの順に一つずつ分析を進めていく。一語一語、丁寧に包みを開くように、参加者みんなの拡充を手立てに、夢の世界を探索していく。先の鈴木さんの夢で述べた時のような作法である。拡充とは、一つのことに対し、そこから目を離さず周りを巡るようにいくつもの視点から解釈を試みることである。まず「青空マーケットとは」から始まり、「本」「石笛」「登場人物の動き」などと、一つずつ丁寧に拡充して紐解いていくのだ。一セッション二時間のセミナーでは、一ケースの夢三つ四つほど扱う。みんなでそんなことをやって、会が終わって部屋から出ると、夢議論の世界と日常空間との差異にハッとさせられることがある。月面探索でもしてきたかのように、異次元から戻ってきた感覚になるのだ。

ギーゲリッヒは夢探索の態度を表すのに「夢中遊行」という言葉を用いる（『夢と共に作業する』、一一六ページ）。夢の言葉の世界に没入できると、その異世界独特の空気の流れや音を感じられるかもしれない。もっともっと味わおうとするなら、その音や空気抵抗に自分の身を任せつつ歩いてみる。それは自ずと泳ぐような、微細に踊るような動きにもなるだろう。そんな風に没入するには、一旦常識などの多くのしがらみから自由になってみないと難しい。夢の理論に身を任せ、「夢の現実を独自の現実と見なして、そこに完全に浸かった状態で、いわば夢に自由に振る舞わせながら、その夢のなかで自分が「洗礼」を受けることである」と彼はいい表す。

　夢に対しては、己の感覚と知識を総動員して近づくのであるが、しかし私たちの人間的な感覚と知識の当てはめだけでは通用しない。「洗礼」とは人間的な姿勢を後にするための概念である。人はどうあがいても「人間的な」水準からは逃れられず、そんな私たちにとって、どこまでも夢はわからないものだ。私たちがうっかり自分の自我や社会常識に準えて思考してしまえば、素材は、陸に引き上げられた深海魚の末路のようになってしまう。深みに入っていくことでしか真の姿には出逢えない夢のものたちを相手に、私たちは彼らを想像しながら浅瀬に足を浸していくことから始めるのだ。テキストの一語一語を頼りに一歩一歩進むように。私たちが勇気を持って、出来事を信じて、詩に心動かされるようにそのなかに浸って感知していく、ある種、信仰にも似た感受性を必要とする。

「洗礼」には自分自身をも他者と捉えるような客観的な自意識も含まれる。「できない」「わからない」「ない」失われている立ち位置から始める。ゼロポイントの「私」が、人間的なものを背に未知の空間へと向き変える、先の「エッジに立つ」意識を持つ感覚でもある。夢の世界に開かれていくために、同時にその基本姿勢には、「人間的な」しがらみを清め、夢に信仰を持って入っていくかのような作法である。河合のいう「何にもならない」とは、人間の水準においては、どこまでいっても何にもならない、ということかもしれない。かつ、その言葉は私をゼロポイントに引き戻してくれるようにも感じる。

詩の解釈とテキストの多義性

この夢への作法には、懐かしさとともに、私はある感覚を思い出していた。それは自分が心理学の勉強を始める前、英詩を勉強していた時の感覚であった。中世や十六世紀の詩人たちの言葉は、同じ英語でもさらに翻訳の要る言葉である。詩の解釈においても、語、一つひとつに、当時の背景や精神のあり方を探り、想像しながら読んでいく。それぞれの語の奥深さを辿りながら、詩の行、全体、リズムを味わうのだ。シェイクスピアのソネットなどには、十六世紀の人たちの、限りある生を存分に味わい尽くすような、言葉の生命が宿っていた。解説を学び、テキストを読み、頭にきこえてくる音韻とリズムに、情景や意味が重なり合ってくるプロセスにうっとりとした贅沢な時間だった。

母国語でないことも良かったのだろう。異文化の言葉を新しく学んでいく過程では、覚えるために一つひとつ言葉の身体性を確認する作業が伴う。私は、英詩を学ぶことで、一つひとつの言葉のなかに多くの出来事と歴史が凝縮されていることに気づいた。その気づきは、あたかも子どもにもの心がつくような感覚だった。すると、一つの言葉に対し自由にイメージで戯れることができるようになり、自ら詩作もするようにもなった。言葉はイメージを規定していくものでありながら、賦活していくものでもあることに気づいた。

ギーゲリッヒは著書『夢と共に作業する』のなかで、「あらゆる夢のイメージは、心的イメージとして、つまり夢の詩的な発明として受け取られる必要がある」と述べている（二三四頁）。つまり夢に現れてくる事象は、詩作のように現れてくるイメージであり、それも夢を見る私の詩作ではなく、「夢」による詩作、「夢」が私たちに見せる詩的言語であると捉えるべきである、と明言する。夢においても主体は私たちの意識にはない。

『かなりあ』再考

二節の鈴木さんのエピソードで、創作の主体が、時に自我の側から逸れるようであることが伝わったと思う。詩作も同様で、それ自体を、作者を通して「詩」が語ったもの、といってしまっても良いと私は思っている。

ここで、先の鈴木さんの石笛の喪失のエピソードに、私が思い出さずにいられなかった、一篇の詩について論じたい。本シリーズ前々作『家族のおわり、心のはじまり』にも取り上げた西條八十の詩『かなりあ』（一九一八年）である。夢解釈との類似性を示す意味もあるが、その内容においても喪失という出来事を拡充し、その後の節につなげていきたい。私が子どもの頃、母から聴かされ、不思議に思っていた詩である。西條を通した「詩」の語りの世界に再び身を浸し、全体を解釈し直してみたい。

唄を忘れたかなりあは　後ろの山に棄てましょか
いえいえ　それはなりませぬ

唄を忘れたかなりあは　背戸の小薮に埋けましょか
　　いえいえ　それはなりませぬ

唄を忘れたかなりあは　柳の鞭でぶちましょか
　　いえいえ　それはかわいそう

唄を忘れた　かなりあは
象牙の船に、銀の櫂
月夜の海に　浮かべれば
忘れた唄をおもいだす

「忘れた」とは、かつては唄えていたが、その力を失くしたということである。「唄」の喪失とは「かなりあ」の象徴においては存在の意味の喪失にも等しい。タイトルからそうであることで、この詩の世界のテーマが重大な喪失であることがわかる。

一つの水準――死の必然

「後ろの山に捨ててしまおうか」、「薮に埋めてしまおうか」、「鞭でぶとうか」という提案は一つひとつ受難を深める言及のようだ。それらは一見遂行されていないように書かれているが、詩の世界では言及されている時点ですでにイメージの水準で遂行されてしまっているだろう。「後ろ」は、私たちの背後にある存在を表し、「山」は異界で、「背戸」についても私たちの向いている方向とは逆向きに開かれる戸であり、いわば異界への扉である。「捨てる」「埋める」という動詞からも、これらが喪失や死の方向に向いていることが感知される。「柳」も「下方に向かう枝」として死や抑鬱や降りていくことを連想させるもので、「柳の鞭で打たれる」とはあの世的な受難の音である。しかし、詩の最後まで進むと、これらのプロセスが元のかなりあの死、新しいものへと変容するための前段階であることがわかる。

もう一つの視点——他者の声

夢の解釈同様、詩も同時的にいくつかの視点でみる。例えば音韻の水準、意味の水準など、複合的にみることで立体的に捉えられてくる。本質に近づくには、さまざまな水準の言語が要るのだろう。多義的な解釈のなかで、人は自分にとってのリアルとは何かを探索するように、詩や夢のテキストと関わるのだ。

私の提案するもう一つの水準とは、詩の一人称のことである。この詩では二つの視点が折り重なって語っている。冒頭の三つの死と受難の問いかけ一つひとつに対し、「いえいえ　それは……」と他者による否定の声が挿入される。詩の語り手が二手に分かれ、進むにつれ、少しずつ他者の視点が挟み込まれ、最後は完全に他者の言葉の世界となる流れを、聴く者は感受する。

「いいえ」とは、受難から保護するような人間的な声にも思えるかもしれないが、その声はもっと異世界を完成させる。

「象牙の船に銀の櫂」は海の向こうのイメージであり、「月夜の海」も限定された特別な時間で、すべてが太陽・昼・陸への対義語であり、ここではない、日常の裏側にあるものである。さらにここでは鳥という空へと飛ぶ存在に、海を水平に滑るものである舟が与えられている。この詩の世界に、垂直と水平の動きの示唆が与えられ空間の広がりとともに矛盾し謎めいた動きが与えられる。これはテキストの奥から論理的に思考する以外に捉えられない、視覚化できない運動のことである。この詩は、喪失と受難を超えて出遭う、次元を超えた未知の論理への受容性、新たな世界観の受肉をほのめかす。

4．わからないことに身を浸す　その二——あかつきの村の佐藤さんの話

ここからフィールドワークで出逢ったある女性の話をしたい。私が彼女の在り方に、喪失と受難と新たな論理の世界への独特な歩みを見たような気がして、その衝撃を私のなかに、何らかの刻印として残しておきたくなったからだ。精神障碍者との関わりに奮闘するあかつきの村の佐藤明子さんである。

あかつきの村とは、『家族のおわり、心のはじまり』の猪股の記載から、その存在のエッジ感

が気にかかっていた施設だった。精神障碍者のグループホームや作業所を運営する社会福祉法人であり、カトリックの公益福祉事業体でもある。元々は一九七九年に肩書きもないままに立ち上げられた一つの小さな共同体であったが、開村から三年後ベトナム難民定住センターとしても機能しはじめた。それも、どの定住センターも対応できず受け入れることができなかった精神障碍を患った難民たちを受け入れた、皆の不可能を引き受けた場である。

戦争を経て難民として日本で悪戦苦闘するなか、精神的に追い込まれて、精神病を発症する人は当時少なくなかった。後で言及する「サンくん」も、密出国者を目撃したためにベトナムから連れ去られ、日本で苦労するうちに精神を病み、この村に辿り着いた。あかつきの村が自らを表す文言は「学校でも病院でもなく」そんな苦境にいる彼らの存在とともに居続ける場所、である。特に佐藤さんはその文言をリアルに実践した。彼女は今でこそ職員となってはいるが、難民でも病者でもないのに、ある時から長らく利用者として入所していたという。何かと肩書きに守られたいと思うのは一般的な感覚であろう。しかし彼女はこの明らかに困難な環境で、肩書にすら頼らず身一つで利用者たちとともに居続けた。

七月の某日、車で訪れた前橋市近辺は緩やかな山に囲まれる盆地である。暑さもあって、私は自分たちが巨大フラスコの底にいるような気分になった。今年も異常気象のいく末を案じ、未来が感じられなくなるような夏で、その日も昼に大雨が降ったにもかかわらず気温は下がらず、その湿気にまさに茹で上がってしまいそうだった。そんな市街地から車で三十分程度のところの赤城山の麓にあかつきはある。田畑の広がる緩やかな坂を登ると傾斜の折り重なる広大な景色がよく見え、自分が遠くに来た気持ちになった。

私たちは夕方に到着し、日が暮れるまでのわずかな時間、施設内を散策させてもらった。今ではベトナム難民の利用者の多くは亡くなっており、使われなくなって、荒れ果てた建物が散見された。かつての利用者が使っていた部屋の壁には、彼らが描いた言葉や絵などの表現が遺されている。私たちは薄暗いなか、スマートフォンのライトで照らしながら、それらを読み取ろうとした。何もうまく読み取れた気はしないのだが、壁からも、布団や衣服など遺された品々の山からも、排泄物の思い起こされる臭いからも、彼らのしんどさは伝わってきた。その静けさや薄暗さからも、病者との生活感が漂っていた。自死で亡くなった利用者たちの記憶も佐藤さんたちに深く刻まれていた。そのような辛い歴史もすべて包容された空間があかつきの村だった。

何もないことを認識すること、見切りをつけ、本当になくすこと

佐藤さんはそんななかでも最重症のベトナム難民の「サンくん」と文字通りともに居続けたという人だ。かなり大変な状況を長いこと抱えてきたはずだが、夜の七時に現れた彼女は元気で可愛らしい方だったがそのまっすぐな瞳はこちらの心のフィルターを突き抜けて見ていそうだった。彼女の半生についての語りはパワフルかつ冷静で、屈託もなかった。

佐藤さんは子どもの頃から、原因のわからない辛さを抱えていたという。何不足ない生活を送っていたものの、なぜだか生きる意味を見出せず、自己肯定感が持てず、いつも崖っぷちにいるような感覚を持ちながら辛い思考を重ねていたという。大学卒業後、就職をしたのはバブル崩

壊の時代だった。巷で電車の人身事故が増え始めた頃だ。彼女はそんな東京のすさんだ空気にも心を痛めていた。そんな時、遠藤周作の『沈黙』を読んだことをきっかけに教会に通い始め、読書会にまで足を運ぶようになる。そのうち自然と教会の内部に入るようになり、とんとん拍子に修道院に入る方向へ進んでいったそうだ。

流れに身を任せながらも、彼女の内では自分の在り方についての思考が重ねられていた。いよいよ入会という時に明確にそれを教会の人々に伝えたそうだ。彼女の思考とは、こうだった。

神がいるかいないか、九九％ぐらいは疑っているんですよ。でも一％はいるかも知れない〔中略〕生きる意味は見つからないし、今後も見つけられる気がしない。「幸せになる」ということがどういうことなのかもわからなかった。でも、教会の話はよかったし、奉仕の生活には心が豊かになりそうだと感じた。だったら意外と悪くない。まあ神様に騙されてもいいか。何もない自分だし、一回全部捨てたらいい。

佐藤さんは自分を「お金も名誉も得られない」上に「そもそもそんな欲すらない」ほどに何もないと認識したという。そして彼女は人間的な願望を満たそうと努力することが自分の救いにはならない、と見切りをつけ、思考でも行動でもそれらを手放すことにした。現代人としてすでに簡単に神を信じられるわけでもないが、「形からでもいい」と自分の直感を肯定して、その未知の世界に入ることを決断し、自分を投げ込んだ。

話を聴きながら、なかなか自分たちにはこんな風に手放せない、と感じていたところに、猪股が「洗礼を受けていなかったらどうされていたと思いますか」と佐藤さんに質問した。すると「自殺していたと思いますよ。旦那の浮気とかであっさり自殺していたと。そんなの耐えられないもの」と、どきりとするほどリアルに人間的な答えが返ってきた。彼女も、人間的な願望を簡単に捨てたわけではないことがわかる。だから、違う水準で考えれば、修道会に入ることで、現世を全部失う出家という形で「自殺」は敢行されたともいえる。つまり生まれ変わって生きるために、自ら死を選択したのだと。

修道会の入門式では皆修練に向けて望みを述べるという。佐藤さんの述べた望みとは、「私はキリストに出遭いたいです。修道会がどうのこうのではなくキリストに出遭うことを私は願います」だった。この言葉は、自分が神に出逢っていないということを暗にいっていると彼女自身もいう。私はこの言葉を「ないから、やるんです」と翻訳する。神はいない、は日常の感覚においては事実である。彼女はそこをゼロポイントに、自ら発火するようにスタートを切った。佐藤さんは、わからないものに身を捧げ、エッジに立つことを決意した人なのだ。「修道会がどうのこうのでなく」というのも、これはもはや彼女にとっては共同体の問題ではない、自分の信仰を軸に私は決断をしています、という意味なのだろう。軸足を保つために必要なことなら制度や社会とも折り合いをつけるが、飽くまで軸は自分の信仰にある、ということなのだ、と私は捉えた。

からっぽ、からの覚醒

彼女は予備志願期を経て修練に入り、ここからも徹底的に空っぽになっていく受難の時を過ごす。修練の二年間では外界と遮断し徹底的に自分と出遭っていく作業をする。佐藤さんは深く掘り下げていくにつれ、それまでと違う自分が現れ出てきたという。蓋をされてきていた幼少期の記憶が少しずつ蘇り、根幹の不安や恐れも明確に感じられてきたという。修練最後に自身を相対化してみることができた時には、自分のなかに「愛情の受け取り」の問題をみつけたという。自分のすぐ下に嫡子が生まれたことで、家族の注目が幼い自分から逸れたことなどの、生い立ちのなかの偶然が影響して、「愛情の受け取り」を自ら抑圧していた、それが心の闇の一因であった、と自身を振り返ったという。

私は話を聴きながら、生育史という水準では彼女のいうとおりかもしれないものの、別水準から見ると、この「からっぽさ」は彼女だけのものではなく、皆どこかで持っているものではないかと思った。皆は見過ごしているリアルなものを、彼女が見過ごさず、私たち皆の「何もなさ」をはっきり認めていたゆえの心情である、と思った。世の空気に彼女自身が感じていた内容からも、それが個人的な空虚感だけでないと感じる。いずれにしても、彼女にとって、この心の明細化は辛さを増すものだった。愛を受け取れない自分を実感することは、その苦しみに自身が晒されるようなことだ。拠りどころもなく、宙に浮いたような不安のまま彼女の修練の期間は終ってしまい、そのタイミングであかつきの村の実習が始まった。最初のうち彼女は漂うような心持ちのままで、利用者たちに振り回されるように働いていたという。そうして、これまでにないほどに無を実感した状態の時に出遭いは訪れた。

運命の出遭いの時、サンくんは「動物以下の状態でおしっこまみれの部屋にいた」という。幻聴もあり、いつも何かに震えて人を寄せ付けない彼は、村のなかでもはなれで暮らさなければならないほどの最重症の利用者であった。彼は九〇年代に一度はベトナムに帰れたものの、親族が彼を受け入れなかった。彼も故郷などの大きなものを完全に失った人だった。あかつきにもどってからは、退行現象が起き、幼児レベルのこともできない廃人同様の日々を送っていた。

サンくんと出遭った瞬間に、佐藤さんは「この人はこんなに何にもない、何も希望も見えないのに、でもこの人はすごく愛されている」と感じたのだという。そう思った時に、「私も一緒に愛されているっていうのを受け取った」感覚が訪れたという。自分の苦しみと彼の苦しみは同じで、彼との出遭いで自分に出遭えたという。

私は、彼女のこの覚醒をわかりたくても、その多くのことを想像すらできない。私の知る論理からは飛躍している。ただ、これは佐藤さんが自分のしがらみを捨て、心の蓋も取って自身の問題を解放させ、空っぽな状態となったタイミングでなければ感じ取れなかったことかもしれない、と思った。己の論理を解体しないと、その光は見えてこないのだろう、と。カナリヤの「喪失と受難」と「月夜の海」のように、彼女のキリストに出遭う条件が揃ったかのようだ。それぞれに身ぐるみを剝がれた二人であるからこそ、それまでの個人の主体を破壊するような眼差しが生じた。その瞬間、彼女の眼差しは、互いを取り囲む人間的な日常を通過し、それまで知覚しようのなかった光を捉えたのだろうと、思った。

「自分の苦しみと彼の苦しみは一緒に歩く」と佐藤さんは実習期間を終えても彼とともに居続けるために、修道会を出る。そうして自身も剝き出しの姿となって、退行したサンくんを支え「ともに居続ける」壮絶な生活を始める。寒い冬でも日に数回薄着で数時間の徘徊を繰り返す彼を、二時間以上一人にすることはできない。だからついて歩いたり、迎えに行ったり、昼夜息をつく間もなく奮闘していた。洗礼同様、コミットメントには少なからず犠牲が含まれる。彼女が彼のそばにばかりいるので、他の利用者からの嫉妬による脅しや嫌がらせも後を絶たなかったという。彼女のしていることを理解できる人はその時いたのだろうか。もし私が聴く側におらず、単なる同僚として働いていたとしたら、受け入れていたか定かではない。あまりの苦労と風あたりに、佐藤さんも自分の軸がぶれるのでは、とも思った。しかし、それはなかった。佐藤さんは社会との折り合いをつけながら、彼女のキリストとともに居続けることを全うした。その支えとなっていたのは、どうやら多くの偶然や彼女のみていた夢の内容だった。

修道院に入る頃にみた夢のなかにサンくんとの出遭いが予見されていたように思うという。


船が出るぞーっていう夢を見た。大きな船だったけれど、できあがっていなかった。でも船の本体はできているから、船のなかの大きいビルは進みながらつくるから、と言われた。そこには、アジアの貧しい男の人が建て直しをしていた。誰か降りた。一回降りて、また乗ってきた。それはサンくんだったな。

「船出」は佐藤さんの新たな心の旅の出発を彷彿とさせる。「かなりあ」の舟にも同様のことがいえるだろう。もう一つの水準のリアルである。佐藤さんの船の大きさにはその課題の重大性が表れている。そのなかの「建設中の大きなビル」には活動中の作業、信仰というものが止まらない運動であることが表されている。

先ほど、サンくんとキリストを対応させて書いたが、佐藤さんも「サンくんがキリストみたいな」とは表現する。しかし、彼女の「キリスト」は、彼をもってしても実体化されたキリストという意味ではない。サンくんがキリストなのではない。ただともに居続けるなかに生まれるコトのみが「キリスト」に値するのである。だからサンくんが亡くなった後も、彼女が崩れることはなかった。サンくんとともにいる彼女の信仰の論理のなかに、彼女自身が入り込んでいくことで、超越の存在が彼女のなかで生きる、というコトなのである。心理学的なプロセスとは、このように実体化しないコトの次元とともにある。それは自転車に乗るように自ら漕ぎ続けることで立ち上がり、自家発電のように自分の思考が心の明かりを灯す。ウェブ上にも彼らの動画が残されているが、私たちはそのしぐさのなかに、眼差しのなかに、音のなかに、声のなかに、彼女の神が宿るように思うコトができるだけである。

深夜まで続いたあかつきの村の人たちへのインタビューの内容はどれも壮絶で、大きな感動を覚えながらも疲労で自分も抜け殻のようになった。気分転換に一人で外の風に当たっていた私は、一時じわじわと乗ってくる何かの重みに耐えきれずしゃがみ込んでしまった。

「イメージはある種の深みと個人を超えた意味という性質をもたらす」（W・ギーゲリッヒ、二〇二三年）

　翌朝私たちは、佐藤さんがサンくんに毎朝きかせていたというミサ曲『キリエ』のオルガンと歌が聴きたくて、彼女が朝の仕事を終えるまでぶらぶらと滞在を伸ばしていた。夏の朝は明るかった。私はまた一人で、虫の音とリズミカルな鳥の声が響き渡る庭を散歩していた。そこにはほとんど人の気配が感じられなかった。気づくとアスファルトの上にたくさん黒いものが落ちていた。よく見ると、体を鳥に食べられ、頭の部分と羽だけが残ったカブトムシだった。腹側を見せ、ツノと、その根元に残された足を左右にひろげるその姿に、キリストの磔刑の姿が浮かび上がった。そんなはずはないと思って何度も見返したが、見れば見るほど、黒く光る十字とそこに架けられた痩せ細った人物の姿が脳裏に浮かぶのだった。私はまた自分が、いろいろな意味で、いつもいる場所とは違う場所に来ているのだ、と思った。

　そろそろ行かなくては、という時に佐藤さんは現れた。皆ではなれに移り、長く使っていなかった部屋のカーテンを開け一緒に掃除をした。窓から差し込む光線の美しさに、部屋は祝福されるようだった。それを賛美するようにオルガンの音が流れ出し

た。足踏みオルガンの音には雑味がある。それは静けさに耳を澄ますときこえるような、微かなノイズを彷彿とさせ、優しい耳鳴りのような音の重なりが頭のなかに入ってきた。そうだ、笙の音だ、と思う。最近聞いた話では、笙がヨーロッパに渡って、バンドネオンができ、そこからアコーディオンやオルガンが作られていったという。雅楽では笙は天界の音を表すものである。私たちは演奏する佐藤さんの背を見ながら音に聴き入り、その瞬間にしかない光と音の波に包まれ、胸を震わせていた。

最後に彼女は落ち着いた声で「キリエ・エレイソン（主よ、憐れみたまえ）」を歌った。佐藤さんが微笑みながら徐に振り向いた、と思ったら、彼女は私たちの後方を指さしていた。その先にはサンくんの最期の時期の写真があった。包帯を巻かれ横たわり、目を閉じた彼の顔は穏やかで、「キリストに出逢えた」彼女の事実にまた光が当たった瞬間だった。それは、夢が見せる本質の微かな断片のように、異なる次元の真実が私たちの日常を再び凌駕した、音楽的瞬間でもあった。

日常での私たちは

私はあかつきの村での体験を経て、自分の世界に穴が空き、柔らかな風が流れてきそうな気持ちになった。これらは私の物語ではなかったが、自分の思考を進めていくことの自由を信じるよう励まされた気がした。丹後の鈴木さんのフィールドワークから帰る時も、同じ気持ちだった。そして、手中に隠した灯火を守るように、心に残った微かな振動を大事に持ち帰り、日常にその空白が埋め固められていかないようにと思った。そのためには少なくとも私の「ない」について、そして私の「軸足」について、思考していくことが大事だろう。

帰ってきた日常は容赦無く人間的であり、それは管理主義的な方向へと社会を流れつかせている。いろんなところが、人の自由な力よりも、管理することを偏重する仕組みに変わってきている。私たちは科学的な思考法を持ち、すっかり科学の水準で生きているのだから、情報を重んじ、それが避けようもない流れであることもわかる。しかし、日常言語において超越は失われ、人権が重んじられながらも、いつの間にか私たちは大部分「同じ人間」として標準化された状態が期待される状態にある。「皆同じ」という概念は、ある水準では私たちを守るが、その裏で密かに、逸脱し排斥される不安と、さらに交換可能な無名の存在として意味を抜かれていくことへの不安を孕んでいる。実際に不安と戦っているのは、病者と名付けられた人たちだけではないだろう。そこを見透かされるように、標準に当てはめるための「うまくいく法則集」のようなものが経済活動と結びついて次々と出現し、メディア空間と人々の思考空間を埋めていくのを見ていると、そう思うのだ。

ウェブ環境におけるアクセスの容易さは、自分で思考する空間をさらに奪う。今を生きる感覚よりも情報を探してしまう依存的傾向は誘発され続ける。デジタル・ネイティブの時代到来とコロナ禍のリモート化の応酬にも、事態は加速している。近年、人々の心の場所は急激に変化している。特に子どもたちが心の居場所を見つけられず、モノと情報で溢れかえる海で、泳ぐことを学べず、その都度何かにしがみつきながら、ぷかぷかと浮かんで漂うようにしていると見えることがある。

　ここ数年の臨床現場では、摂食障害の増加と低年齢化が目立っている。彼らが体重を減らして透明な存在になっていくことを希求する様は、どこか失われた超越への期待も馳せられているようにも見える。だが、実際には情報化と不安の相互作用がこの問題に嚙み合ってしまうことで、増加に拍車がかかっている。自分の不安を埋めるべく躍起になって行動する彼らには避けがたい落とし穴が今は沢山ある。天井知らずのルッキズムの風潮はもちろんのこと、その他さまざまな情報やモノの飽和に、一時的な自己肯定感や充足感を与える、装いの意識は刺激され続ける。注目されれば情報やモノはもっと過剰に生産されるので、病理と経済社会の相互作用で、悪循環が生じている。もちろん幸福な情報との出会いもあるが、世の大部分においては、わかりやすく見栄えが良く簡単に利益が感じられるものが優先されてしまう事実は無視できない。またこのサイクルを抜ける萌芽がクライアントに顕れても、周囲の流れに背を向けるのは簡単なことではない。しばらくは彼ら自身がその価値を捨てきれないので、人目の怖さと被害感と自己否定など、受難のような苦しさを耐える期間はどうしてもある。

　そんな子どもたちと会うと、悪循環に亀裂を入れたい、とよく思うが、外からの働きかけにあまり効果はない。枠組みを作り、見守りながら、年月をかけてでも、彼らの思考や行動の循環の内側から、亀裂や芽生えの顕現を待つことは必要なのである。ある摂食障害のクライアントは、セラピーを始めてだいぶ時間の経ったある時、「聴いてくれるからきている」と言い、来談が安定した。かつては自分の空虚さと向き合うより、短絡的な目標達成や承認の追求、自己破壊衝動などの誘惑にかられ来談が途絶えることがあった。その度にバランスを崩してボロボロになって再び治療を求めて現れた。幾度となくそんなことを繰り返した末に、心理療法のセッションで育まれたコトの記憶が彼女の意識に上るようになってきたようだった。ようやく枠組みが意識され強度を持てるようになってきたのだ。

枠組みのなかで傾聴されるうちに、意味深い語りが増え、目が自分の内側に向くようになる。そのうちかつては想像もしなかったコトが見えてくる。するとまたその喜びを語る。この循環が龍を生み出す。気づきや彼女独自の心理学が次から次へと語られるようになっていった。「聴いてくれるから来る」という言葉は、彼女がプロセス、コトを意識しはじめたことを表したのだった。私はこの言葉を聴いて、中断のたびに壊されながらも枠組みを作り続けてきて良かったと感じた。最近は枠組み作りには時間がかかる、ということを私は認識することができた。

確かに時間と費用がかかり、効果が数値化できない心理療法は世の流れには逆行している。事実、心理療法の質についても、世に望まれるものはマニュアル的な傾向が強くなってきている。現代の臨床の場は、冒頭のアーティストたちの活動の被っている事態と変わらない状況にある。データ主義の波に押されて、枠はどんどん壊され、あちらこちらで業務の縮小が懸念される時代になってきている。この数年は、単なる町の一臨床心理士に過ぎない私ですら、臨床の制度やスペースを守ること、あるいはこれまでとは違う形だとしても心の空間をどう作るかを考えることが多くなった。私たちもエッジに立たされている。流れに逆らうことは難しいし、失っていないと思い込むわけにもいかない。偶然のような確率で心理療法に行きついてくれる人と、細々とプロセスをはぐくんでいくことも意味のあることではあるが、私たちは現代の流れの中で喪失し続けているものを意識する必要がある。この動き続ける境界線に意識的に立ち続け、耳をすまし、その都度聞こえてくるもの、見えてくるものにコミットしながら、ゼロポイントから始める、そんなあり方でいたい。こんなふうに書籍に著してみることも私の試行錯誤の一つである。

私が気をつけないとモノ的に記号論的に陥りやすいことも、このスピード主義の世と関係はある。私は自分のなかの問題の周りを、いまだにぐるぐると回っている。一節の龍の彼は「ふいに出てしまう暴力」という鍵で心理療法という枠組みに足を踏み入れた。佐藤さんは「理由のわからない苦しみ」という切符を持って、彼女の信仰の道へと歩みを進めた。これら欠損や問題や症状といわれるものも、固有の生き方に入っていくきっかけやインスピレーションであったりするのだ。

先にふれた鈴木さんとのトークイベントの最後に、オーディエンスから彼に創作のインスピレーションをどのように見つけるのか、との質問があった。それに対し彼は、体から半径四〇センチメートルほどの範囲を掻き分けるように手を広げて、「いつもこの辺の、案外足元にヒントがあるもの」「自分の歩いてきた階段のなかから選んだものなのです」と答えた。「症状」といわれるものも、その人の足元・階段にある大事な違和感であり、「他者」である。これら自分の身近にいる「他者」との作業においてこそ、真の関わりが生まれうるのではないか。その作業は、今の私の解体という痛みを伴うかもしれない。しかしそこには私たちが今はまだ感知しない論理が流れているかもしれないのだ。

最後に、多くのインスピレーションを与えてくださった、龍の君、その他のクライアントの方々、鈴木昭男さん、佐藤明子さん、ギーゲリッヒ先生、共に本書の執筆に携わった皆さん、編集者の東辻浩太郎さん、河合隼雄先生に、心から感謝の意を表します。

引用・参考文献

W・ギーゲリッヒ（猪股剛監訳、宮澤淳滋・鹿野友章訳）『夢と共に作業する　ユングの夢解釈の実際』日本評論社、二〇二三年
猪股剛編著『家族のおわり、心のはじまり』左右社、二〇二三年
C・G・ユング（林道義・磯上恵子共訳）『転移の心理学』みすず書房、一九九四年
川西十人『船弁慶　能の友シリーズ3』白竜社、二〇〇〇年

コラム　錬金術と刀鍛冶

村田知久

ユング心理学では錬金術の考えを重視しています。錬金術では、黒化、白化、赤化と変容していく中で、対立している物の結合が起き、卑金属から金を抽出していくと言われています。さらに錬金術師自身の投入がなければ、これらの工程は進まないとされ、なんとも不思議で謎に包まれた工程であり、現代では非科学的と言えるかもしれません。ただこの工程を心になぞらえて考えると、心も、多くの対立物や矛盾を抱え、悩みもがきながら、結合や変容を繰り返していると言えるかもしれません。そして何より、その人自身の真剣な心の投入なしでは、何の変化も起きないことは、多かれ少なかれ皆それぞれが経験していることと思います。

私は、錬金術の黒化に少しでも触れたいと思い、いわき市にある宗永鍛刀場の刀工藤原宗永さんを訪ねました。というのも、日本刀を作る工程も、錬金術の工程ととても似ているのです。黒化では、不純な状態にある物を燃やすことや腐らせることを繰り返しながら、その物をバラバラに解体させていき、再結晶、すなわち白化へと進みます。日本刀の工程も、炭素の純度が高い玉鋼を熱し、冷やしては細かく割り、重ね合わせます。そして一三〇〇度の熱で溶かし、大鎚で叩いては薄くし、折り返してはまた叩く鍛錬を繰り返していきます。その後、形を棒状にしていく素延べ、立体的な形にしていく火造り、刃の模様を入れる土置き、そして焼き入れをして、最後に刀を研ぎ、完成となっていくのです。

今回は、玉鋼を細かく割って積み重ね、大鎚で鍛錬していく工程を体験させていただきました。鍛刀場では、火の色を見るために黒カーテンで光を遮断します。七月末の真夏の気候に炉に火が入ると、自然と人間からも汗が噴き出てきます。そして玉鋼も一三〇〇度に達すると、火が爆ぜ、炭が朽ちる音とともに、「くちゅ、くちゅ」と溶け始めます。私は最後まで音の違いを聞き分けることができませんでしたが、玉鋼はマグマのように赤黒くなり、炭素の濃度を高めながら姿を変えていきます。

そして不純物を何度も何度も取り除いていく作業にかかります。水をつけ、大鎚で叩くと水蒸気爆発を起こし、文字どおり爆発する力で周囲に不純物が飛び散っていく。数メートル離れていても、玉鋼からの粒状の不純物を身体全身に浴びることになるのです。そして赤黒い玉鋼を叩いては折り重ね、叩いては折り重ね、だんだんと層を作り、十五回折りかえしていきます。するとしなやかで折れにくい日本刀になると言います。玉鋼を折り返すには芯を捉えることが重要となります。私は体験なので数十回の大鎚ではありましたが、素人ながらでも、芯を捉えたときの音と手ごたえは全然違うのです。そして、本来は、何度も何度も折り返し、三万〈2

の15乗）以上の層ができる中で、日本刀の強度ができ上がるのです。職人によって多少の差はありますが、折り返す回数は十五回前後と言われています。ただ面白いのが、たくさん折り返せば強度が増すわけでもなく、もちろん少なすぎても強度が保てないそうです。一つひとつの工程に、多くの職人の経験から受け継がれてきた知恵や伝統が垣間見えます。そして、「折れず」「曲がらず」「よく切れる」という、柔らかくもあり、硬くもあるという矛盾を孕んだ日本刀への一歩となるのです。この最初の一歩である、なんの形も成していない板状の玉鋼が、燃やされ、叩かれ、合体し、冷やされ、爆発し、また熱を加えられ、叩かれていく。何かの形へと変容するとは、本当に解体であり、死であり、爆発であり、そして結合へと向かっていくのだと痛感させられました。藤原さんの手引きで、安全に大鎚体験をさせていただき、また玉鋼を鍛え上げる折り曲げまで作業させていただいたのは貴重な体験でした。

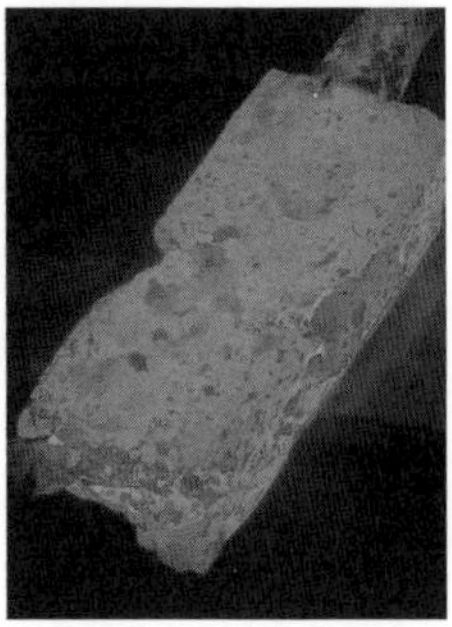

改めて、刀鍛冶を心の作業となぞらえると、ここまで心が解体し、心が爆発し、そして再び心が結晶化へと向かえる場所や機会が、どれだけあるのだろうか、と考えることにもなりました。刀鍛冶が危険を伴ったように、心の作業にも変容には傷つくことも、危険なことも起こりえます。かといって安全面だけを考慮していくと、心を投入することにも、どこかでブレーキがかかってしまいます。心の作業をする場が、心理療法だけとはまったく思いませんが、見守り手に付き添われながら、外界の光を遮断し、心を鍛錬していくことは、きっとしな

やかで折れにくく、美しい独自の心の刃文を浮かび上がらせることになると思います。そして、その心は、しなやかで強く、個性豊かに輝いているとも言えるのではないでしょうか。

引用・参考文献

C・G・ユング（池田紘一訳）『結合の神秘 Ⅰ・Ⅱ』人文書院、一九九五年、二〇〇〇年
C・G・ユング（池田紘一・鎌田道生訳）『心理学と錬金術 Ⅰ・Ⅱ』人文書院、一九七六年
藤原宗永「宗永鍛刀場 いわき市唯一の刀鍛冶」(https://munenagatantoujou.jp/)
松葉國正『日本刀が斬れる理由、美しい理由』ＢＡＢジャパン、二〇一七年
臺丸谷政志『日本刀の科学 武器としての合理性と機能美に科学で迫る』ＳＢクリエイティブ、二〇一六年

第四章

「ない」から生まれるもの
イメージと心理療法をめぐって

西山葉子
長谷川病院／四谷こころの相談室

はじめに――治療者がそこにいるということ（心理療法の基本のキ）

ずっと心理臨床にまつわることばかり追いかけてきた。こころについて知ること、その可能性についての新しい発見や知見、気づきと出会ったときのわくわくが、かけがえがない瞬間である。つまずきや苦しみ、悲しみといった感情は苦しいものであるが、そこをきっかけにこころが動き始め、展開してゆく瞬間――それは夢やイメージについて学ぶときだけでなく、小説や詩、ダンスや絵画などの芸術の中に出会うこともある。ぼんやりとしか感じられず、言葉にならない何かが表現され、それが届いたとき、こちらの心も動く。心理療法場面でクライエントさんの描く絵や夢からも日々心が動かされている。

しかし、臨床心理士となって間もなくの頃は、途方に暮れていた。箱庭療法学会で学会賞を受賞されたリース滝幸子先生の「これからも心の深みと出会ってエキサイティングしたい」という話をきいて、私はいつか、こんなふうに語れることがあるのだろうか、と陰鬱な気持ちになったことを思い出す。自らのこころの必然性から密教に出会い、修行をしながら宇宙の真理を探求し続けた空海について研究していた川戸圓先生が、「心理療法を続けていくことが私にとっての修行だ」と語られていたのだが、その発言の方が当時の私の実感には近かった。クライエントに「何もしてくれない」と怒られたり、大事に会っていたつもりだったのに中断したりするたびに、「私は何を間違ったのだろう?」「何をすべき（言うべき）だったのだろう?」「そもそも心理療法って何をするんだったっけ?」と混乱するほどに思い悩む日々を過ごしていたからだ。

まだ駆け出しであった頃の私がそう感じていたのは、私が怖がりで不安を感じやすかったことも無関係ではあるまい。学生の頃、治療的家庭教師として不登校ぎみだという小学生の男の子に会いに行っていたことがある。行き始めて間もなくの頃、身を硬くし、あまり話さないその子が、最近犬を飼い始めたのだと言う。見せてくれると言うので、こちらも喜んで「見たい」と伝えたところ、連れてきてくれたのがトイプードルだったかチワワだったか、白くて小さな仔犬であった。しかしまだ来たばかりでしつけができていないのだと言う。男の子は私に仔犬を抱かせてくれようとするのだが、仔犬は怖がってキャンキャンと鳴いて暴れるのである。そして抱こうと差し出した私の手に噛みつこうとした。

仔犬でも必死で噛むとそれなりに痛い。ぎゃあと身を引く私の様子がおかしかったのか、男の子は声をあげて笑い出した。「怖くないよ、怖くないよ」と言いながら、楽しそうに「行け！行け！」と犬をけしかけついでに、「もっとやれ！　もっと噛め！」と言い出して、コロコロと笑うのだ。え?と私は思った。これは遊びなの？　本気なの？　今の私であれば、本気だろうが遊びだろうが、「何をぅ！」などと言ってこちらから遊んだだろうが、そこはまだ一も二もわからぬ学生ゆえ、大目に見ていただきたい。とにかく私はたじろいで、身を引き、噛みついてくる犬から身を離そうとしてよろけた。そしてバランスを取ろうとしてとっさに動かした足の先に落ちていた犬の糞を踏んでしまうのだ。男の子がさらに大笑いするのを聞きながら、恨めしい気持ちで洗面所を借りて靴下を洗った。情けない気持ちで裸足に靴を履いて帰る事となったが、玄関では男の子が、おさまらぬ笑いをこらえながら、楽しそうに犬と一緒に手を振っていた。

半泣きになりながら指導教授のところに駆け込んで事の顛末を聞いてもらったのをよく覚えている。すると先生は、微笑みながら「なんだ、西山さん、右腕を噛まれたら左腕も出さなくっちゃね」とおっしゃったのだ。「自己紹介してくれてるんだから、こちらもちゃんと受け取らないとね、時には自分を賭けてね」とかつての先生のエピソードなどを交えて話してくださった。

そのときの私には目の覚めるような返答だった。これが受け取るということなのか。ということは、私はこれまで全然何も受け取っていなかったのだ！　怖がってばかりで。彼が連れて来た犬は、犬であってただの犬ではなかった。それは心理臨床をやっている人には当たり前のことではあるが、そのときにはそんなこともわかっていなかった。よく考えてみたら、突然、知らないお姉さんが自分の部屋（テリトリー）にやってきて、勉強を見たり遊んでくれると言われても、その子にとっては怖かったり、どこまで信用していいのかわからず、犬でもけしかけてどんな人間か確かめたくなるのも当然だ。鳴いて怖がり噛みつく犬は、彼自身だったかもしれない。噛みついてくるくらいには関係を持とうとしてくれていたのかもしれなかった。

今なら、心理療法のプロセスで犬を飼い始める子どもがいたら大喜びだ。その子が自分の分身のように何かしらの可能性を育むイメージが描けるし、硬いその子のもう少し原始的で柔らかく、でもやんちゃな部分と触れあうことができるかもしれない。何にせよ、それが噛みついてくるなんてプレゼントでしかなかった。そんな大事な犬をしっかり抱っこできなかったのは、心から申し訳ない思いである。実際、その事件以後、暴れ犬を上手に抱っこする方法を（腹をくくった）私に伝授するなどの犬を介したやりとりを通して、硬かった男の子がよく笑うようになり、少しずつ生き生きとしていくのである。

このときの体験は、治療的家庭教師という心理療法と比べるとやや緩い枠組みの中でのことではあるが、心理療法では、このようにクライエントの表現を、その語り（言語）だけに留めずに聴いていく。その表現は、受け取り手を必要としている。受け取り手がいて初めて、その表現に命がふきこまれ、水を得た魚のように行きたい方へ動き出す。受け取り手がいない場合、表現は行き場を失い、力を失う。そして表現した側の心には、がっかりした感じや否定された感じ、無力感や困惑が残るだろう。

その頃の私は、受け取ることよりも、思いも寄らない表現にびっくりして揺らいだり、クライエントの「どうしたらいいんですか?!」という訴えに、「何と答えたらいいんだろう?」「何とかしなくちゃ」と直接的に何かしなければならないと思い込んでおたおたしていた。正解がわからない、何もできない自分に不安になったり、できるだけ早く苦しみを取り除いてあげなくてはならないと思いつめたり、焦ったり……。

今は、そんなふうにびっくりしたりおたおたする自分を、昔より許し、オープンにできるようになった。だからこそか、多少はおたおたしながらもその場に留まれているような気がする。もう一つあの頃と大きく違うのは、心理療法とは、「私が」「何かをしようとしなくていい（することが心理療法ではない）」と知っていることだ。おかげで、無用なプレッシャーからは少し解放された。心理療法の場にセラピストがいることは必要だ。表現を受け止め、展開させるための「場」が成立するためだ。しかし、何かをすること、しないことが心理療法のプロセスを大きく進めたり、止めたりするのではない。むしろ、「私が」何かしようとすると、逆効果になり、心理療法のプロセスがうまくいかなくなることさえある。「どうしたら?」と切実に尋ねるクライエントの痛みを共に痛みながらも、心理療法は、セラピストが何かをする場ではないのだ。それを知ってからは、実は、すぐ何とかしてあげたくなるおせっかいな自分を諌めるために、クライエントには見えないバインダーの内側の片隅に、「痛みにとどまる」「抱える（コミットメントする）」「魂の場をつくる」「深く受け止められたら進む」と油性ペンでこっそりメモをした。

以下の章では、このメモの意図と、ここから始まった私とクライエントさんたちとの「こころ」との取り組みについて、私の思うところを語ってみたい。私は言葉にならない「こころ」と出会うために、描画や夢、箱庭などの作業から生まれてくるイメージを大事にしている。そのため、主にイメージについて語ることになるだろう。また、厳密には夢イメージと描画や箱庭のイメージにはそれぞれ違いや個性もあるのだが、ここでは同じイメージとして語ってみようと思う。

1．「ない」から「わからない」へ

「何かをしなくていい」とはどういうことか

心理療法の場を訪れる人々の多くは、何らかの人生の行き詰まりの最中にいる。対人関係や仕事や学業など、何かがうまくいかない、いかなくなった、病気になった（健康がない）、自分がわからない、自分（或いは他人、大切な誰か）を信じられない、これからどうしていいかわからないなど、何かしらの理由で、これまでのように人生という道をうまく歩けなくなった人々である。心理療法の初めには、必ず「ない」がある。

初めだけではなく、心理療法のプロセスにおいても、これまでのように話せなくなったり、言葉に詰まったり、話もしたくなくなって面接に来るのがしんどくなったり、来ても沈黙が続くようになったりと、さまざまな形で「ない」と遭遇する。それまでは箱庭療法や描画療法などをやれていたのに、描きたくない、描けない、夢を見なくなった、何を話せばいいのかわからないなど、うまく自分の心に触れられなくなったり、触れたくなくなることもまたしばしばある。「話して何になるの？　良くなっていないように感じる」「何を話したら良くなるの？」「どうしたらいいんですか？」などとクライエントに詰め寄られ、セラピスト自身もまた、自分の「ない」を突き付けられ、クライエントと同じ体験をする。セラピストも、具体的にどうしたらいいかという正解を知っている訳では「ない」からである。面接室という場に、「ない」が置かれるのである。

ユングも、ユング心理学を日本に持ってきた河合隼雄も、何かの答えを求められたときに「それは私にもわからない」（河合隼雄の場合「わかりまへんな」）と言っていたという。辛い症状を抱え、助けを求めている人に何と心ない……と思われるかもしれない。実際に胸の痛む作業でもある。しかし、治療者自身が患者と同じように無力であり、ヒーラーであったり、何かを授けてくれる偉大な存在であるわけでは「ない」と共に認めることが、まず最初の大事なプロセスとなる。ここで正直に言うと、私自身は、「私が答えを出せる訳ではないですが、一緒に考えていきましょう」くらいにマイルドにしか言えないのではあるが。

そんなふうに心理療法の最初には、セラピストもまた、クライエントと共に「ない」に立たされることになるのである。この「ない」に対する無条件降伏のような在りようが、実は心理療法という、意識の仕事ではなく、無意識も含めた作業への入り口とユング派分析家のW・ギーゲリッヒは言う。「何かをしなくていい」とは、ここに真相がある。「何とかしようとする」意識そのものを手放し、意識の及ばない領域への入り口の門を、このように不安を抱えながらも私とクライエントとでくぐるのである。そうすることでしか、今の意識がどうにも答えを出せない領域へ踏み入ることができないからだ。

この「ない」状況に、半分は私自身も途方に暮れたり痛んだりしながらも、半分は確信をもって、私はしばしば夢を聞いたり、「絵を描いてみませんか？」「箱庭をしてみませんか？」と誘っている。それは意識に頼って作業することを一旦放棄して、無意識も含めたこころと作業してみませんか？という誘いでもある。描くことや夢を見ることが、これまでの善悪や意識の思考の様式から離れて、自分のまだ言葉にならないこころの奥深くに降りていき、そこでの、まだ蠢きのような、意識にものぼらず、言葉にもならない萌芽のようなこころの動きに丁寧に寄り添い、そっと触れ直してみることにつながるのではないかと感じているからである。それぞれの「ない」「なくなった」という行き詰まりやつまずきに対して、認知や考え方を変えるのではない。「ない」はそのままに、そこから離れようとするのではなくそこに留まり、痛みながら、もう一度そこで自らのこころと出会い直してゆく。それは言葉にならないがゆえに、何らかのイメージと関わり、コミットしてゆくことになってゆく。時には格闘するようなイメージとなったり、試行錯誤ともなるだろうが、それらを繰り返しながら、何かのひらけを待つような作業となる。そこで生まれたイメージやファンタジーが、その人の足元を照らし、また時にはほんの少しだけ道の先や方向を照らしてくれるように感じるのだ。

しかし、ここでもまた「絵は苦手で描けません」「絵？　そんな子どもみたいなことをして何になるんですか？」と断られたり、若干イラっとされることすらある。それでも、「上手い下手をみるものではないので、試しにいかがですか？」「言葉にならないところからこころに触れてみませんか？」等と誘ってみることも多い。夢や箱庭、描くことへの信頼感をセラピストから感じ取っていただけるのか、やってみてくれるクライエントも多く、一度も描かない人はいないほどである。

2. 描くこと――交互色彩分割法という描画療法について

「ない」と「描くこと」がいかにつながるのか、交互色彩分割法という芸術療法を通して考えてみたい。この描画法は、まさに日本の精神科医療の道の行き詰まり、すなわち「ない」の中から生まれた芸術療法の一つである。「ない」と治療者の試行錯誤についても示唆に富む療法なのである。

一九六〇年代、ちょうど河合隼雄がユング心理学をスイス留学から日本に持ち帰った頃から、日本でも心の治療に光が当てられるようになった。その時代は、まだ統合失調症に今ほどの良薬もなく、日本の精神療法は行き詰まっていた。熱意ある治療者が何とかしてその突破口を見出そうと悪戦苦闘し、さまざまな芸術療法が生まれた時期でもある。例えば、河合が統合失調症者の箱庭事例を発表し、統合失調症者が箱庭の中にさらに柵をめぐらす傾向があることを指摘し、それを聞いた中井久夫が、描画療法における枠づけ法と、さらには風景構成法という有名な芸術療法を生み出したりしている。そんな活発なやりとりが医師や心理療法家の間で取り交わされ、さまざまに発展していった日本の芸術療法の黄金期とも言える時代に、交互色彩分割法は、精神科医中里均によって開発された。交互色彩分割法も中井の枠づけ法が土台になっている。

枠づけ法とは、画用紙に、先にセラピストが自ら手描きで四角い枠を描き、そこにクライエントがこころを表現する芸術療法の一つである。表現されたものや表現者のこころをそっと守り、あふれ出しすぎたり破壊的に動き出したりすることから守ってくれるような作用を持つ。私の場合、「今日の額縁ですよ」と言いながら、画用紙を縁取ってクライエントに渡す。たったこれだけではあるが、これがないのとあるのとでは、描きやすさや安心して取り組める感じ、落ち着き感や集約感など、クライエントの描画への取り組み方が異なるものである。水のように簡単に区切れないものを扱うとき、コップなどの入れ物が必要になるように、こころも目に見えず簡単には区切れない、しっかりした器が必要なのだ。

この時代の豊かさと枠づけ法に関する我々のフィールドワークを紹介したい。この時代に研鑽を積んだ高江洲義英は、日本の精神医療に新しい流れを作れないかと、芸術療法を中心とした精神科病院を沖縄県うるま市に開いた。そこに我々は何度か足を運び、話を伺った。いずみ病院は、森のような何もなかった場所に、高江洲が切り開き建てたのだが、病院やグループホームや作業所などの関連施設を貫く一本道が印象的である。奥には森林公園のような山が広がり、道のそばには沖縄の植物が植えられ、その自然と調和したさまざまな芸術療法を実践している。絵画療法だけでなく、粘土や陶芸、園芸、沖縄の文化を取り入れた音楽療法やダンス療法など多岐にわたり、発表の場としての舞台もある。その舞台では、患者だけではなく、職員も芸術を知り、実践し、生きており、発表もする。病院の各階に患者の育てた植物が置かれ、壁には名画や患者の作品が飾られている。そして木製の暖かな家具の醸し出す光と窓から入って来る光と、それの作る影に包まれている。病院の外には線香を置くための石もある。芸術療法のためのトポスとして、在るものにもないものにも徹底して開かれているという豊かさなのである。このように、高江洲は、コスモスとしての精神科病院を実践している。

私たちは、高江洲が考案したという「道の描画法」のワークショップをしていただいた。A4の画用紙とクレヨンを準備し、「道を一本描いてください」と教示し、次いで「何か足りないと思うものを描き加えて、風景に仕上げてください」と言うシンプルな描画法である。中井の考案した風景構成法と同じように心の風景を描くものであるが、中井の描画法と異なる点は、「道」が最初にあり、道の象徴性が焦点化されている点である。いずみ病院の関連施設であるいずみ苑という老人保健施設のロビーには、P・ゴーギャンの〈我々はどこから来たのか　我々は何者か　我々はどこに行くのか〉のレプリカが飾られている。「これは治療者も患者も同じだね」と高江洲は静かに語った。道には、人間存在に対する根源的な問いが含まれており、それは治療者にも患者にも同一である。その同一性に立つ高江洲の思想と眼差しが、この描画法を生み出し、描く患者を支えているのだと、話を聞き、実際の患者の絵やその変化を見せていただきながら感じ入っていた。「芸術療法とは、自己を求めての旅であり、自らの内なる表現を覗くことによって、他者と共に歩んでいる自己の生に気づかせてくれる旅路である」とし、その旅路を患者と共に真摯に歩み続けた高江洲ならではの描画法でもある。

実際に描いてみると自身の過去や未来を含めた「今」が、浮かび上がりそうだ。特に統合失調症など無意識の力に圧倒されたり、無意識がちょっとした刺激で、手に負えない形であふれ出しそうなぎりぎりの状態に在る病態の重い人にとって、安心して取り組みやすいだろうと思われた。道から始まることは、「歩く」という動きが無意識に想定されやすく、また手を使って描いている作業感も相まって、自身の身体を含めた「私」がしっかり実感される感じがした。「自分」がしっかりして初めて、他者と出会うことも可能になる。

このとき、私たちは、最初は枠づけ法でなく道を描き、次に枠づけ法で描いてみた。「枠づけした方が、絵の中身が豊かになりやすいですよ」と高江洲は言った。実際に、私の絵もそうだった。時間が足りなかったことも手伝い、私の最初の枠づけなしの絵は、道と山と川しかない寒々しいものとなった。こころなしか筆圧も弱く、風景とは言い難く、とても仲間にも見せられたものではなかった。しかし枠づけ法で描いたときには、絵の中心にはどっしりした木が一本生えており、絵として成立した実感もあった。私自身の何かを表現できた感じである。そう、箱庭療法でも描画療法でも、実際に何か大事なものが表現できたときとできなかったときの描後感はまったく違うものだ。枠のあるなしでこんなにも違うものか、と改めて実感した次第である。そして最後に高江洲は、「一緒にやると、どこかで道が繋がっていたり、何かが重なっていたりしているものだよ。どこで共感しているのかがみえてくる」とちょっと楽しそうに微笑まれた。実際にその場で描いた者同士の絵も不思議とつながっているのである。描くことでセラピストとクライエントの間に布置された道もそこに現れ、動き始めるのだと改めて感じ入った。

さて、交互色彩分割に話を戻そう。中里は、いくらつきあっても心を開かず、閉じて黙する慢性統合失調症者を前に、治療者が「息切れ」したり、「根負け」する状態に陥らずに、彼らといかに接触できるのかを試行錯誤した。どのように心を尽くしても心を開かない人を前にし続けると、セラピスト自身も無力感、無能感に陥って、頭も心も固まってしまうものだ。当然ながら良いアイデアも浮かばず、治療に道が見出しにくくなる。そんなセラピストの「ない」が、この芸術療法の入り口にはある。中里が、何とか患者に表現の糸口を見つけようと最初に思いついたのは、患者に枠づけした画用紙の内側を自由に仕切ってもらい、色を塗ってもらう方法であった。しかし、患者の「こんな幼稚園みたいなことはやるなと、今警察から連絡があった」という幻聴を介した抗議に出会う。このとき、中里は「慄然とした」と言う。「ああまた症状か」と受け流すのではなく、きちんと抗議として受け取る人間性とセンスのある中里だからこそ、その後、交互に描線をやりとりする、「やりとり」の上に成立する自由な対人関係を紙の上で実現する技法として、交互色彩分割法が誕生し得たのだろう。ちなみに高江洲は、この療法に「患者は一本の線を引くのにも必死である。そのとき、治療者が楽であるとすれば、その陰で患者は相当な負担を強いられているのではないか」とコメントしており、中里は「芸術療法一般に対する警鐘」として受け止めている。どこまでも患者の表現に真摯であろうとし、かつ相互に発展させていこうとする対話の在りように、襟を正される思いがする。

このように、治療者—患者間に生じた「ない」から生まれた描画療法の技法が、枠づけた白い画用紙を線で、「分割する」ことから始まる技法だというのも何か、非常に示唆深い気がしている。やりとりを成立させるための技法であるのに、「つなぐ」のではなく、最初に「仕切る」（区切る、切る）のである。高江洲の指摘するように、病理の重い人にとって、白い紙に一本の線を引くだけでもたいへんなエネルギーを要することが多い。そのため、なかなかに逡巡しながら描く場合が多い。また交互が前提であるがゆえに、少しの関わりでも世界が壊れてしまいそうな不安の強い統合失調症の方や、関わりによって深く傷ついてきた経験のある方にとっては、無防備に紙の中央部分や真ん中に線を引くのは大仕事である。健康度の高い人にはなんて事のない一本の線が、また相手の引いた線を跨いだり交差したりすることが、病理の重さや傷つきの程度によって非常に重く怖いことであったりする。それらの感覚を精神科臨床でよくよく体験してきたはずの中里が、あえてそれを「遊び」として設定したのは、チャレンジングであり、気概すら感じるのは私だけであろうか？　そこには、この描画療法の、心理療法としての大事なエッセンスが含まれていると感じるのだ。

白い画用紙の最初の一線は、完全な一なる世界を二に分割する。それは無に切れ目を入れて有を生じさせるかのようのである。中里は、「治療者がまず最初に柔らかい線を引くと良いだろう」と述べている。最初に世界を二分するのは、キリスト教における世界創造が、神が、光と闇と、天と地と、混沌（無）から二分することで始まることを思い出させる。画用紙という白いまだ何もない世界に対峙して、まずそれを分割し、セラピストとクライエントとで世界を創造しているかのようだ。その混沌を穿つような最初の亀裂である一線は、統合失調症のような世界の文法が揺らいでいる方にとっては、とても難儀なことであろうと思われ、中里が、「最初は治療者から」と思われたのもしごく適切なことだ。しかし、私は、それがあまりに負担が大きそうな場合を除いて、クライエントから世界に亀裂を入れてもらっている。その方が、彼ら・彼女らが世界とまずどう関わっているのかがよく感じられるし、彼ら・彼女らが世界をどう創っていきたいかに寄り添うことが可能になるからである。そのように世界は分割され、個別化されるからこそ、同時につながることも可能になるとはいえないだろうか。例えば、「私」と「あなた」が混沌と区別されないままでは、融合することはできても、異なった他者としてきちんとつながることは不可能である。「切る」と「つながる」は同時に動き、同時に成立するものなのだろう。それが、この描画法には仕掛けとして生きている。

先ほど紹介した道の描画法や風景構成法も、最初に描く「道」や「川」で表されるのは、いろいろな意味で一つの流れである。その流れでまず、画用紙という白い何もない世界を思い切って、ままよと分断するところから描画が始まる。分断し、一なるものが壊され、喪失されるところから創造は始まり、「私」が立ち上がり、「世界」が開かれる。「今」という時間が流れ出し、動きを生み出し、「これまで」と「これから」、「試行錯誤」が、そこに描かれてゆく。交互色彩分割における最初の一線には、そのような意味も私は感じている。

その後、ある程度分割して、さまざまに交差してできた一つひとつの小部屋に、交互に色を塗っていく。すべての面を塗るためにはどこかで治療者とクライエントは接点を持たざるを得ない。私の色を染め個別の領域を作りながら他者と触れていくことになる。最初からつながりありきではなく、切られながら個が成立し、個と個が分割することと彩色することを通してつながるのである。今となっては、中里がどこまで意図したものなのか聞くことはできないが、素敵な技法だなとしみじみ思う。世界と心の成り立ちと個の誕生、そしてやりとりの発生という心の土台となるものを、一枚の描画を通してセラピストとクライエントが共に立ち会ってゆくのである。「患者とどう関わったらいいのかわからない」という「ない」から生まれた小さな世界創造の技法のようだ。そしてそれは、「ない」に留まりつつ作業するからこそ、生まれ出ることが可能になるのだ。

そしてもう一つ、この技法のいい所は、一つの線にも仕上がった描画にも決して上手い下手はなく、特定の意味がない。ただひたすらしたいように分割し、塗りたい色で染める。その力動を楽しみながら、自然に「塗る私」と「私のこころ」と「他者なるもの」とそっと触れている。最後に、私は、絵に題名をつけてもらうことにしている。こころにそっと触れながら暖めながら、こころのテーマを浮かび上がらせていくように感じるのだ。

3．決して交わらない新海さんとの交互色彩分割

新海さんは三十代半ばの男性である。アルコール依存症の父親と母親と暮らしていた小さな頃から、家では酒を飲み、暴れ、家からお金を持って出ようとする父と母との諍いがあり、学校ではいじめにあうなど、心が休まることのない子ども時代を過ごしたそうだ。勉強や部活もだんだんとやる気を失っていったが、好きなことと関連した仕事に就くことができて、自分もひとかどの仕事を残したいと頑張った。小さな会社で人手が足りず、深夜を越える残業など無理が続いたある日、「世界が落ちて来た」と感じた新海さんは、外に出るのが怖くなり、仕事にも行けなくなってしまった。統合失調症と診断を受け、治療が始まってからは、なんとか外に出ると知らない人にすれ違いざまに「役立たず」「キモい」と言われたり、仕事など他者と共に活動しようとすると、周囲でいじめや嫌がらせ、喧嘩や不倫など、彼の心が耐えられないことが続き、最終的にはその場にいられなくなることを繰り返してきた。振り返って、それらを「幻聴ですね」と語る新海さんではあるが、そのときにそれとはっきりわかる訳でもなく、よくわからないことに翻弄され続け、多くを失ってきたと感じているようだった。そこには深い絶望が横たわっていた。新海さんは、「話を聞いてもらうのが自分にはいいような気がして」と自ら主治医に希望して、私との心理療法が始まった。

新海さんは、自分の中の黒い部分が自分を苦しめ、世界を苦しませているのだと語った。彼の黒い部分は世界のさまざまな悪（戦争や殺人、レイプなどの暴力）とつながり、「（心が）黒一色になると苦しい。実際に戦争も起きている。ここで話すと少し緩和する」と話された。心の中で世界の暴力と自分の境界が不明瞭になり、際限のない大きな悪とせめぎあい、ちょっとしたことで均衡を失ってしまうようだ。均衡が崩れたとき、新海さんは、悪についてわーっと言い募るしか術がなくなってしまうようだった。しかし話せば話すほど、安全であるはずの相談室も揺らぎかねないような救いのない息苦しさが漂った。私は、黒い部分も含めた新海さんの全体のこころの置き場となれるように、必死で話を聞いていた。

やはり新海さんが悪にのっとられたように話し続けていたあるとき、私は半分その悪にやられて焦げ付くような気持ちになりながらも、どこかちゃんと受け止めきれていないおちつかなさを感じていた。何かをもっとちゃんと体験できないかというような思いが湧き上がり、「もし良ければ絵を一緒に絵を描きませんか？　新海さんの悪について、描きながら考えてみませんか？」と提案してみた。新海さんは了承し、二人で交互色彩分割を行った。その完成図がこれである（図1）。

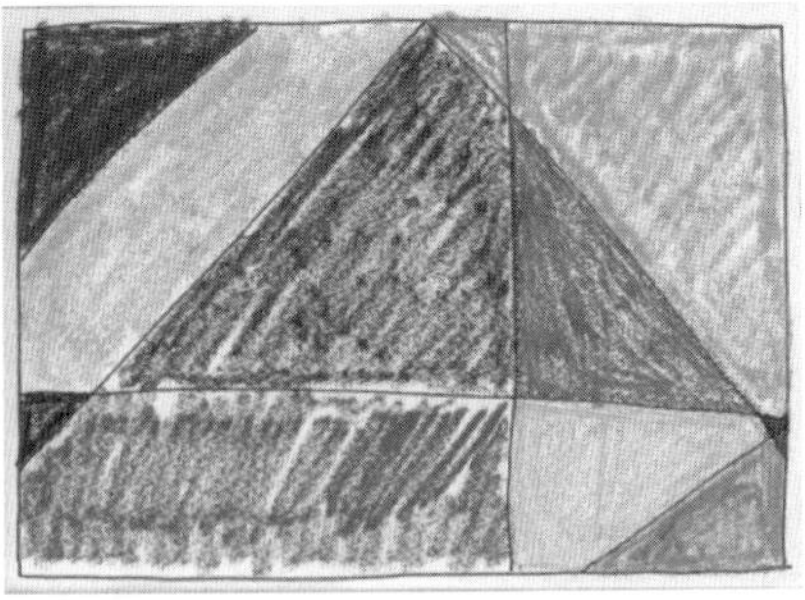

図1　深海さんとの交互色彩分割

ぱっと見て、これが芸術療法？と思う人もいるかもしれない。そうなのだ！　芸術療法というと、わかりやすく美しいものを作り上げるようなイメージを持たれるかもしれないが、そうではない。中井久夫が「たどたどしい一本の線と芸術性の高い完成画とを「哲学的に対等」とみなす」と言うように、芸術療法とは、そのプロセスやそこに込められた心の動きが重要なのであって、セラピストはその動きに専心しコミットするのである。

新海さんは、最初、左上の隅の小さな領域をしっかりした直線で区切った。力強く、勢いもある線だったが、画面をはみ出したりはしなかった。隅ゆえに、その線と交わろうとすると難しい場所だ。新海さんは、基本的には穏やかな語り口で、他者と平和的な関係を求めておられるように認識していたが、本当はとても怖く、交わることを怖れていたのかもしれないと感じた私は、次に、新海さんの線に対して寄り添うつもりで平行に線を引いた。あえて交わらなかったのである。大き目の場所をとったのは、次に新海さんが関わりたいときに関わりやすいように、である。新海さんは次も、最初の線と対角の、右下の隅を同じように区切った。交わりはないが、最初の新海さんの線、私の線とこれとで三つの平行線が紙の上に並んだ。私は、〈そしたら大地でも引こうかな〉と真横に、最終的に新海さんの二本目の線のスタート地点にたどり着くように線を引いてみた。交差はしないが、初めて線の接触が起こった。すると新海さんも、私の最初の線のスタート地点から自分の線をスタートして、斜めの直線を引き、その線は私の二本目の線と自分の二本目の線と交差した。私は、これは少し大丈夫かもしれないと思って、今度は縦の直線を真ん中近くに入れて新海さんの線と自らの線と交差した。私たちは、お互いに直線で、硬くぎこちないながらも、少しずつ関わっていった。その後、クレヨンで彩色をする。新海さんは、ぱっぱっと彩色する場所を決めて、力強く彩色されるのだが、お?! もしかして、私が彩色した面とは遠い面を選んでいるのかな？と思われた。ある面などは境界線の内側に白い部分が残るように塗られる場所もあった（左側下など）。隣り合う面は何となく避けているのかなと思いつつ、私も近づいたり離れたりしながら色を染めていく。それほど面数もないので、どうしても新海さんも隣り合った面を塗らざるを得なくなる。どうするのかなと思っていたが、新海さんは思い切って彩色した。二人で全部の領域を彩色して一つの絵が生まれた。

ふうとふたりで息をつき、完成を喜びながら、「これは何かに見えますか？」と尋ねたところ、新海さんは、少し考えて「ヨットに見えますね」と言った。何人かで海に泳ぎ出しているヨットである、と。そして、題名を『カラフルなヨット』と名付けた。新海さんが初めて治療者の線に接触した部分が三角となり、ヨットの帆のように見えたということだったが、私は、二人を乗せたヨットが大海に泳ぎ出したような印象を持った。やっと一緒に乗せてもらえたかもしれないなとも思った。新海さんとセラピストとの間に新たな船出がなされ、海の上ではあるが、方向性や道がうっすら示された気がした。

新海さんは、話したい事をたくさん話してくれる親しみやすい人だが、こんなにも関わったり交わるのが大変だったのだ、むしろ関わりからひきこもっていたのだと、私は体験することとなった。新海さんの対人関係での不安を実感したが、それは、ひいては新海さんが自分自身のこころや気持ちと触れたり、交流したりすることのしんどさとパラレルだろう。私たちにとって、一番の他者は実は自分自身である。自分と関わることができる度合いと、他者と関わることのできる度合いは、実は等しい。なぜなら、自分というものはまったく、それ以上でも以下でもなく、理想とは異なった、むしろ残念な、限界を備えているものであるからだ。さらにこころの奥深くに降りれば、可能性も含めて受け入れがたい側面が多々あるものだ。例えば、「追われる夢」を見たことのある人は多いと思われるが、「追って来る何か」は、大抵怖いものである。しかし、その怖い相手の本質は、自分の中にある側面が表現されたものなのである。それは、夢見手の可能性ともなり得るものだが、多くの場合、何かしら受け入れがたい性質を持つからこそ、「追われる」という形で、私たちは、夢でそれと出会うのである。

新海さんの悪や暴力の世界も、彼を脅かす怖い自分であり、内なる他者であったが、日本神話における暴れん坊・スサノオのように、エネルギッシュで、既存の形にとらわれずに、むしろ破壊しながらもやりたいことを実現し、創造する可能性でもあったかもしれない。実際に新海さんは、少年がロボットに乗って戦いながら成長していくようなアニメやゲームが好きだったが、それは戦争や暴力とつながるため、平和的に在りたい彼の意識とはなかなか折り合いがつかず、豊かに物語を楽しんだり、生きたりすることができず、禁止されなくてはならなかった。行き場のない悪を言い募ることで、彼は悪に閉じこもっていたのかもしれないとも思えてくる。誰にも、自分自身にすら、悪に触れさせず、これ以上自分を傷つけない守りを可能にしてくれるいわば地下牢のような場所を、言い募ることで作っていたのかもしれない。

しかし新海さんは、セラピストと二人で描くことを通じて、地下牢に閉じこもることを手放さざるを得なくなった。交互色彩分割はまさにやりとりであり、自分に触れ他者に触れ、それによって自分の中に動き出すものと出会うことになる。また、ごしごしと、或いはさらさらと「塗る」「塗りこめる」という実感も含めて、「この線を引く私」「この色を選んだ私」「この色を塗る私」が顕在化し、身体的にも体感される。身体を通して、自分自身との意識的・無意識的なコミュニケーションが生じる。同様に他者としてのセラピストもはっきり浮かび上がり、交わることとなる。

それは新海さんにとっては、恐ろしいことでもあっただろう。だからこそ、彼は最初に遠慮がちな、交わりにくい分割線を引いたのだろう。しかし、セラピストがむやみに侵入しないこと（セラピストの最初の線）や、でも少しずつ関わろうとしていることを感じた新海さんは、セラピストと触れ、次には交差する線を引き、一回の描画の中で少しずつ、触れてみることを始めた。

これらの新しい試みゆえに、今までの大地から離れて知らない場所へ、「ヨットで漕ぎ出す」という雄々しいイメージとして結実したのではないかと思うのだ。

新海さんは、悪を言い募る形でその悪に赦しを与えたいと願いつつ、しかしそれと交わることが難しいので、話せば話すほど自分と悪が切り離れてしまい、悪を罵倒せずにはいられないというジレンマに陥っていたのではないだろうか？　だからこそ、セラピストは聞けば聞くほど、悪と関わったり触れあったりすることが難しいような気持ちになっていたのだろう。しかしこの絵を二人で描くことで、力強さや激しさに留まりつつ、それを生きることが始まり、「決して触れない」ことを新海さんは手放すこととなった。小さなヨットなので、大きな海に出れば荒波や嵐に翻弄されたり、方向を見失ったり、行きつ戻りつすることもあるだろう。それでも心理療法は続いてゆく。牢獄の外に出て、現実の自分にふれ、現実のセラピストにふれ、同時に自分の内なる他者へ開かれる道へ、こころの一歩を踏み出せたことは大きい。

真っ白い画用紙に、一番最初に線を入れるのは、何もない、だからこそ完全で一なる私たちを包む世界を分割する事ともなる。統合失調症という、常に世界があふれ出しそうな危機を抱えている新海さんにとっては、そのピュアな一なる世界に自ら亀裂を入れ、世界を分割し、分かれた世界と交わっていくのは、こちらが思う以上に大変だったかもしれない。しかし、亀裂をセラピストと共に体験しつつ、線を重ねるうちに、別れた部分一つひとつを含めた全体に、流れや動きが生まれ、これまでと違った世界が誕生した。その世界はこころの土台となり、そこから新たな道が生まれていく。

中里の「ない」から生み出された技法は、私の心理臨床場面で今も私とクライエントの面接の土台をつくり、こころを生み出し、そこから新しい道を歩むことができているように感じている。

それから少しずつ、新海さんには、今までの語りとは少し違う情緒が伴われて、彼の絶望の深さが伝わってくるようになった。発病をして何もなくなってしまった悲しみや怒り、絶望感や無力感、人と関わりたいけど怖いので、動くに動けない孤独感・虚無感なども少しずつ語ってくれるようになった。新海さんのリアルな「ない」が少しずつ語られるようになった始まりの絵でありイメージになった。

交互色彩分割は、完成品を見ただけでは理解しづらい芸術療法の一つである。それは意味や形のあるものが、意図して描かれるものではないからである。外から見ただけでは想像もつかないような心の動きや、セラピストークライエント間の心のやりとりが、一枚の絵の中で行われ、揺れ動く。描くことを通して、それらは心の体験となってゆく。

最後に題名をつけてもらうことも、大事な作業だと私は思っている。簡単には意味づけできない心の作業に取り組み、どこに向かうのかわからない心の動きに襲われ、行きつ戻りつしながら描き、外側からは意味づけできないような出来上がった作品を見て、体験を内側から振り返り、名付けることが、その意味や体験をそのままに、心に刻んでゆくことになると思う。

これらのプロセスは、いくら心をこめて頑張って話を聞いていても起こり得なかったように、私には思われる。描くことに、それだけのこころの展開力があるのは、描くことを通して我々は、新しい動きやイメージを生み出してくる心の深い層にある母体に働きかけ、対話することが可能になるからではないか。その母体については、「こころ」と呼ぶ人もいれば「いのち」と呼ぶ人もあろうし、ユングが「魂」といったものもその一部であろう。

イメージが新しいこころを、世界を生み出す。そしてそれに、交互色彩分割の場合、かなり意識できないところで治療者は関わっている。最初の「怖がり」な話に戻れば、私が駆け出しの頃にうすぼんやりと恐れていたのは、ここことも関連しているだろう。自分があずかり知らぬところで、クライエントの重要な何かに影響していいのか、何か大きな間違いを犯すのではないか、それが怖いというプレッシャーがあった。

4. イメージと共にあるセラピスト——川を渡ること

間違うことを怖れながらも、無意識からやってくるイメージに寄り添いたいと思ってもいた。臨床家として迷うときには、自分が臨床家になりたての頃に学派の違う先輩カウンセラーに言われた言葉も頭をぐるぐるした。「無意識からくる不安で具合が悪くなっている人に、無意識のイメージを聞いてもより具合が悪くなるのでは?」「イメージなどと言ってもそれは空想や願望だったり、過去の投影だったりで、それが解釈されて治療されるもので、それ自身が治療的な訳じゃないんじゃないの?」等々。ちなみにこれらのことは、臨床心理学界隈では割合王道コメントでもある。ぐるぐるしながらも学んでいた頃、私はユング派分析家のギーゲリッヒと出会い、ベルリンで行われた彼との夢セミナーでいろんな質問をしながら自分の臨床を作ってきた気がしている。

夢セミナーでは、ギーゲリッヒは私たちの質問に答えてこう言った。「心理療法には二つあるのです。一つは、心理療法の医療的、即ち自動車修理的なアイデア、もう一つはこれとはまったく別物の、ユングの心理療法のアイデアです。何か心の問題が起きたときに、治療者が修理したり、矯正する形で問題を取り除くための、技術としての心理療法が前者です。認知行動療法はもちろん、やり方によっては夢やイメージを扱う精神分析や分析心理学ですらそうなります。夢やイメージを、クライエントが何に取り組むべきかという目的や手段として、テクニックとして、「利用する」限りにおいては、修理や矯正といったアイデアの一種なのです。そしてそれは、ユングの心理療法のアイデアはまったく異なる種類のものです」自分の臨床を振り返ってドキっとする。あ、夢を利用してないか? 教育的に使っていないか?

ギーゲリッヒは続けて、「後者の、ユングの心理療法で焦点となっているのは魂であり、魂の表現なのです」と言い、そこでは患者の癒しすら焦点ではないのだと言った。結果的に心理療法を通して何かしらの癒しが起きるとしても、それは焦点や目的ではない。ちなみにここで言われている魂とは、宗教学的な魂とは区別される必要がある。

初めてそれを聞いたとき、ギーゲリッヒは、「川を渡る」という比喩を使って詳しく説明してくれた。「心理学や心理療法は、私たちの意識が川を越えたときに始まるのです。私たちがいままでいた岸を離れ、後にし、彼方の岸に立っているときに始まるのです」と。もし心理学として心理療法に臨みたいのであれば、患者ではなく、私たちがまず川を渡らねばならない。初めにいた岸とは、日常的に親しみのある世界であり、人々と共にある社交的で、常識的で、目に見える世界である。クライエントが主訴を持つきっかけになるのもこちら側である。対人関係の問題や、傷つき、悲しみ、痛みや傷つき、劣等感や罪悪感、喪失などの経験をするのがこちら側である。いわゆる自我の感情や願い、暖かさや共感や安全を求める人間らしい欲求もこちら側にある。しかし、川を渡った後には、それらは全部置いてくるのだと言う。それは、目の前にいるクライエントに対して全人的に関わらないという意味ではない。深層心理学の「深層」や「無意識」の世界と、この世の「自我」や「意識」の世界とは、それほど分断されており、理が、文法が、まったく異なっているということを示している。近いイメージとしては三途の川かもしれない。川を越えると、そこにはこれまでと根本的に異なり、非-親密な世界があり、むしろ川の両側は対立し、ぶつかりあい、互いに矛盾する非連続の場である。いわゆるイニシエーションモデルや夢のモチーフとしての「過渡（川を渡る）のイメージ」とも似た構造を持っている。未開部族で成人のイニシエーションが行われる時、過渡の儀式の後の元子どもであった若者は、もう決して子どもではない。決定的に違う存在として、後戻りできない存在として、その部族を担う成員である一人の大人として見なされるのである。そこに連続性はない。

私たちが、これまでいた岸の人間的な意識の領域をすべて後にしたときに、魂の知である心理学は始まる。実際に向こうに渡り、意識という以前の立脚点が死に、破壊され、その結果として、向こう岸に、真に心理学的な足場であり、魂の立脚点が生じるのだとギーゲリッヒは言う。セラピストがそこに立脚点を持って語るからこそ、魂の言葉や雰囲気にクライエントと共に包まれることが可能になる。新海さんがイメージすることで新しいこころを生み出したように、クライエントとセラピストが夢やイメージを介した作業の中で「ソウルメイキング」を可能にすることができる。

最初にこれを聞いたときには非常に感動して、「ああ、そうか、「深い無意識に降りていく」という感覚はあったけれども、「川を渡るイメージ」は私には欠けていたかもしれない。川を渡って立脚点を新たに面接に臨むぞ！」と私は、かなり！　意気込んで日本に帰ってきたものだ。

しかし、なかなか難しい面接の場面で、またもや不安になってくるのである。私は本当に川を渡れているのだろうか？　なにしろ渡ったかどうかは誰にも目に見えない。しばらく格闘した挙句、私は、またもや、ギーゲリッヒに質問を投げかけてみた。するとギーゲリッヒは言った。「心の深層に近づこうという思いは素晴らしいのですが、西山さんの態度や行為が、その思いを台無しにしているように思えます。なぜならそれがすべて自我であって、自我の思いや自我の努力であるからです。川を渡ることは自我が達成することではありません。自我とその奮闘は逆の効果を生み出します。深層は実体的ではなく、非実体という魂の性質を持っています。ですから私は言う訳です。魂の深層に近づこうとするセラピストは、肩の力を抜いて一歩身を引いて、願いや意志を持たないままに自分の椅子に身を委ねていればいいのだと。川を渡らなければならないのは非自我であり、魂なのです。だからこそ、患者さんは思うままに表現をしていただき、あなたはただ静かに感じて聞いていればいいのです。プレッシャーを感じる必要はありません。リラーックス！　そして見たり聞いたりしたものを自分の中にまで届かせて、それが自分の中に沈んで行くままにすればいいのです。そうすると、もしかすると何らかのアイデアや反応が川の向こう側から勝手にあなたに届いて、現れてくるかもしれません。本当に耳をすませて受け取ることを知れば知るほど、自我は遠のき、深層が開かれるチャンスが増えます」と。

がくーっと頭《こうべ》を垂れながら、ああそうかー、と私は苦笑いである。私は、どうしても私は自我で頑張ってしまうのだ！「私は真面目過ぎました」と答えながら、もう一つしっくりきていたことがあった。「何かをしようとしなくていい」とは、まさにこのことだったんだ。すぐ私は、「私が」何かしなきゃいけないと思って力むのだ。この不要な真面目さは、今も時に発揮されてしまう。例えば、しんどい状況のクライエントを迎えて、ふっと力むのだ。そういうとき、私の耳奥でギーゲリッヒの「リラーックス！」がこだまする。また失敗を恐れているぞ、それは自我に加担することになるよ、と。それが深層の本質に近づく鍵なのだ。心理療法という彼岸の、自我のアイデアとは離れた場所で、そこで生じた夢やイメージ、概念やアイデアに襲われ、打たれること、それらに自分自身を委ね、解体されながら、感じていることに正直になること、受け止めることが大事なのだなと、私は腑に落ちた気がした。それが心理療法というこころを生み出すプロセスなのではないか。

臨床心理学の中でも、メイン街道は修理モデルであり、この世に足場がある。私が初期に言われて混乱したことの多くは、この世に足場のあるコメントだった。それとは足場が異なるユング心理学、即ち魂の心理学では、コミットメントは魂に向けられる。その区別がはっきりした今、私は「リラーックス」して面接で動くものに耳をすまし、それと共に描いたり、話したりすることに集中できるようになった。そして、私はクライエントに対して何とかしなくてはならない、という強迫的な想いからも大分自由になった。

新海さんとの交互色彩分割も、お互いが自由に、そしてこの世の理ではないところでやりとりしていたからこそ、向こう側から「ヨットで旅立つ」イメージが二人の間にやってきてくれたのだろう。描くという作業を通して、まだ言葉にも形にならないイメージは動き始め、そこから生まれた「ヨットが船出する」というイメージに襲われることで、また私たちの意識も新たに動かされる。こちら側とあちら側が相互に賦活し合う。またそれは、表現され、自身の内側から外に出されて初めて、そのイメージが動きたい方向へ動き出すことも可能になる。芸術家たちにとって鑑賞者がいることが必要なように、魂の表現にも受け取り手が必要だ。表現され、受け取り手がいて初めて、リアリティを持ってイメージが動きたい方向へ動き出し、心に刻まれてゆく。

5．描くことと死

本書の第二章でも述べられているように、私たちはアーティストの蓮沼昌宏に依頼して、芸術と心理療法について考えるワークショップとセミナーを開催した。テーマは『描けないこと』。アーティストが表現できなくなることの意味や、心理療法における「ない」をめぐって議論がなされ、描けるようになることが目指されるのではなく、描けないこと自体をいかに大事にできるのかを語り合う会となった。

蓮沼は、コロナ禍で予定されていた展覧会を開催できなくなるという事態に見舞われ、自身も描けなくなってしまった。ウィルス感染を防ぐため、劇場や美術館が次々と閉鎖し、街に人が出られなくなる未曾有の状況だった。「「鳩や蟻を描いてても、そんなことして何になるの？」と鑑賞者も拒否するだろうし、何より自分でも突っ込んでしまうので、描けないしイメージも出てこない」という状況に、蓮沼は陥ってしまった。「地面にぽっかりあいた穴に落ちないよう、迂回せず、ジャンプせず、わざわざハシゴで一段一段降りていって、穴の中から「困ったよ。進めない」と叫んでいるようなもの」だったと語っている蓮沼は、「ただこの穴が、自分だけの穴ではなくて、世界中に空いている穴だとも思った」そうだ。そして、穴の中で、この「できない事をできないままに」できないかなと考え、思考錯誤を続けたそうだ。そのうち、「描けないことを克服するより、できないことを映すことをしたいな」「これまで作っていたような物語展開ができなくなった。その淋しさ、ぐしゃぐしゃとした抽象的なものにライトをつけたい」と思うようになり、「ライトをつけることで、完成しきってない作品が発表してもいいかなと思えた」そうだ。

　そうして二〇二一年二月から三月にわたって展覧会『特別的にできない、ファンタジー』（神戸アートビレッジセンター）の作品たちは生まれたそうだ。「こうベルミナリエのあかりがつくとき　あかりがきえるそのとき　てをあわせるひとがいる　２０２０ねん　こうベルミナリエは　これまでのようにできなかった　できないには　さみしさがある　さきはみえないから　あかりをつけてみる　きわくにあかりをつけてみる　さみしさはあるけど　あかりをつける　とくべきてきにできないファンタジーに」（図2、展覧会の絵本より）。

　私が木枠に光を灯す作品を見たのは、二〇二四年に横浜で開かれた個展『不思議な道に進んでいった絵』（ギャルリー・パリ、図3）を訪れたときである。ライトを灯した絵たちは、まさに暗い洞窟の中で火を灯すような雰囲気を携えていた。しかも、どこかふしぎとその光は、暗闇や

図2　「特別的にできない、ファンタジー」展図録（右）と絵本

先の見えなさを言祝ぐかのようにも見えてくる。蓮沼は、「古来から人は穴の中で回復してきたのではないか。そこにほのかな灯りの存在を思う」とセミナーで語っていたが、そのときに展示されていた木のキャンバスに描かれた作品群は、まさに描けない穴の中にいたときに、アトリエの机に絵を描いて、その机を切ったりつなげたりしながら生まれたそうだ。さきほどの川の喩えで言うならば、暗さは川向うの領域である。『夜のテーブルの道』（図3上）という作品は、机を切って描かれた作品の一つで、こころの暗い山道を暗いままに歩み、そこで出会うぬえのような生き物や鳥の巣や、星の光など、まさに一つひとつやってきたモチーフ（夢やイメージとして生じてくる何か）と遭遇し、襲われ、対話しながら進んでいるさまが描かれているような気がした。その暗さと胎動のような動き、そして出会いの喜びやときめき、怖れや戸惑いなどさまざまなイメージが私の心をざわつかせた。蓮沼は、友人の戸惑いが遷って自分も揺らぐような体験をしたときに、「何か今、当たり前な感じが揺らいで、足元が揺らぐような、わからなくなっちゃって、とてもアート的だったよ」と友人に言って、嫌な顔をされたことがあるそうだ。確かに、アートという体験は、描かれた世界の揺らぎがうつってくるような体験だ。蓮沼の

図3　『夜のテーブルの道』（上）

それらの絵に私も揺らぎ、それはしばらく私の心の中で何か話していた。

　そしてその感じは、心理療法でよく感じるものだなあとも思った。心理療法のプロセスでもクライエントと共に穴に落ち、どこにたどり着くかわからない暗い山道や洞穴のような道を、こっちに行ってみようか、いやあっちだと掘り進んでいるような気がする。こっちかと思っていたら、明後日の方向から追いかけてくるものがあったかと思うと、思いも寄らないところから何かが湧いてでてきた！と感動しながらクライエントと夢や絵を見ていたりする。新海さんの絵などもまったくそのような体験だった。或いは、先の見えない夜をとぼとぼ歩きながら、クライエントの見る夢や描画など、クライエントの心の深みから出て来るものを頼りに歩みを進めているようにも思う。描くことは、この世で目に見えたり、言葉にできたりする次元ではないところに、身体を通して我々を誘ってくれるようでもある。蓮沼は「できないということとアートにはとても親和性がある。できないということには可能性がある」と言う。私には、それは、ギーゲリッヒの言う川を渡ったときの描写としての「ない」とつながって聞こえてくる。

　ギーゲリッヒの著書『夢とともに作業する』によると、川を渡った時、魂が表現しているものは、普通の知識では「なく」、知性（自我水準）の言語では言い表せ「ない」永遠の知識であるという。まるで彼岸は、「ない」ばかりの否定の岸だ。例えば、魂の表現である夢の登場人物は、現実の同じ人間ではない。夢の人物は、どのような人であれ、この世の私たちにとっては、理の違う絶対的な他者であり、この世の否定の上に立っているのである。また、「彼岸である心理学は、アイデアやイメージ、概念のみで構成されており、実証的なものでも、目に見えるものでも、具体化された物理学的なものでもない。実体化され得ないものとして、いわば「幽霊のようなもの」であり、つかみどころがなく、一般の意識では理解不能である。しかし、それが本当に生じるならば、それはあの世ではなく、この世にいる私たちの意識の中で、現実の出来事となる」とも言っている。それが本当に生じたとき、私たちの心にリアリティを持って体験されるのだ。

どうやら、川を渡るときは、この世の領域の私の死が必要とされるようだ。画家としての蓮沼の「もう描けない」体験や、クライエントが「もうこれ以上進めない、どうにもならない」と行き詰まる体験もある種の死であろう。こう考えると、蓮沼の展覧会のライトの灯された作品と『夜のテーブルの道』という作品の間にあった『どうそじん』(図4)という絵が、やはりテーブルの一部を切られたであろう木に描かれていたのが非常に印象的に甦って来る。「どうにも進めない」道の行き止まりに、境界の向こう側の死者に対する祈りがある。

図4　『どうそじん』

何とか克服しようとするのではなく、「できないことをできないままに」——できないや「ない」というものにまつわる、まだこの世に生まれていない、つかみどころのない、死者や幽霊のようなものと共に在り、その幽霊や死者を温めることで(まさに火を灯す!)、その内側から開かれる世界があるのだろう。

ギーゲリッヒは、前掲書の中で（実際にも話してくれたのだが）、夢やイメージとの関わりを、卵を温める牝鶏のイメージで説明している。雌鶏が何が生まれるとも知らない卵を、ひたすら何日もそこを動かずに自らの体温で温めるように、夢やイメージと関わる必要がある。牝鶏はそれがいつ孵るか知らずに、ただひたすら忍耐強くそこに座り続ける。孵化しないこともある。すぐに何か結果が出るかどうかはわからない。とにかくそこに、卵を温めるように座り続けてみるとき、その内側から何かがこちらに届いてくる。そんなふうに、心理療法では、描きながら、夢を話しながら、現実生活ではうまく関わることが難しいこころの深い層にいる死者と対話することが起きてゆく。描く事が、私たちを川向うに誘い、死者との対話を可能たらしめる。その中で生じてきたイメージが私たちを襲うとき、意識していないアイデアがこちら側にもたらされ、こちら側の生も新たになっていくのだ。

6.「ない」と心理療法

ここまで、描くことを通して、「ない」が開く可能性や新しい動きについて話してきた。最後に、そんなことを考えていた私に舞い降りたある夢について話したい。

それは、二十代で統合失調症を発症した美月さんの夢だ。二十代後半になり、同級生が大学を卒業し、就職し、活躍してゆく中、自分は症状のために入退院を余儀なくされることに負い目や焦りを感じていた。そんな頃、またもや症状悪化のために入院せざるを得なくなった。美月さんはもともと聡明で、法曹一家であった家族の希望も背負って法学部へ進学し、頑張っていた矢先の発病だった。それだけに家族の失望も大きく、比例して彼女の喪失感も深くなった。美月さんは、「友人たちは頑張っている。自分だけ自立できないようで辛い」「これから法律の世界で生きていけるのか？　かといって家族の意に反する道を生きていける気もしない。反家族！となるのも辛い。どうしていったらいいのかわからない」と話し、生きていく希望も何もないと希死念慮を抱いていた。彼女がどういう人生を選ぶにしろ、まずは彼女らしさや彼女の「私」というものの実感を、面接を通して少しでも確かに感じられたらとお話を伺っていた。

しかし、話せば話すほど美月さんは現実の重みに打ちのめされ、道に迷うようだった。面接室の空気は次第に重く濃く感じられていき、私は息が詰まるようだった。その矢先に見た夢だ。

セラピストの夢

美月さんと私は面接している。美月さんが絵を描いたり何か作ったりするのが好きだと聞いていたので、私は、絵を一緒に描けたらいいなと思っていた。それを提案しようとしたところ、美月さんから、「〜したくない」という意志をはっきり告げられた。言葉で「絵は描きたくありません」等とはっきり言われた訳ではない。しかしはっきりと、根源的な「ない」を彼女は表現し、私にははっきりと伝わってきた。彼女が表現したのは、深淵な「ない」であり、どこまでいっても果てしなく「ある」ことを否定するような本質的な「ない」であった。広大な無限の穴に落ちていくイメージも、私には浮かんだ。私は、とっかかりとなるものや足場を失ったような気持ちになり、たじろぎながらも、半分は祈るような気持ちで彼女とそこに居た。

目が覚めて、最初に私が思ったのは、「ああ、またおたおたしてしまった」だった。足場が揺らいで不安になったことは否めず、いつもながらどっしりできない自分にがっかりしたのだ。安定感のあるセラピストになるのは私の悲願でもある。またダメだったな！が最初の感想であった。

夢の中の美月さんからは、決定的な「ない」がセラピストである私に、毅然と伝えられた。根源的で深淵な「ない」だった。それは、美月さんを通して私を襲い、私は揺れてしまう。しかし揺れながらも、それでも私が大崩れせずにそこに居たことは、意味のないことではないだろう。

よく考えてみれば、現実の美月さんが死にたくなるほど怖れ、彼女を鬱状態に陥らせたこの「ない」の深淵は、私自身もどこかでずっと怖れていたのではなかったか。だからこそ、私はどこかで、彼女が今持っているもの、「ある」に気付いて欲しいと願っていたのだろうか。美月さんも自分の中にあるものを確かめたい、そう願っていたと思う。しかし私たちの願いに反して、無意識のうちに、根源的な「ない」が私たちの間でどんどん大きくなっていた。だからこそ、面接室は回を追うごとに重苦しくなっていったのだろう。この重苦しさを何とかしなきゃと思っていた私は、またもや間違っていたのだ。私こそ、私自身の「何もない」にもう一度立ち戻るべきであり、その根源的な「ない」に打ちのめされる必要があったのだ。そして、美月さんではなく、私自身が自分の内側にある「私というもの」の弱さや揺らぎやすさともう一度出会い直す必要があったのだろう。なぜならこの夢は、美月さんの夢ではなく、私の夢であり、夢の中の美月さんは、私の内なる治療を受けるべき部分なのだから。夢の中でそれを突き付けられたセラピストである私は、「ない」という否定の淵深さに打ちのめされ、打ち震える体験をした。そこに立つことこそがスタートだったのだ。一方で美月さん（である私）は、「したくない！」と拒絶することで、セラピストに反し、対立することで、「私」という主体を立ち上げていたとも言えないだろうか？　美月さんは「反家族」と自分がなってしまうことを怖れていた。「私」が生じることで、家族と摩擦が起き、共にいられなくなるのではないかと怖れていたために、確固とした「私」という主体を立ち上げることができなかった。その美月さんが、「反家族」ならぬ「反セラピスト」という意志を持ち、セラピストに「No」を突きつける主体的な行動をしているとも考えられるのではないか。「嫌だ！」「No」と言い、対象を否定することから、拒絶する主体として意思を持つ「私」というものが立ち上がってくるものなのである。「No」と言い、対象を否定することから、拒絶する意志を持った主体としての「私」というものが立ち上がってくるのだ。

深淵なる「ない」をめぐって、共にそれに襲われ揺らぎながら、一方で解体されつつ立つセラピストである私と、一方で「私」を立ち上げる美月さん（である私）が生じている。解体と創造が同時に起きている。しかしながら、この二つは、私という一人のこころの内側で起きており、解体と創造の同時性はまったく別々のものではない。私のこころが対立する両方を抱えながら、またそこから続く道が作られてゆく。こんなふうに第三の道とは生まれてくるのかもしれないと思うのだ。

そして、その道は、夢の美月さんが発言した「しない」という在り方と関係しているのかもしれない。描かずとも、私たちの間には「ない」というイメージとそれに伴う揺れが生じている。描けずとも、確かにそれはそこに在る。それに身を委ねながら、それを認識し、それについて考えていくことが私たちには求められているのかもしれない。

これは私の見た夢で起きたことであり、私のこころのプロセスであり、私の「ない」の深淵をめぐるプロセスである。現実の美月さんのではない。しかし、この「ない」は、実際の美月さんとの面接の中で、私たちの空気を重くしていた何かと無縁だと思えず、私の夢で起きていることが、「なさ」をめぐる美月さんとの「心理療法」の道のりを描いているようにも感じられた。少なくとも、美月さんから感じていた苦悩の正体を、はっきりと深く理解できたような気がした。

そしてその少し後に、実際の美月さんとの心理療法の中でも、ある危機を迎えた。美月さんは、「私には何もない。それを話すのが辛い」と面接の中断を申し出たのだ。私はどこかでこの夢に支えらながら、美月さんの辛さや、どうしてそう思ったのかを理解したいと耳を傾けた。それこそが、美月さんの中に生まれた「私」を応援することになると思ったからだ。美月さんは、「自分があやふやなので、どうにもならないことを話すと、自分がなくなる気がする」と、言葉を探しながら伝えてくれた。私たちは、自分がなくならないためにできる工夫なども含めて、このことについて話し合いを重ねた。何とか面接の場は壊れず、揺れながらも持ちこたえることができた。そしてその後、新たな形の表現を始めたのである。詩を創り始めたのだ。詩という表現を通して、美月さんはもう一度、私の物語を紡ぎ始めた。

このようなことが起こると、心理療法における偶然の意味ある一致、シンクロニシティが本当に起こるのだと実感せずにはいられない。シンクロニシティとは、心理療法においてこころの内側で起こっていることと、こころの外である現実で起きていることとが、直接因果関係を持たないのに、偶然の一致としか言えないような重なりとして同時に体験され、それが意味あることとしてこころに迫ってくるような出来事である。心理療法では、セラピストの無意識とクライエントの無意識が川の向こうで共鳴しあい、こちら側の私たちを揺さぶってくる。それはさまざまなイメージとして心理療法の内側におりてきて、そのイメージとセラピストとクライエントとまるでダンスを踊るように、動かされながら、心理療法は進んで行くのである。そのとき、クライエントだけでなく、セラピストも変えられていくのである。

おわりに

心理療法とは何かを考えていたら、ここに至るまでの道のりを振り返り、今自分がどこに足場を持ち、何をやっているのかを明らかにすることになった。一方で、交互色彩分割の面白さについて考えていたら、「ない」の果てまで旅をしてきたような気もしている。犬に咬まれて始まった私の、セラピストとしてのとぼとぼとした道のりである。セラピーがうまく動いているときには、セラピーの場から生まれた「出来事」や「イメージ」に襲われ、セラピストも大なり小なり傷ついたり、解体されながら、クライエントと共に新しいこころが生まれ、その先に今までとは違う道が見出されてゆく。

心理療法とは、イメージを生きる旅路である。そのときにしか起こらない出来事（イメージや夢）にさらされ、襲われながら、そこで本当にいくらかでも深層におけるこころの真実にたどり着けたなら、そこにこそ魂は存在し、魂は生み出されているのだろう。心理臨床とは、その立ち上がりの一瞬一瞬が積み重なっていくプロセスだ。これをしたらこうなるというテクニカルな道のりではなく、むしろハプニングのように出来事やイメージが生じると感じることが多い。またはまさに、交互色彩分割の最初の一線を引くときのような、えいやと飛び込む一瞬一瞬の積み重ねとも言える。最初の世界の分断は、ある意味の喪失であり、白い紙面への傷でもある。そのとき、我々はこの流れが何を生み出すのか知らないままに、自ら飛び込まざるを得ない。そしてそこで起きることに身を委ねる。絶えず喪失「ない」に飛び込むことが、道を作るとも言えるだろう。

現代は、テクノロジーが発展し、効率性に重きがおかれ、目に見えず、何も確約してくれないこころなどどんどん置き去りに生活するのが、当たり前のようになっている。その最中にいると、私たち心理臨床家のやっていることは、大層時代遅れに見えるだろうと思う。しかし、たとえそれが大きな流れとは異なる、個別の人間の非常に小さな作業だとしても、そこには確かなこころの真実がある。私は心理療法という場で、これからも闇に光を灯すようなその小さな作業に、真摯にとりくんでいけたらと思うのである。

本稿に出てくるクライエントはすべて仮名であり、個人が特定されないように事実に改変を加えています。フィールドワークや日々の臨床活動を含めて、本稿にお力添えをいただいたすべての方々に深く御礼申し上げます。

参考文献

猪股剛編著『家族のおわり、心のはじまり ユング派心理療法の現場から』左右社、二〇二三年
河合隼雄『イメージの心理学』青土社、一九九一年
河合隼雄『ユング心理学と仏教』岩波書店、一九九四年
W・ギーゲリッヒ（猪股剛監訳、宮澤淳滋・鹿野友章訳）『夢と共に作業する ユングの夢解釈の実際』日本評論社、二〇二三年
W・ギーゲリッヒ（田中康裕訳）『心理療法において何が癒やすのか？』創元社、二〇二四年
高江洲義英『沖縄の精神世界と芸術療法 肝の文化からオナリ神信仰へ』いずみの里、二〇一九年
中井久夫『精神分裂病者の精神療法における描画の使用 とくに技法の開発によって作られた知見について』芸術療法研究会誌「芸術療法」二号、一九七〇年
中里均「交互色彩分割法 その手法から精神科医療における位置づけまで」芸術療法研究会、「芸術療法」九号（一九七八年）
蓮沼昌宏（岡村有利子ほか編）『特別的にできない、ファンタジー』展覧会図録、神戸アートビレッジセンター、二〇二一年 https://www.hasunuma-masahiro.com/
前川美行『心理療法における偶発時 破壊性と力』創元社、二〇一〇年

読書案内

星子智志

河合隼雄『ユング心理学入門』培風館、一九六七年

私はこの本で初めて本格的にユング心理学に触れ、興味を持った。ユング心理学の入門書であり、広大で難解と言われるユング心理学をできる限り平易な言葉でわかりやすく私たちに示してくれている。読み進めていくと、私たちが当たり前としている「意識」の背後で「無意識」がいかにダイナミックに動いているかを実感させられる。

また、本書はユング心理学の重要な要素を数多く含んでおり、示唆に富む内容はとても多い。その中で、私が一番心惹かれるのは、それまで圧倒的で、時に危険でさえありうるとされ、否定的に捉えられていた「無意識」の中に、ユングが見出していった創造的な動きや未知の可能性の部分である。

例えば、本書に出てくる「影」がそうである。「影」とは、自分がこれまで生きてこなかった、ある意味、捨てられた部分であり、その性質上、否定的な姿で私たちの前に現れてくる。日常の感覚では、嫌いなものには近寄らないか、排除しようとするだろう。しかし、「影」は、私

たちがそれに本気で関わろうとするとき、その姿を変えていき、捨てられたものではなくなるばかりか、私たちをより成長させてくれる可能性へと変わってもいく。

また、「自己」も創造的な一面を含んでいるといえるだろう。例えば、私たちが自分の心の病と向き合っていくとする。私たちの「意識」の動きも、病に見られる「無意識」の動きも、どちらの動きも変わることなく動き続けるとしたら、その二つの動きは対立し続け、やがて、緊張を伴う膠着状態に陥るだろう。このように、二つの動きの対立が極まったときに、より高次な次元で、二つの動きを統合して心の全体性を取り戻そうとする動き、別の言い方をすれば、私たちの心をより高次の領域に押し上げてくれる動きが、心の奥底から現れることがある。その動きが「自己」である。

「影」や「自己」を例に挙げたが、そうした視点はユング心理学の随所に見られる。もちろん、「無意識」に関わっていくことの苦しさや危険性をしっかりと捉えていくことは大切であり、また、私たちが、自分の「意識」を持って、地道に「無意識」に関わっていくことの大切さも忘れてはならないだろう。それでも、やはり、私たちの心の奥底にいまだ気づかぬ可能性や創造性があることを伝えてくれていることは、本書の最大の魅力といえよう。

今回紹介したのは本書の魅力の一部だが、本書は心の深層のさまざまなあり様を示してくれており、ユング心理学に興味を持たれている方のみならず、人の心に興味がある多くの方にもお勧めの一冊である。

川嵜克哲編著『セラピストは夢をどうとらえるか　五人の夢分析家による同一事例の解釈』誠信書房、二〇〇七年

私が夢に興味を持ち始めたきっかけとなった一冊であり、夢分析の本である。クライエントAさんの十個の夢に対して、個別インタビューにて五人の分析家それぞれがコメントするスタイルが特徴的である。

まず驚かされたのは分析家の夢へのコメントである。今回、分析家には夢と最低限の情報しか与えられない。しかし、そうした限定された状態でも、五人の分析家のコメントは、Aさんのさまざまな側面を的確に捉えている。

私たちは、普段、安易に現実の状況と夢を繋げて、現実の枠組みから夢を理解しようとする。しかし、五人の分析家を見ていくと、夢の場面や状況、構造（位置関係など）、内容、物語の展開などを捉え、夢そのものから理解していこうという姿勢を大切にしていることがとても印象的である。こうした姿勢であるからこそ、限定された状態であっても的確に要点を捉えていけるのだろう。一方で、夢がいかに夢見手のあり様を端的に表しているかも伺え、こちらにも驚かされる。

また、Aさんはシャーマン的な心性を持っている。これは、現代の人間の心性とは大きく異なる。現代の人間はこちら側、人間性の世界に存在の軸足を持つのに対して、シャーマン的な心性の場合、あちら側、超越性の世界に存在の軸足を持つ。Aさんは、シャーマン的な心性を持ちつつ、人間的な地平にも軸足があり、人間性と超越性の間で揺れている方である。

Aさんのテーマが人間性と超越性であるために、分析家のコメントも当然、それらについて多く挙げられており、人として生きていくこととは？　超越とは何か？　超越性とどう付き合っていくのか?など、いろいろと考えさせられ、示唆に富む内容である。

夢や夢分析に興味がある方にお勧めしたい。

河合俊雄編『発達障害への心理療法的アプローチ』創元社、二〇一〇年

発達障害への新しい視点、新たな心理療法をも示してくれた一冊である。

現在、発達障害を何らかの中枢神経系の問題であるとみなし、器質的な原因と考える見方が主流となっている。そのため、発達障害への対応も、第一に療育や訓練などが中心となっている。そして、発達障害への心理療法は効果が薄く、障害によるトラブルでの傷つきに対するケア、二次障害への対応のみに有効である、と考えられている。

こうした従来の考えに対して、本書では、発達障害のあり方を整理し「主体のなさ」という視点を中心に捉え直している。本書のいう「主体」とは、自分自身という感覚であり、「主体のなさ」とは、自分自身という感覚が曖昧で捉えづらくなっている状態といえる。「主体」、自分自身という感覚が、はっきりあればあるほど、自分の内面で起こることをはっきり感じ取れ、自分の外界で起こる物事もはっきりと感じ取れる。逆に、「主体のなさ」、自分自身という感覚が曖昧で捉えづらい場合、自分の内面や外界への感覚も曖昧となり捉えづらくなる。この「主体のなさ」を中心に捉えることで、発達障害に見られるさまざまな症状やあり方（自他の区

別・境界のなさ、象徴性のなさ、言語性のなさ、時間性のなさなど）も丁寧に捉え直して、その関連性の説明がなされている。

さらに、新たな発達障害の理解に基づいて、心理療法への言及もなされている。従来の心理療法は発達障害には効果的でないとされてきた。それは、従来の心理療法がクライエントの「主体」が前提となっているからであり、「主体のなさ」がテーマである発達障害の人には「主体」を基盤とした変容が期待できないためである。しかし、本書では、従来の心理療法の枠を超えて、「主体」を立ち上げる心理療法、つまり、「主体」そのものを生み出す心理療法、という新しい視点が示されている。

本書が示す新しい発達障害の視点は議論がある所でもあるが、私の日々の臨床での経験からは、発達障害の人の世界を理解し、サポートしていくことを大いに助けてくれると感じているため、今回、紹介させていただいた。

第五章

私の心理学ことはじめ

手仕事としての心理療法

坂井朋子

1．闇

夜の恐怖

心理学、心理療法について何かを述べようとすると、数年前の私の奇妙な体験から始めなければならない。どうしてかというと、これがあまりにも突拍子なく、自分でも一体何が起きているのかわからなくて、まるで何かに弄ばれているような気がして、今ではなんだか狐につままれたような心境であるが、これらを一度こころに起きたこととしてとらえてみないと、自分の心理臨床家としての仕事にどうにもつながらないという気がするからである。奇妙な世界から帰還したかといえば、前のようにすっきり元通りになったわけではなく、まったく知らない世界を知ってしまったというお土産がずしりと身に堪えている。ある意味、それまでの世界が一変した。

数年前、コロナウイルスが世界中で猛威を振るい、ようやくワクチンが出回ると、病院のカウンセラーだった私は、医療職としていちはやく接種した。なんとなく少し前から嫌な予感がしていた。体調が、どこがどうとは言えないけれど、あまりすっきりしていなかった。それでも周りの多くの医療者同様、当然のごとく接種し、そのときは何事もなく帰宅。そしてワクチンを打ってから七、八時間後、テレビの相撲中継を見終わった頃だった。気のせいだろうか、なんだか息が浅くなってきた。十分、十五分……、さっきより確かに息苦しい。十分空気が吸えない感覚にややパニックになりながら、ワクチンを接種した病院に電話をすると、すぐ来るように言われる。外はすでに暗く、とにかく急いで車に乗り込みエンジンをかけると、今度はラジオから勢いのある声が飛び込んできた。「落ちついてすぐ高台に避難してください」。ちょうどそのとき、東北地方で強い地震があったのだ。ラジオの声は何度もこの台詞をくり返す。避難しなければ。とんでもないことが起きている。私にも。

なんとかたどり着いた病院で抗アレルギーの点滴を受け、ようやく落ち着き、呼吸が楽になる。その夜は様子を見ることになり、そのまま病院に泊まらせてもらった。次の朝は何ともなかった。しかし、それからである。夜がとてつもなく怖くなってしまったのだ。よくわからないさまざまな体の不調がその後もしばらく続くのであるが、それもあっての夜の恐怖は、なんとも言葉では言い表しがたい。じわじわと闇に覆われていって、自分が消滅してしまうように感じられた。毎日、十五時くらいから日が陰りだし、だんだん暗闇が迫ってくる気配がする。すーっと闇の粒子が体内に入り込み、やがて自分も闇になって消えてゆく。夜一人でいるとき、今までの馴染みのある世界とはまったく異なる、生きているものは一切存在しない無機的な世界に自分だけ投げ出されたように感じて、いてもたってもいられず家を飛び出し、往来に人の姿を見てほっとすることもたびたびだった。

闇の声

そんな私を心配した友人が、夕ご飯を一緒にと家に呼んでくれた。その日は私の他にも彼女の友人たちが来ていて、私はワクチン接種後から続いている尋常でない倦怠感でぐったりしながら、彼らの和やかな談笑や、社会問題に対する真剣な議論になんとなく耳を傾けていた。そのうち、ある小説の話題に移り、「あれは社会派でおもしろかった」などと言うのが聞こえてくる。半分聞いて、半分聞いていない私は、軽くへぇと顔を向ける。一人が私に、体調がよくないときいて気分転換にと思ってくれたのだろう。よかったら読んでみてと、数日後にその本を貸してくれた。川田武のＳＦ小説、『闇からの叫び』。

どうしてこのとき、このタイトルの本が私の手元にくるのだろう。毎日十五時が近づくと、どうしようもなくざわざわしてくる。また夜がやってくる。それだけでない。空が薄暗く怪しい雲行きになり、風が吹いて木々がざわめいたり、雨が降って地面を叩き始めたり、今やこうした悪天のすべてが自分を脅かすものに変わってしまった。学生の頃から登山が好きで、以前は一人山の中でテント泊もして、ひどい雨風雷も体験し、周りに登山者が一人もいない夜は怖かったけれど、それでも自然は親しいものだった。あんなに山が好きだったのに、一転、家の窓から見える連山の暗いシルエットが呪いに思えた。自分だけ恐ろしい世界に行ってしまい、こうして本を貸してくれる人がいて、この世につながる命綱くらいにありがたいと思っているのだが、なかなかどうしてすぐに読むことができない。闇から一体なにが聞こえるというのだ。

何も見えない暗闇の不気味さ、自然の怖さは、今のように科学技術の進歩で、あらゆる闇が照らされ、ものごとが解明されるようになる前の昔の人たちにとっては、とてもリアルだっただろう。昔話の研究をしている小澤俊夫は、昔の人たちは自然に対する怖れや警戒心がとても強かったのではないかという。無限に広がる自然の中に人間の域があり、その境界はあいまいで、自然の恐ろしい力や恵みの力がはたらきかけてくる。日本の昔話には、自然の中に入っていったときに出会うものや、自然の中からやってくるものの正体を見とどけようとする姿勢があるという。そういえば鶴の恩返しは、女房に機を織っているところを決して見てはいけないと言われたのに、禁を破って覗いたために、機を織っていたのは鶴だったことがわかり、女房は鶴に戻って去ってゆく。他にも、旅人が山の中でおばあさんの家に泊めてもらい、夜中にふと目が覚めると物音がするので、なんだろうと台所を覗いてみると、おばあさんは実は山姥で、旅人を食べようと大きな包丁を研いでいるところだった……、そんなお話もあった。自然の謎、怖れが、山姥や鬼、お地蔵様、恩返しをする動物などのファンタジーを生みだしたのかもしれない。そんなことを考えていると、闇を怖がる私は時代を遡り、近代文明以前に近づいているような気がしてくる。まったく知らない夜、非情な自然にとり囲まれているようだ。親しみをもっていた自然は、ただその一面にすぎないのか。

ずいぶん経って、ようやく、『闇からの叫び』を手に取った。小説はかつて炭鉱で栄えた北九州筑豊地帯が舞台である。そこに描かれている坑夫の労働は過酷だった。彼らは地下数十メートルに潜り、くる日もくる日も真っ黒になって鶴嘴をふるっていた。わずかな空間に身体をかがめ、場所によっては横になって掘らなければならない。地熱で蒸気が噴き出してくるし、落盤、出水、火災などの事故も多発した。坑山主は彼らを搾取し、体が弱く働く力のない者には容赦なく暴力をふるう。のちに炭鉱が衰退すると、いとも簡単に多数の労働者を解雇し、実業家に転身して巨額の富を築く。一方、非道な扱いで命を落とした坑夫たちの末裔は、迫害を避けて、存在を知られないまま地中深くひっそりと生き続けていた。長い暗黒の生活を続けるうちに精神が研ぎ澄まされ、彼らには超常的な力が備わるようになる。坑夫たちを無残な死に追いやった者に復讐するため、その力を武器にして、地上に現れる。なかなか凄惨な場面あり。本を借りたとき、すぐに読み始めなくてよかったと思う。

小説のなかで目にとまった箇所があった。末裔の一人、黒霊教という教団の教祖である女性が、取材に訪れた新聞記者に語る。

「人間は本能的に闇に回帰する気持ちを持っています。わたしたちが生命を得た胎内。その暖かい闇こそ生命の源泉です。しかし人間は高度の文明をつくり上げる過程で母なる闇を失ってきた。夜を明るく彩ることが文明だと考えたからです。しかしそれは間違っている。闇が恐ろしいという人がいます。果たしてそうでしょうか。人は闇の中で自分の心と対峙するのです。暗黒が恐ろしいのは、自分の心が恐ろしいからです」

これを読んで思い出す。毎夜恐怖と戦っていたとき、お風呂が最も困難だった。なぜかというと、髪を洗う間、目を閉じないといけないからだ。何も見えなくなるとたまらない気持ちになって、心臓がバクバクして息が荒くなり、くらくらしてくる。このまま死んでしまうんじゃないかと思う。すっかりパニック障害である。頭の中では一生懸命、「そんなはずない。お風呂は好きだったじゃないの、気持ちいいでしょ」と頑張って自分に言い聞かせようとするが、それもまったく効果はない。必死の日々。

ところがあるとき、いつものように意を決してお風呂に入り、やはり動悸、息切れ、死の恐怖と戦っていて、ついにもうだめ、もう限界と思ったそのとき、ふと体にあたるお湯の温かさを感じた。ずっとお湯にあたっているのに、今更である。不思議な感覚が広がった。自分がやさしく、やさしく、柔らかな液体に受けとめられている。こんなに丁寧に扱われたことは今までに一度もないくらい。もしかしたら、胎内にいるときはこんな感じなのかもしれないと思った。暖かくてやさしい闇。このとき恐怖は消えていた。

小説の女性は、闇の生みだす力をもの語っている。生命の源は胎内の闇にあるという。始源の闇。私が抵抗を諦めたとき、確かに闇は暖かさに気づかせてくれた。包まれていて自由であることも。

心理療法は、しばしば籠もりに譬えられるが、日常と離れ、自分のこころに向き合う場を私たちは相談室にしつらえている。もちろん親しい友人や家族、同僚などもいい相談相手になるが、そのような身近に信頼する人たちにも話しづらいことを日常とは関わりのないセラピスト、カウンセラーに話す。非日常の場だからこそ、「ここだから話せる」と思い、人には言えないこころの内を言葉にしながら、自分で自分を見つめてゆく。籠もりとしての暗闇は、こころと対峙し、自分に新しい可能性が生まれる場になるかもしれないのだ。ユング派心理療法では、答えや癒しが与えられるわけではなく、しかも時間のかかる地味な作業だ。まさに暗闇のなかを自分でコツコツと鶴嘴をふるいながら掘り進めるようなものだ。暗闇で何が起こるかわからない。それでもいつか価値あるものに通じることを信じて続けるしかないのである。

私の恐怖は、闇が身体に浸透して自分が闇に同化してしまうこと、無になってしまう怖さだった。我ながらだいぶ危ういなと思うけれども、そこでふいに柔らかな暖かさに包まれたのは、なんとも不思議なことだ。

2. 手

父の手、母の手

コロナウイルスの勢いがだいぶ静まった頃、まとまった休みに久しぶりに実家に帰った。今は高齢の両親が二人で暮らしている。ずっとくり返していた感染の波に気を張り続けていたせいか、だいぶ疲れた様子だったが、ようやく解放されて安堵の表情で迎えてくれた。兄の家族もやってきて、また皆で集まることができて喜んだ。このときはちょうどお彼岸で、母は昔から変わらないあんこたっぷりのおはぎをつくってくれた。これが実に美味しかった。隣家の庭には立派な桜の木があり、すっかり太い枝が伸びて、私が使っていた二階の部屋の窓のすぐ近くまでせり出している。開花までもう少し。見頃になったらきっといい眺めだろう。裏の畑や竹藪はこんなに小さかったっけ？

近くの公園を歩いてみると、花見の提灯をぶら下げる準備が始まっていた。古い桜の木々は手入れされ、一面の草地はふかふかと柔らかい。奥のうっそうとしていた林のあたりは、以前はじめじめして薄気味悪かったが、今や茂みが刈られて明るくなり、きれいに整備された遊歩道がずっと向こうまでのびているのが見渡せる。自然と人の手の調和した安らぎを覚える。以前はさほど気にとめていなかったのに、見えてくるもの一つひとつがあのときのお風呂みたいに、ぼんやり暖かい。確実に変わってゆくふるさとにたまらない寂しさと、新しい景色の発見に喜びを感じた。

ちょうど私の目覚まし時計が壊れてしまっていたので、実家で使っていないものがあったらもらおうと思って父にきくと、家の奥に探しに行って、古い時計を持ってきた。私に手渡そうとして、その前にそれとなく埃をとろうと手のひらで時計をやさしく拭った。それを見て、父がティッシュやタオルを使うのではなく、自分の手を汚して時計をきれいにしようとしたことに、私は内心驚いた。そしてその撫でるような仕草が、古い目覚まし時計を、そして私を愛おしんでいるように思えた。そういえば、母が台所仕事をしていて、落ちたものを拾って頭を上げようとしたとき、テーブルに頭をぶつけないよう、そっと間に手のひらを差し出していたっけ。そのことに母は気づいていなかったが。父の手、母の手は、目に見えない大切なものを扱っている。暖かなこころを伝える「手」とは何だろう。

臨床現場で

病院臨床では、完治の難しい身体疾患を患い、長く入院している患者さんのベッドサイドに行って話を聴いていた。健康が損なわれ、今までしてきたことができなくなり、それまでの社会生活から離れてゆく。気持ちがついてゆかなくても、身体に次々処置がなされる。病気や治療に対する不安を和らげることがカウンセラーの役目だったが、何人かとお会いするうちに、簡単に不安を除去するのではなく、そこにとどまり、そのまま聴くことが大切だと思うようになった。というのは、不安を聴いていると、逆説的に、それを越えてゆくことがあると思ったからだ。何よりもその過程で、その人らしさが生きてくる。もちろん不安を軽減させるためのさまざまな医療的な対応や、即時的なアドバイスの効果はあり、これらの助けもありながら、カウンセラーとしてあくまで自然なこころの動きに添おうとして気づいたことだ。なるべく定期的に訪室して、ある程度の時間をとってお話を聴くのだが、やはりはじめは身体のつらさや心配なことを言われ、以前はどうだったかという話になる。そして少しずつ、出身や家族、仕事のこと、好きなことが、その人らしい言葉づかいや抑揚、表情で語られ、力がこもり、病気に翻弄されるだけではない本来の姿が立ち現れてくる。そうなると目の前の人は、こちらが何かしてあげないといけない病人ではなく、〇〇さんという自立した個人として、お会いすることになる。

女性患者のさちこさん（仮名）と長くお会いしていて、思いがけないことがあった。さちこさんはとても活気にあふれ、家族でお店を経営していて中心的に動いておられたのだが、闘病の長い経過でだいぶ体力が落ち、好きな仕事をできる範囲で続けながら、家族との時間を大切に過ごしていた。あるとき病室に行くと、ベッドで点滴を受けておられ、こちらに顔を向けて、嬉しそうに笑みを浮かべて、私のほうに片手を伸ばした。通常のカウンセリングでは相手に触れることはない。ある程度の距離をもち自他の区別をもって、自分自身のことに集中してもらおうとする。ところが、さちこさんは私がやってきたところで、すっと手をだされたのだ。私は考える間もなく、自然にその手をとった。彼女の喜びややさしさが伝わってくる。たちまちその場に、関係性によるカウンセリングの内空間ができたようだった。

ほかの患者さんでも、言葉のやりとりが難しくなったり、意識が混濁してきたときには、カウンセリングをどう続けてゆけるのか、言葉のやりとりができないのに続ける意味はあるのかと、そのつど悩んだ。そんな中でさちこさんのように、自然にこちらから肩や手に触れることがあると、そこに意識が集中し呼吸が共有されて、その場にかすかなリズム、あるいは歌が生まれるように感じられた。眠っているようだった患者さんのところへ行き、そっと、こんにちはと手に触れて挨拶をして、少しその場にいて、それから戻ろうと立ち上がりかけたとき、目を閉じたまま、「わかっとるよ、気ぃつけて帰られ」とだけ、声にされたことがあった。私の手が冷たくて、そっと布団の中に引き入れて温めてくださった方もいた。ベッドサイドの臨床はまさに手探りだったが、いつも手は静かに、肯定と尊厳の場を生みだしていた。

3．こころの耳を澄ます

土笛づくり

昨年はじめて丹後のフィールドワークに参加した。ワクチン後のダメージから体力はだいぶ回復して、あとは少しずつ動いたほうがよさそうだと思っていた。フィールドワークの目的は、そこに住んでおられるサウンドアーティストの鈴木昭男さんに会いにゆくことだった。鈴木さんの活動は、本書の植田論考で詳しく紹介しているように、身近にあるどんなものでも楽器にされ、石笛や土笛を吹き、ご自身でエコー楽器アナラポスを制作し演奏している。私たちは滞在中に、鈴木さんに教えてもらって、土笛をつくることになっていた。私は手で土を捏ねてつくる、というのにワクワクしていた。

土笛づくりは二日目の午後の予定で、午前は海のそばの高台を歩いた。静御前を祀る神社から木の階段を上ってゆくと、そのうち海が一望できる踊舞台に出た。そのうち鈴木さんが懐から大事に布でくるまれた石笛をとりだし、そろりと、両手で大切にくるむように演奏を始めた。

それがどんな音色だったのか、実はほとんど覚えていない。音が聞こえているけど、聞こえていないというか、ただ、海、空、木々が響き合う空間に自分がいるような、振動だけが伝わるような。そして演奏が終わったときに驚いた。突然、潮騒や風、鳥の声、木々のざわめきが、ぶわーっと私の中にやってきた。なんて賑やかなこと。私にとってそれまで背景だった自然が、実に堂々としていることに気がついた。これは笛に集中していたのが、音が止んで急に他のものが敏感に聞こえるようになったというわけだが、私にとってはそんな単純な説明以上の、強烈な場の転換が起きていた。無意識的に背景に追いやっていた自然の声が、突如、私に迫ってきて、取り囲まれてしまった。でもこれは怖くない。懐かしい気がする。すると力みがとれてゆく。

午後、鈴木さんの改装中の新しいアトリエで、土笛づくりにとりかかった。そこは以前保育所だった建物で、広い板張りの間があり、一面の大きな窓から入る冬のやさしい陽光に包まれていた。途中、前の道を近くの園児たちが散歩にやってきて、なじみのあるこの建物に、賑やかに寄っては過ぎてゆく。そんな中、部屋の中央にテーブルを置き、私たちは土を捏ねていた。鈴木さんが大きな粘土の塊を糸でするーっと切って、適当な大きさに分けてくれた。見本をたよりに、ひんやりどっしりした粘土を吹き口の方向に丸く平たく伸ばしてすぼめると、イチジクのような形になる。だんだん、普段あまり使っていない指先の神経が覚醒される。ストローのような細い管を刺して指で押さえる穴を開け、ナイフの刃先で粘土の表面を撫でてツルンと整える。すると両手の中で、まあるい卵形のかわいらしい笛が完成した。他の人のつくった笛をみると、それぞれに趣があっておもしろい。両手の人差し指と中指で押さえる穴があって、不思議と作り手の顔に似ている。鈴木さんが粘土のままの笛を吹いてみると、見事にきれいな音がでる。真似て吹いてみるが、くぐもるだけで、まったく音はでない。吹き口を直したり、吹き方を変えてみたりしながら調整していると、ポォと鳴る瞬間がでてくる。やった！ と喜んでも、すぐにまた音はでなくなる。笛らしい音がでるときは、ほとんど力を入れず、自然な息で、なんとなく周りの景色を思い謙虚な気持ちになるときに、かわいい音をだした。そのうちちょっと疲れてぶらりと窓の向こうを見やる。そんなふうにそれぞれが部屋のあちこちで、ふーふーしながら、三つくらいずつ笛をつくった。テーブルの上でコロコロと、まるでさっき外ではしゃいでいた子どもたちのようだ。後日の焼き上がりが楽しみだ。鈴木さんに教わった土笛づくりは、両手でやさしく卵を抱き、音にしてこの世に孵す作業に思えた。手は大切なものを包み、生みだすためにある。いや、両手で包まれることによって、そこで初めて大切なものになるのかもしれない。

三日目はインタビューをすることになっていて、鈴木さんにとって耳障りな音とは、はたしてあるのだろうかと疑問に思ったので、そのままきいてみた。私の住むところは同じ日本海側で、自然が豊かだが、市街地の生活は人工の音ばかりで、あまり快い音とは思えない。今この丹後の地に身をおいて、この数日感じたことが、再び日常に戻ったら意味のないことになりはしないかと思ったからだ。耳障りな音とうまく共生できるのか尋ねてみたかった。答えてくださったのは、以前は車の音が嫌だったけれど、トンネルの中でひたすら車の音を聴いてみるという試みをしたら、だんだん楽しくなって好きになったということだった。トンネル内の反響音は確かに奇妙だ。それが楽しくなってくるというのは、何度も聴いているうちに、目の前が開けてこころが晴れてきたということだ。それはひょっとして、人工の音とか自然の音とかの垣根なしに、世界に満ちたリズムを聴こうとする態度が可能にするのかもしれない。そして嫌なものに対峙するのは、やはり暗い場所がいいようだ。心理療法として考えると、嫌なもの、怖いものに入っていくことが、こころの開けにつながるのだ。

最後に鈴木さんは、自作の楽器アナラポスを演奏してくださった。音がエコーするようになっていて、形は糸電話に近い。笛の音、弾いた弦の音があたりに響き渡る。即興の音楽は、次第に奏者の鈴木さんの存在を消し、何かが沸き立ち現出するようだった。爆発に似た雷と、風を感じた。あまりの迫力に、その後もしばらくボーとなり、帰りの車の中で泣けてきた。さらに不思議なことに、録画したはずのこの演奏が、帰宅後再生してみると、なんと演奏が終わった直後の皆が拍手しているところしか記録されていない。生演奏一度きり、ということか。あのとき限りの体験を自分のこころの中にゆっくり収めてゆくべきなのだろう。それはそうとして、しっかり仲間から動画を入手する。

手がつながって声に気がつく

手が触れることでお互いを肯定したり、手が何かを生みだしたり、そうやって手は関係し、特別な場を拓くはたらきをしている。

ずいぶん前になるが、山好きな仲間に誘われて、彼の運営する「三ツ星山の会」という障がい者と健常者が共に山登りやハイキングを楽しむグループの山行に参加したことがあった。二度目に参加したとき、初めて目の見えない男性とペアになり、短い時間だけ、低山を一緒に歩いた。はたしてうまく先導できるだろうか。足元の様子や方向は歩きながら常に変わるので、どのタイミングで、どう言葉にしたら相手が安心して歩けるのか頭がいっぱいになり、自分が楽しむ余裕はまったくない。彼は私の背負っているリュックに片手をかけ、私は山道の様子を言葉で伝えながら進んだ。「木の根っこがたくさん出ていて、デコボコがしばらく続きます」とか、「まもなく三時の方向に曲がります」とか。段差は高さもちがうし、歩幅も変わる。道もへんな角度に傾いているし、くねくね曲がる。とうてい歩きながらの説明は間に合わない。それでも後ろで躓くことなく、ついてきているのは、にわか仕立ての先導者よりもずっとこうした山道に慣れているからだろう。私のほうは気を張ったまま、足元ばかりを見ていた。木立の中を通ったとき、ふいに後ろの男性が、「〇〇（鳥の名）がそこにいるね。鳴いている」と鳥が頭上にいることを教えてくれた。そこで私は、はっとして顔を上げる。鳥の澄んだ鳴き声が響き渡る。男性は、「向こうに、二羽いるね」と、そちらの方向を見上げた。私の視界は広がり、ようやく景色を見て、風を快く感じるゆとりができた。清々しい気持ちで、鳥の声を一緒に楽しんだ。私は足元のことに必死で鳥の声にはまったく気づかなかったけれど、彼はゆったり構え、遠くこころを開いていた。私はようやくこのときになって、後ろの男性の存在に気がついた思いがした。彼は私のガチガチの緊張をもちろんわかっていて、気を緩めようとしてくれていた。彼のほうが、見えなくなっていた私を導いていた。

また別のときは、目の見えない女性とペアになった。その女性は、ずいぶん久しぶりの山行で、長い時間カーブの多い山道をバスに揺られたせいか、少し気分が悪くなり、みんなとは別に先に宿で降りて休むことになった。その日は山歩きはできなかったけれど、宿の近くの小道をゆっくり歩いて、そこに咲く山野草の話をしたり、宿でお喋りしているうちに、互いに打ち解け、女性の体調も回復してきた。温泉の大浴場に一緒にゆき、彼女はお礼にと私の背中を流してくれた。人に体を洗ってもらうなんて、子どものとき以来。懐かしいやら嬉しいやら、疲れもふっとんで、体もこころもホカホカになった。

夜になると、みんなでホタルの群生地に出かけた。先頭の人が小さな懐中電灯を持ち、でも極力明かりは消して、障がいのある人もそうでない人も前の人につかまるか、つながったロープを持って、五、六人のかたまりで進む。そのうち、他の観光客もたくさん来ていることに気づく。お祭りの夜みたいにずいぶんひしめき合ってくる。何かの拍子に手を離したら、さっき自分がいたグループがどれだったかわからなくなり、迷子になりそうになる。真っ暗で、もはや誰と歩いているのかわからない。こうなってくると、周りにたくさん人がいるはずなのに、実は自分一人しかいないのかもしれない、他の人たちはもしかしたら、生身の人間ではないのかもしれない、なんて気がしてくる。そのうちポツポツ見え始めていたホタルの点灯が一段と増し、気づけば無数のホタルの光に囲まれていた。点滅しながら宙をふわりと浮かんでいたり、すぐそこの茂みにたくさんとまっていたり、小さく儚げな光だけど、近づいてよく見ると、一つひとつが力強く精一杯発光している。あちこちで歓声があがる。暗闇のざわめきとホタルの光に包まれて、私は一人、見知らぬ場所で、死者たちと共にいるような気がしていた。今までお別れした人たちの顔が浮かぶ。このときは、死者と生者が入り混じり歓喜する特別な時間であったように感じられた。

山旅が終わり、ペアの女性は私より先にバスを降りた。彼女の荷物を荷台から下ろそうとすると、「いいのよ、また私一人でやらないといけないから」と言う。その女性は、娘家族が少し離れたところにいて、ほとんど一人で生活していた。彼女にとっても、そのときの山行は非日常だったのだろう。旅をきちんと終えて、自分の日常へ戻っていかれた。

私は彼らに導いてもらい、見えていない自分のこころの闇を旅していた。鳥の声や死者のざわめきが聞こえ、無数の魂の灯が見えていた。

闇の正体

カウンセリングを受けにきた沖縄出身のかずよさん（仮名）が、だいぶ前に亡くなった父親のことを語っていたのを思い出す。父親は戦争から戻り、懸命に働いて家族の暮らしを支えていた。あるとき、小学生だった彼女が外で遊んでいて、家に帰るのが遅くなってしまった。その日の夜、布団にもぐっていたら父親がやってきて、ひどく叱られた。頭を叩かれ、それがそのときは、父親の何かに火がついたのか、ずっと叩かれ続けて止む気配がない。このまま永遠に終わらないのではないかと彼女は思った。ようやく、同居していた叔父が父親を止めた。その翌日から、彼女の世界は一変する。すべてが黒に重く覆われてしまったという。彼女は常に孤独で、誰からも目をかけられず、彼女自身、誰よりも劣っていると感じていた。

唯一かずよさんには、かわいがっていたコロという犬がいた。ある日コロが、やってきた野良犬たちと一緒に、どこかへ行こうとしていた。かずよさんは、コロの名を呼んだ。コロは振り返り、少しためらい、そして彼女のもとへ戻ってきた。ところが後日、父親が包丁とボウルを持って、コロをどこかに連れていってしまった。コロが再び戻ってくることはなく、その日の夜の食事は、彼女だけどうしても食べることができなかった。彼女とこころを通わせていたコロを永遠に失ってしまった。コロを呼び戻したことを彼女はずっと後悔している。自分のせいで、無垢な生命を殺してしまったと。コロはもうひとりのかずよさんである。悲惨な戦争があり、食料難の時代で、彼女の父親も暴力の犠牲者である。そして彼女もその歴史を体に継いでいるのだ。

ある晩、父親が外の電柱の明かりにたくさんの虫が集まって飛んでいるのをぼんやりと眺めていた。彼女が、何を見ているのだろうと気になってそばにいくと、父親が「あれは魂だ」と言った。そのとき彼女は、もうその頃はいろんなことを学校で学んでいたから、正しいことを父親に教えなければと思い、「ちがう、あれは夜光虫だよ」と言うと、父親はハッとした顔をしたという。

この話を聴いたとき、かずよさんの父親は戦争で亡くなった大勢の人たちの魂を明かりのもとに飛び交う虫たちに見て、死者に思いを馳せているのだと思い、感動した。「夜光虫」は、海で青白い光を放つプランクトンだから、彼女は言い間違えたのかもしれないが、でもきっと彼女も父親と同じように、そこに集まる虫の一つひとつに魂の灯を見たのではないだろうか。そしてこのとき、「正しい知識」をもって父親を否定することによって、死にとりつかれた世界から、父親とともに抜け出そうとする力をもつのである。彼女は父親の見た魂を否定し、暴力に満ちた死の世界を否定した。彼女の受けた暴力は、彼女自身の死を切断する力になる。主体性が生まれ、内側から発光するのは彼女自身なのだ。そうなると、「ちがう、あれは夜光虫だよ」と言ったのは、魂の灯は内発的なもので、外から照らされるものではない、ということだ。主体性は否定のかたちをもって、生まれてくる。

4．イメージとしての手

昔話「手なし娘」

日本の昔話には自然との関係性が描かれていた。手に関するお話しといえば、「手なし娘」が思い起こされる。内容を知っている人は多いと思うが、『日本の昔話2　したきりすずめ』に収録されているものを少し短くして紹介する。

むかし、ある峠の茶屋に美しい娘がいた。母親が病気で死んでしまい、父親は新しい母親を迎えたが、継母はその娘が憎くてたまらなかった。

ある日、娘を花見にゆくと言って山奥に連れていき、木に縛りつけると両手を切り落として、自分は家に戻っていった。通りかかった猟師が、手のない娘を見つけてかわいそうに思い、山の炭焼き小屋へ連れていって、そこに住まわせた。男は里の家で母親と暮らしていて、それからは毎日弁当をたくさんつくってもらい、娘に半分わけて食べさせてやった。母親は、息子がこのごろとても元気に機嫌よく山に出かけてゆくので、「誰かいい人がいるのか」ときくと、男は母親に娘のことを話した。母親は、「どうやらその娘は気立てがよさそうだから、嫁にしたらどうだ」といい、男は娘を嫁にした。娘は本当に気立てがよく、かいがいしく働いた。

そのうち子どもが生まれることになり、男は、「金もいるようになるから、三年ほど稼いでこよう」といって、遠くへ働きにいった。嫁はかわいらしい男の子を産み、母親は喜んで、「玉のような男の子が生まれた」と手紙に書いて、飛脚に持たせた。飛脚は峠の茶屋で一休みし、茶屋のおかみさんと世間話をしているうちに、手のない娘が玉のような男の子を産んだ話をした。

おかみさんは、自分が両手を切った娘がまだ生きていたことを知り、飛脚にお酒を飲ませて眠っている間に手紙をとりだし、「鬼のような男の子が生まれた」と書きかえ、飛脚はその手紙を男に届けた。男は手紙を読んで、「鬼のような子だって俺の子だ。どんなにしても育てるから、心配するな」と返事を書いて、飛脚に渡した。飛脚は帰りも峠の茶屋に寄り、おかみさんはまた酒を飲ませて眠らせ、手紙を「鬼のような子を産んだものなんか、うちにおいておけない。すぐに出ていけ」と書いた。飛脚はこの手紙を嫁に届けた。嫁は手紙を読むと、赤ん坊をおぶって家を出ていった。ものごいをして子どもを育てていたが、行くあてがなく、山の炭焼き小屋に向かった。

山道をのぼって行く途中、喉が渇いたので、滝つぼで水を飲もうとかがみこんだ。そのとき、背中におぶっていた赤ん坊が、ずずっと、滝つぼの中に落ちそうになり、「あっ」と思ったとたん、両手がでて、嫁は赤ん坊を抱きとめた。

三年経って男が戻ってみると、嫁も子どももいなかった。母親が「おまえの手紙に出て行けと書いてあったので、子どもをおぶって、出て行ってしまった」と言った。男はすぐに探しに出かけたが、なかなか見つからず、炭焼き小屋で休もうと思い行ってみると、そこに嫁と子どもがいた。男は喜び、二人を連れて帰り、それからはずっと安泰にくらした。

この話で最も目を引くのは、両手を失った娘が、滝つぼに赤ん坊が落ちそうになったとき、ふいに両手が生えて、子どもを抱きとめることができたというところだ。危機的なときに必要なものが突然生みだされるというのは、臨床の場面でも遭遇する。例えば、クライエントと交互に絵を描く遊びをしていて、ストーリー性がでてきたとき、窮地にたった魚に、突然足が生えて缶詰工場から逃げることができたりするのだ。普通に考えていたのではどうしようもないときに、咄嗟に湧いたイメージが危機を救ってくれる。一緒にハラハラドキドキしながら、遊びのなかでイメージを介して山を乗り越えてゆくことが、こころ豊かな成長につながってゆく。

さて、このお話しの手について考えてみたい。手は何かと関係するという意味があるが、娘は母親を病気で亡くし、この世での母娘の関係は切れてしまった。すでにここで、母親に置いていかれたことが、娘にとっては手を切られたことになる。むごいことをして立ち去る継母は、娘を孤独にさせた母親のネガティブなイメージであろう。河合が『昔話と日本人の心』で、「手なし娘」について述べているように、母性との好ましい関係が切断されている。娘は人里離れた山の中で木に縛られ、完全にこころの闇にとらえられてしまったといえる。

そこに猟師がやってくる。この猟師は炭焼きもしていて、山で生業をたてているようだ。向こうの世界にいる娘を見つけて救い出すことができるのは、自然と共生している男性である。彼は娘に自分の弁当を半分わけて与え、母親にも認められて娘を里に連れて帰り、二人は結ばれ、子どもが生まれる。男が遠くに行ったとき、二人の間ですれ違いが起こるのは、関係を切ろうとするネガティブな母イメージが介在している。娘にとって、再び「置いていかれる」ことが、男との間で起きたのだ。娘は赤ん坊をおぶって家を出てゆき、ものごいをして暮らす。娘に手が生えるのは、赤ん坊が背中から滝つぼに落ちそうになった、「あっ」と思った一瞬である。とっさに赤ん坊を抱きとめようとした自然な手の動きが、ここで本物になる。

「あっ」と思うのは、驚いたという意味だが、目が覚める、はっと気づく、ということでもある。何に目が覚めて、気づいたのだろうか。娘は赤ん坊を抱きとめ、初めてその確かな生命の重みを自分が抱え守る必要のあるものとして知るだろう。他の誰でもない、自分が母親であることの目覚めである。このとき背中にいて見えていなかった赤ん坊が、ずり落ちて両手で受けとめることによって、目の前に現れた。手が生えるというのは、娘にとって赤ん坊の存在がリアルになるということだ。ここに母性の回復と娘の自立が示されているのではないかと思う。

グリム童話「手なし娘」

「手なし娘」の類話は、河合が紹介しているように、日本だけでなく世界各地に存在する。次に紹介するのは、日本のものとは対照的だと思われる、グリム童話の「手なし娘」のあらすじである。

貧乏な粉ひき男が、森で見知らぬ老人に、「おまえの水車小屋の裏にあるものをくれるなら、金持ちにしてやる」と言われ、求められたものが自分の娘であることに気づかず取引し、金持ちになる。老人は実は悪魔で、娘を引き取りにくるが、娘はからだをきれいに洗っていたので、悪魔は娘に近づくことができなかった。翌日また悪魔が来ると、娘は顔に両手をあてて泣いていたので、涙で両手が清められ、また悪魔は近づくことができなかった。男は悪魔に、「娘の両手を切り取ってしまえ」と言われ、娘の両手を切ってしまった。悪魔が三度目に来たときは、娘は手のない両腕を涙で濡らしていたので、両腕は清められていて、悪魔はもう引き下がるしかなくなった。娘は、「もうここにはいられません」と言って、家を出ていった。

一日中歩き通して、娘はある王様の庭にやってきた。天使の助けで庭に入ることができて、洋ナシの木からその実を食べた。王様は娘を見つけて、「世界じゅうから見捨てられても、わたしはおまえを見捨てはしないぞ」と言い、お妃にした。

王様が旅に出ている間に男の子が生まれ、王様の母親はそのことを手紙に書くが、使いの者が小川のほとりで休んで眠り込んでいるうちに、悪魔がやってきて、何度も手紙をすり替える。そのうち、お妃と赤ん坊を殺すようにと書いてある手紙を受け取とり、母親は罪のない人を殺すことはできず、お妃に、「これ以上長くここにいてはいけません。子どもを連れて広い世間に出ていき、二度と戻ってこないように」と言い、お妃は子どもを連れて立ち去った。

お妃は奥深い大きな森に入り、神様に祈ると、天使が現れて、お妃を小さな家に導いた。それから七年、天使の世話を受けながら過ごし、神様のお恵みで、両手がもとのようにのびてきた。

王様が旅から戻ると、「いとしい妻と子どもを再び見つけだすまでは、食べも飲みもしないつもりです」と言って二人を探しに出かけ、七年の間、あちこちさまよい、ついに大きな森のなかにある小さな家を見つけてお妃と子どもに再会する。それから三人は母親のもとに帰り、王様とお妃はもう一度結婚式を挙げ、天国に召されるまで楽しく暮らした。

ふたつの「手なし娘」には共通する話の筋がある。親に手を切られてしまい、その後男性と出会い結ばれ、子どもが生まれる。男性の母親の力を借りながら生活するが、男性が遠くへ行ってしまうと、ネガティブな力がはたらいて、お互いの伝達にすれ違いが生じてしまう。娘は子どもを連れて出てゆき、自然のなかに入り、そのうち娘に手が生える。その後男性と再会し、幸せに暮らすというものだ。

グリム童話では、父親が娘のことに気づかず悪魔と契約し、脅されると言われるとおりに娘の手を切ってしまう。西洋の父性は神に結びついており、悪魔は神の否定的な存在で、ネガティブな父イメージといえるだろう。悪魔は父親に娘の手を切らせることで、娘と神のつながりを断とうとするが、娘の手が清められていたので、それ以上の手出しはできなかった。けれども娘は父親に見捨てられ、孤独になる。ところが王様は、「世界中から見捨てられても、わたしはおまえを見捨てはしない」と言って、二人は結ばれる。王様が旅に出ていなくなると、再びネガティブな父イメージに翻弄され、今度は王様に裏切られる体験を味わう。娘はお城を出て深い森に入り、天使の導きで小さな家に籠もっているうち、神の恩恵で手がのびてくる。

この「手がのびてくる」間、王様は命をかけてお妃と子どもを探し彷徨っていた。食べもせず、飲みもせず、あらゆるところを隈なく探す並々ならぬ努力が、娘の手に血を通わせたといえないだろうか。一度壊れた王様との絆が本物になり、娘は王様を受け入れた。王様の求める行動と手がのびることのシンクロが、「神の恩恵」なのだ。

こうしてみると、手が生えるのは、日本の話は母－子の関係、グリム童話は異性との関係のリアリティを表わしている。日本的な母性と、西洋の個を重んじる他者性が、それぞれに現れているのかもしれない。

手が生えることについて、グリム童話は神の存在が明確にされているのに対して、日本の場合、信仰の背景ははっきりしていない。でも、ここでは「あっ」と思ったときの無心さが重要かもしれない。子どもを抱きとめる手は、必然的に、湧いたように生じて、何者かに与えられたわけではなく、娘はいつも手があったらいいと願っていたかもしれないが、そのときは祈る間もなく、娘の思いを超えたところの内発的なものである。思いを超えたところというのは、「神」とされるような象徴化以前の非意識、こころの闇である。「神のお恵み」となる絶対者のはからいではなく、「自ずと」の世界で、未知のものとつながりが日本では重要なのだ。

夢のイメージ

ユング派の心理療法はイメージを、特に夢を重視する。夢ではまったく知らない人が出てきたり、ありえない展開になったりして、目覚めているときには露ほども思っていなかったことがよく起こる。夢は眠っているとき意識の暗闇に見える謎めいたものなのだ。そういう意味では夢は昔話に似ている。夢分析はそんな荒唐無稽な夢からイメージを拡げていって意味を掬い上げる、セラピストとの共同作業である。イメージは、意識と非意識の間、あるいは、クライエントとセラピストの間に自然発生する第三のものだと考えられている。夢に何かが登場すると、その人のすでにもっている価値観や思考様式で意味を固定してしまいがちだけれども、もっと緩めて多義的にあれこれ思いつきを巡らせてみることができるかどうかが、おそらくとても大事なところだ。これは結構、難しいと実感する。例えば私の闇に対する恐怖も、あまりにも強烈にはまってしまい、もっと恐ろしいことが起こるのではないかと怖くなってしまって、『闇からの叫び』を長らく手にとることができなかった。すぐにどうこうできるものではない。闇の連想で、その豊かさに気づくには時間がかかった。そのうち怖さを超えて親しみを感じてきた。闇もそう悪くない。

ここで、手のイメージが印象的な夢を紹介する。この夢はある若い女性クライエントみきさん（仮名）が報告してくれたものである。最初にお会いした頃、みきさんは十代で、面接の時間ほとんど押し黙って固まっていたけれど、そのうち自分で気になることを箇条書きにして、持ってきて見せてくれるようになった。親と一緒でないと外出しなかったのだが、ときどき一人で出かけるようになり、面接を始めて七年ほど経ったときに次の夢を教えてくれた。

暗いところに姿は見えないけれど人がいる。それが自分に問いをだす。この人は暴れたいようで、人を殺すと。問いに答えるけど、それが正解なのかわからない。また問いをだされ、カウントダウンが始まる。残り一、二秒で答えるけれど、正解かどうかわからない。この人は人を殺したくて、まず始めにお前の手をちぎると言う。びっくりして目が覚める。

夢のなかで彼女は、暗闇にいる人とうまくやりとりができないようだ。その人は夢の中に見たもう一人の自分である。爆発的パワーが今にもはちきれそうだ。許可を求めるように、闇の人は問いをだして彼女に迫る。彼女は急いで何かを答えるけれども、それが相手に通じているのかわからない。自分の為すことの手応えがないまま、また問いがだされ、手をちぎられる危機になる。この夢では、闇の人はただ脅威的でしかない。だけれどももしかしたら、彼女が未知のものとのコンタクトを怖れるあまり、防衛的にただやみくもに答えているだけかもしれない。だとすると、自分の中のもやっとするものが、どんなクエスチョンであるのかに目を向け、それをしっかり受けとめ吟味していないため、言葉や態度は遊離していて、だした答えは自分にとっての本物とはいえないということになる。ユングは、論文「夢分析の臨床使用の可能性」で、「無意識とは悪魔のような怪物ではなく、〔中略〕中立的な自然の性質です。それが本当に危険なものになるのは、無意識に対する私たちの意識的態度がどうしようもないくらい間違っている時だけです」と述べており、このことは、夢自我にあらわれている彼女の闇に対する態度にあてはまる。空回りの問答をくり返していても意味はなく、闇のままの自分との関係をうまく結べないことが、問題なのである。

面接を続けていると、次第にみきさんは、自分が家族の介護を担っていることを語りはじめた。その隙間に自宅でできるアルバイトを始めていて、苦労しながらも、その仕事にやりがいを感じていた。彼女はただ置かれた環境に呑み込まれて社会から孤立するのではなく、その場にいながら、そこから立ち上がる主体性をもちはじめていた。次の夢は、さきほどの夢の報告からさらに六年ほど経ったときのものである。

台所にいて何かのはずみで、包丁で自分の左腕を切断してしまう。すぐ病院に行けばくっつくかもと、自分の左腕を持つ。そばに兄がいて、自分ができるかもしれないというので、腕を渡す。腕がついて、完全ではないけど、指を少し動かせた感じだった。

左腕を自分の不注意で失ってしまったけれども、兄という治療者が闇に現れて腕をつけてくれる。先ほどの夢では、でてくるのはみきさんと闇にいる誰かだった。ところがこの夢では、みきさんの他にいるのは、兄であることがわかっていて、人物が明確になっている。兄は男性で彼女とは異なるが、きょうだいという近さがある。このことからは、みきさんと闇の関係が変化し、闇の不明性が緩和されているのがわかる。未知の自己を闇として恐れていたのが弱まり、信頼しつつあるのではないかと思えるのである。闇の治癒力が、「兄」という人格化で現れている。

指をわずかに動かせたという体の感覚は、彼女に芽生えたリアリティといえる。『必携国語辞典』で「左」を引いてみると、「ひ（日）だ（出）り（方向）、つまり南面して太陽の出る方向のこと。日本では、右よりも左を上位とした」と記してあった。うっすらと闇が明けてきて、身体、主体、言葉、他者とのつながりが見えてきたようである。

考えてみれば、当たり前に手のある生活を送っていると、手を使うときにこの夢のように、「指を少し動かせた」という発見的感覚をもつことはほとんどない。無感覚だったのが、少し指を動かすと同時に、外界と自分の区別が直接体でわかり、この世における自分の確かな存在を知る。自己のリアル化は、一度失うことで気づく手の仕事である。「手なし娘」でみたように、現代を生きる私たちにとっても、闇と関係し、肯定的に包まれるだけでなく、「切る」否定性をくぐることが、生のリアリティにつながるのではないだろうか。

5．手仕事としての心理療法

箱庭療法

これまで私の体験から始まった手のイメージをめぐってきたのだが、心理療法において、手についてどう考えられるだろうか。箱庭をつくったり、絵を描いたりするときは、当然ながら実際に手を使う。箱庭療法は、内側が青く塗られた底の浅い大きな木箱に砂が入っていて、そのなかに、いろいろなミニチュアを自由に置いて表現する。砂に触れると、子どもの頃のどこか懐かしい感じがして、砂やミニチュアを弄りたくなる。はじめにこういうのをつくろうと思ってとりかかっても、やっているうちに自分でも思っていなかったものができあがったりして、湧いてくるイメージが主導してくるところに意味があり、そのときのインパクトが癒しやこころの成長につながると考えられている。イメージの原動力は意識の暗がりにある。箱庭づくりに気持ちが入り込むと、つまりは夢中になると、あれこれ頭で考えてつくるより、自然な思いつきで手が動く。手は意識の暗がりにつながっているのだ。

箱庭は、臨床心理学者の河合隼雄が、盆栽や庭園づくりなど自然を小さく表現することを好む日本人に合うと考えて、スイスで学んだ箱庭療法を一九六〇年代に日本に紹介し、さまざまな心理臨床の現場で活用されるようになった。

日本の庭園は、自然そのままの風景を小さくしたものではない。和辻哲郎によると、余計なものをとり除いて、自然それ自身の純粋な姿を探り求めたものである。そのまとまりというのは、石と石、植物と水などの間の人のこころに訴えてくる力のつり合いにおいて、ぴったりする「気の合う」全体のバランスによって完成するという。植物の配置も、季節の移ろいに変化しながら調和を保つように考えられていて、庭園に自然のパワーをバランスよく洗練させて現出しているのである。そのような小宇宙に佇むと、人間も自然の調和した内に属すると感じ安らぐだろう。ちょうど箱庭が、作り手がこころにぴったりするように砂を形作り、ミニチュアの並ぶ棚から気に入ったものを選び、配することにつながってくる。できあがったものが何を表しているのか、あれこれ頭で解釈するよりも、プロセスを含めじっくり味わい自己に収めてゆくことが、非意識的なものを含めたこころの全体性のバランスにつながるのである。

心理学的には、「あいだ」に生じるものが重要だ。闇から第三のもののイメージを引き出すのが、手の仕事なのである。

描画療法

思春期の女性クライエントゆかりさん（仮名）は緘黙で、面接ではほとんど喋らなかったが、いつも描画を楽しんだ。ゆかりさんとセラピストである私がそれぞれ自由に何かを描いていたとき、彼女は用紙の左右の端に一本ずつ桜の木を描き、そして木の間、画面中央に、二人掛けのベンチを置き、ベンチの真ん中に三色団子二本を入れたお皿を置いた。そして画面いっぱい桜吹雪になった。彼女はこの絵の説明を何もしなかったけれど、ベンチの真ん中にはお団子の串が二本、ベンチの左右は空いている。人は描かれなくても、そこには一緒にお団子を食べて桜を楽しむ二人の気配がある。見えない気配も第三のもののイメージである。

交代でイラストを描きながら、「むかし、むかし……」とお話づくりをしたときは、一匹の犬が山々を越え、小さな家を見つけて、明かりのついた窓から中をのぞくと「そこは……」。次のラストは彼女が描いた。包丁を握った手は大きな桃を切ろうとしていて、刃がきらりと光っている。山奥の小さな家の中で、これから何かが生まれる予感がする。そこから現生するためには、十分包まれた先に、切れることが必要である。

描画は、一本の描線で画面を区切ったり、丸く包み込むことができて、クライエントとセラピストのやりとりの中で起こるこころのはたらきを描画上に見ることができる。ゆかりさんの描画からは、自然が潜勢的なものの場を用意しているように思えた。

本論考の冒頭部分で、小説『闇からの叫び声』に登場する女性が、闇の生みだす力を語っていたことを書いたが、闇の生みだす力の本質は、包まれているものの内からの切断であると思われる。つまり、イメージの中から湧き上がる力による分離である。

日本文化と自然

日本文化の基底には人と自然の密接な関係がある。心情や情感が自然のものに表され、四季の移ろいにこころ動かされるのは、日本人である私たちにとって馴染み深いことだ。自然と自己は区別しがたい。以前、入院していた患者さんが、ようやく今度こそ退院できそうだというときに、会話のなかで、「庭の梅が咲くのと、退院とどっちが早いか競争だ」と言われた。退院を心待ちにしていることが、花咲く季節を迎えるということや、梅が自分と競い合う友であるというリズミカルなテンポから伝わってきた。そして、ご自身をただ梅の花に譬えられたのではなく、これから花開こうとする梅の力強さがその人に内在していて、よい方向へ押してくれるもう一人の自分になっている。

自然の親和性は昔から歌に多く詠まれている。例えば川端康成は、鎌倉初期の華厳宗の僧、明恵上人の「冬の月」三首を、「自然、そして人間に対する、あたたかく、深い、こまやかな思いやりの歌」と評している。

雲を出でて我にともなふ冬の月　風や身にしむ雪や冷めたき

山の端にわれも入りなむ月も入れ　夜な夜なごとにまた友とせむ

隈もなく澄める心の輝けば　我が光とや月思ふらむ

これらは、夜、禅堂に行き来するとき、月が応じて雲に隠れたり出たりして、道を共にして送ってくれる。月は夜ごとの友である。禅観の心が輝いたら、月はそれを自分自身の光と思うだろうか、と詠んでいて、月は互いにこころを通わせる友として、人格化している。

「美《うつく》しむ」は、古くは「愛しむ」で、かわいがり、慈しむという意味を含んでいる。自然を美しいと感じるこころには、愛おしさがあり、それが明恵上人の歌では、月がそのまま、深いつながりをもつ友になっている。

日本の手仕事は、そのような自然との相互関係において継がれてきた。民藝という言葉を生んだ柳宗悦は、明治以降の西洋的産業化が進むなかで意識の時代の到来を告げ、それまであまり省みられることのなかった庶民のふつうの日用品に美を見いだした。その土地の産物から、生活の必要があってつくられた簡素な品は、風土、そこに住む家、生活用具、すべてが調和していて、無駄がなく実用的である。これらは無名の人の作で、無心でつくられているからこそ美しい、と柳はいう。人々は儀礼を忘れず、自然の域に入ること、頂くこと、無事であったことに感謝を捧げる。民藝に認められるのは、自然との調和の美といえる。

そうなると、全体の和が大事であって、個性は極力排されているように思える。「作るのではなく生まれる」というのは、作り手の作為の否定によるものだ。手は自然の無垢な美しさが日用品に発揮されるのをただ介添えし、自然から文化に変換する。つまり個性は作り手ではなく、モノに属している。

手仕事としての心理療法

心理療法は、現れたイメージにどんな意味が隠されているのかを考える象徴的な理解のしかたがベーシックだが、日本人である私たちの心性を考えると、非意識（こころの暗がり）の力は、河合がいうこころの「象徴以前の層」から、直接的に体を通って箱庭などに可視化されやすいのではないだろうか。象徴以前の表現は、リアルなこころが展開してゆくための基盤であると思われる。

手はその可視化を担う。こころの暗がりにアクセスするには、まずは、箱庭の砂やミニチュア、描画の画材などのモノに触れ、どんな感じがするか、ていねいに、じっくり味わってみることだ。ものづくりにおける無心を心理療法のこととして言い換えると、先のことはわからないまま、手探りに頼る態度といえるだろう。手を動かしながら、こころの暗がりに耳を澄ます。伸ばした手はきっと、見えないもの、聞こえないものをしっかりとらえ、潜勢的な力が生まれ出るための場をつくりだすだろう。これは包み込む手である。また、それだけでなく、手は、非意識の見えない力を、見えるものへと切り出す、切断する手でもある。イメージは両手のなかで自然に生まれ、ぴったりする形を成すにまかせればいい。それがイメージの個性化につながると思われる。

日本のものづくり文化は、調和の美を重んじてきた。「和」といえば、「和を大切に」とか、「みんな仲良く」と、どこでも掲げられているけれど、調和のこころは、おそらく本来的には、仏教的孤絶の境位をくぐって現れ出た内発的、開放的な意識のきっかけで、目標として水平的に努力するのとは違うように思う。そのような「和」が強調されすぎると、外の評価ばかりが気になって、個や主体性を失ってしまうことになる。

孤絶というと、なにか特別な、俗世と隔絶した修行的精神状態を思わせるかもしれないが、それは日常のなかで経験する非日常の世界、ファンタジー、昔話や神話の世界、夢、死者の世界と地続きのものだ。イメージにおける調和とは何か。それは、他者との「美しい」関係性ではないだろうか。闇をコツコツ進んでゆくと、恐怖だったものが、愛おしさや、慈しみを含んだものに変わり得るのである。

文献（参照順）

小澤俊夫（赤羽末吉画）『日本の昔話 2 したきりすずめ』福音館書店、一九九五年

小澤俊夫『昔話とは何か［改訂］』小澤昔ばなし研究所、二〇〇九年

川田武『闇からの叫び』角川文庫、一九八〇年

柳宗悦『民藝とは何か』講談社学術文庫、二〇〇六年

グリム兄弟編、S・デマトーン絵（橋本孝、天沼春樹訳）『グリム童話全集』西村書店、二〇一三年

大野晋・田中章夫編『角川必携国語辞典』角川書店、一九九五年

Jung, C. G. (1931), Die praktische Verwendbarkeit der Traumanalyse.（横山博監訳「夢分析の臨床使用の可能性」『ユング 夢分析論』みすず書房、二〇一六年）
川端康成（E・サイデンステッカー訳）『美しい日本の私 その序説』講談社現代新書、一九六九年
和辻哲郎『風土 人間学的考察』岩波文庫、一九七九年
中沢新一・河合俊雄『ジオサイコロジー 聖地の層構造とこころの古層』創元社、二〇二一年
河合隼雄『昔話と日本人の心』岩波書店、一九八二年

コラム　鬼太鼓を見に行く

宮澤淳滋

私は東京都で生まれ、結婚と同時に就職してからは埼玉県で暮らし、ずっと関東地方に住んでいた。特に不便を感じなかったし、このまま関東地方で暮らして死んでいくのだろうと漠然と思っていた。ところがたまたま魅力的な転職先をみつけ、応募したら採用され、突然新潟で暮らすことになった。新しい仕事で立ち振る舞い方もよくわからず、誰一人として知り合いのいない環境での単身赴任という状況で、私はかなり不安になった。そんなとき、関東の友人たちが佐渡の鬼太鼓のフィールドワークへ行くという話を聞き、私も一緒についていくことにした。まだ新潟に住んで半月しか経っていないにもかかわらず、友人たちに会うのはとても久しぶりな気がしたし、再会したら涙が出そうになった。

新潟港から佐渡の両津港まで、ジェットフォイルという高速船で約一時間。再会を喜びつつも、船旅の途上で急に不安になってきた。何しろその名も鬼太鼓である。私は鬼太鼓など聞いたこともなかったし、今回のフィールドワークに参加するにあたって事前に簡単な資料を読み、集落ごとに独自の踊りを代々受け継いでいるということはわかったが、その起源等はあまりわかっていないらしく、漠然としたイメージしかつかめない。そのいかめしい名前からして、恐ろしいものを想像せざるをえない。ましてや新潟に移住してからというもの、新潟の人々はあまり部外者との交流を喜ばないということを、いろいろな人から聞かされていた。集落ごとに受け継がれるという閉鎖性の高そうなものに、部外者の私が参加してもよいものだろうか。不安はいやおうなしに高まった。船から見える島影が鬼ヶ島に見えた。

佐渡で一泊し、その日に鬼太鼓が踊られるという集落へ車で向かうと、太鼓を持って練り歩く一団と遭遇した。同行しても構わないかと声をかけると、思いのほか快諾される。他に観光客らしき人は見当たらず、ほとんどが集落の関係者のようである。太鼓を持つ人のほか、青い衣装の男鬼、赤い衣装の女鬼が一人ずつ。集落内の家々を一軒ずつ回る。そこで男鬼と女鬼が交互に踊る。その踊りが驚くほどかっこいい。玄関の前で、腰を深く落とし、両腕を広げ、前方をにらみつけ、力をため込み、一気に爆発させるかのように跳ね上がる。集落の規模にもよるが、早朝にはじまり、終わりは真夜中になる場合もあるという。激しい踊りを繰り返す鬼たちの疲労はいかほどのものだろうか。そしてこれほどの踊りを習得するために費やした時間と労力も計り知れない。文字通り血の滲む思いでなされた偉業だろう。

疲弊しきっているだろうに、彼らは終始気さくで、部外者である私たちを歓待し、踊りで疲れて息を切らせながらも談笑し、訪れた家々で出される料理を分け与えてくれる。かといって、あまりプライベートな話題には踏み込んでこない。「何しに来たんですか?」「ぼくたちは心理学の研究をしていまして、その一環で鬼太鼓のことを知りたくなって、今回お邪魔させてもらいました」「心理学に鬼太鼓ですか?」「ええ、どこか心の深い所でつながっているのではないかと思いまして」「そうですか。難しいことはわからないけど役に立てるならありがたい」といった具合である。何気ない会話ではあるが、その一言一言は、丁寧に、距離を測りつつ、相手を不快にさせないように考え抜かれて発せられた言葉のように思えた。奇抜な鬼の格好をして、かっこいい踊りをしていた人が、このような配慮のいきとどいた日常会話をしてくれるのが、なんとも不思議な気がした。

この鬼太鼓を迎え入れる家人は多くの場合、玄関框《かまち》に座り、家の中から鬼たちの踊りを見る。鬼たちは家人と向き合う形で踊ることになる。家人と鬼の視線がぶつかる。鬼は、敷居をまたいで土間に入ったかと思えば、またしばらくすると外に飛び出してくる。境界を何度もまたぐことになる。見方によっては侵入しては追い出されているようにも思えるし、玄関という境界を舞台にして繰り広げられる、家人と鬼との攻防のようにも思える。朝から晩まで、何十軒も回るのだが、一軒一軒真剣な、息つく間もないような真剣な攻防が繰り返される。時間にすれば一軒につき十分くらいだろうが、三十分にも一時間にも思える。しかしどの家でも最後には、鬼たちは歓迎される。家人が鬼たちに食事や酒をふるまい、ある種の宴になる。

ここで見出されるのは、安易な受け入れではない。長く真剣な攻防の末にたどり着く相互理解とも言えるかもしれない。いや、相互理解というような口当たりのよいものでもないだろう。お互いに疲れ果てた末に訪れる祝祭の瞬間。そのときにはじめて葛藤が解消して通じ合う。そこに至るまでには真剣さが必要である。だからこそ鬼たちは、疲れ果てているにもかかわらず、ひとたび踊り始めれば、そこに手抜きはなく、深く腰を落とし、しっかりと家人を見据え、全力で飛び跳ね、敷居をまたぎ、追い出される。

部外者である私たちに対して、佐渡の人々が示してくれた歓待も、こうしたあり方が土台にあるのかもしれない。会話の一言一言が丁寧に考え抜かれ、それらは決して踏み込みすぎず、私たちの心の入り口あたりを行ったり来たりするのだが、その真剣な往来が長い時間をかけて繰り返されたなら、きっと深い部分で通じ合うことができるのだろう、という気がする。

門付けをして回る鬼太鼓の一団に付き従っていくと、ある一軒の家に行きついた。庭は手入れが行き届いており、形のよい堂々とした岩がところどころ置かれ、小川や池のあいだで四月初旬の桜の木々が風に揺れていた。鬼太鼓に同行していた子どもたちが走り出す。思わず走り出したその子どもたちの気持ちがわかる気がした。その庭に踏み入ると、穏やかな興奮が胸に兆すのだ。

その家での鬼太鼓が終わると、家人が出てきて、見知らぬ私たちに気づき、庭を案内してくれることになった。かなり広い敷地にさまざまな趣向が凝らされている。ここまで庭を造るのに何十年も要したのだというが、それもうなずける。敷地内には、島を一望できる丘があり、その整備途中の丘の上で、家人は今後の造園計画を熱く語ってくれた。野球場ほどもあろうかという広い丘に、一つひとつの石や木を見繕い、地形に合うように配置し、池や小川を掘るのだという。ただでさえ美しいこの庭をいっそう美しくするその計画はあまりにも遠大に聞こえたが、彼がこれほどまでに美しい庭をすでに造り上げていることを思えば、それも実現可能なように思えた。

彼の庭は公道からひとつづきで、垣根などなく、だれでも自由に出入りすることができる。つまり、多大な労力をかけて造り上げているその庭を、見知らぬ他者にも惜しみなく開放しているのである。しかも訪れる人は、そこが彼の庭であることにさえ気づかない。あまりにも開放されているものだから、公園かと思ってしまうのである。そこを訪れる人々は、知らない間に歓待されている。

鬼太鼓を見てすぐに、鬼のような受け入れがたいものを人々が家の中に招き入れて歓迎している様子に感銘を受けた。しかしそれはただ無条件に歓迎しているのではない。激しい攻防を繰り広げたのちに歓迎されるのである。鬼も家人も真剣に衝突する。その上で、他者を招き入れる。鬼太鼓の一団は部外者である私たちを受け入れてくれたが、その前には私たちの目撃していない血の滲むような踊りの習得過程があったはずである。美しい庭を持つ家人は、客人を庭に受け入れる前に、何十年にも及ぶ造園の過程があったのである。新潟の人々はあまり外部からの人との交流を好まない、と聞かされていたが、人を迎え入れるには覚悟がいることを知っているからなのかもしれない。

心理療法も、人を迎え入れる仕事である。しかし実際に人を迎え入れるまでには長い訓練の過程を要するし、迎え入れるための場所を設えるにも細心の注意が払われる。いまの世の中では、共感や受容や他者理解の重要性が声高に叫ばれる。たとえばダイバーシティやインクルーシブといった標語を掲げるだけで、なんとなく多様なあり方を理解できる気になるし、異質な他者を歓待できる気にもなる。それらの理念の素晴らしさは疑いえないが、それでも軽々にそうした言葉を口にするのにはどこか抵抗を感じる。本当に他者を歓待するとはどういうことか、そのためには何が必要か、鬼太鼓は現代の私たちに問いかけているようにも思える。

第六章

太陽のみが
受け取ることなく与え続ける

ジル・スタッサール
（今井 朋 訳）

我々の富の源泉と本質は、太陽の放射の中に与えられている。太陽は見返りを求めることなくエネルギー――富――を与え続ける。太陽は受け取ることなく与え続けるのだ。

ジョルジュ・バタイユ 『呪われた部分』一九四九年、ミニュイ社

プロローグ

気候学者たちが人新世と呼ぶ特殊な時代に私たちは生きており、人類が自らの未来と生存にとって決定的な局面を迎えていることは明白である。

人類の文明は、エネルギーの知的かつ本能的な管理のおかげで、産業革命から現代までを存続してきた。そして今まさに、我々の環境資源が枯渇しつつあるという重大な転換点に到っている。では、このような危機的時代に私たちは、どのように反応し、どのように生き、どのように在るべきなのだろうか。

本試論の目的は、私自身の働き方、インスピレーションの源泉をつまびらかにし、またそれぞれの要素がどのように私が関わる食のプロジェクトに取り込まれているかを明らかにすることである。私の料理人としての経歴は一風変わっており、一般的なレストランの料理人になるための道筋とは大きく異なるものだ。食の世界を三十年にわたって旅をしてきたが、その道のりはまったく直線的ではなく、リゾームのようにさまざまな方向へ枝分かれするものになった。旅やさまざまな人たちとの出会いが、私の人生を再定義し、新たな道筋へと招いてくれた。それぞれの瞬間は当初は、無秩序でまったく異なるもののように見えながらも、最終的にはパズルのピースのように巧妙に組み立てられていった。これから、それぞれの鍵となる思考を紐解き、各段階がどのように結びついたのかを考察してみようと思う。

私は料理人という肩書を掲げているが、これは自分の活動に理解しやすい枠組みを与えるために過ぎない。実際に、料理を作り、「森と火と食をつなぐラボ LA PAGODE（以下、ラ・パゴッド）」という新潟県佐渡島のレストランに訪れる人々に食事を提供することを生業の一つにしている。しかし、日々の活動は、さまざまな異なる活動に満ち溢れている。毎朝、鶏や烏骨鶏やチャボやアヒルなどに餌を与え、育て、卵を集める。レストランからでた魚の骨や頭、野菜のクズはすべて彼らの食糧になる。畑を耕し、種を蒔き、野菜を育てて収穫する。レストランの中心に据える薪窯用の大木を森林から切り出し、薪を割り、乾かし、翌年に備える。夏から初冬にかけては、山で自生するさまざまなキノコを採取するなど、レストランの運営に直接関連することもあれば、書き物、読書、音楽、詩、溶接、木工、金属加工など自らの手を動かすレストランから少し離れた活動もある。しかし、これらすべての活動が、最終的に何らか食をめぐる仕事に影響を与えている。

複数の異なる分野の交差点に位置しているのが料理である。栄養学や化学といった科学、人体や動物の解剖学、農業、畜産、漁業、狩猟、植物学など、挙げればきりがない。料理に関心を持つことは、すべての知識を網羅することはできないと知りつつも、百科事典的な知識を求めることに似ている。この終わりなき探求は、満たされない好奇心を追求する美的かつ芸術的な視点からなされるものであり、現在は佐渡のレストランの厨房で具現化しているつもりだ。このアプローチは、まったく特別なものではなく、私自身は、「アマチュア性」も大切にしている。プロフェッショナルな体系化や反復よりも、私は好奇心を満たすことに重きを置く。最終的な結果がどうであれ、過程こそが重要であり、そのプロセスこそが感動の源となりうるということに、特に価値があるのではないか。私は三十年以上にわたって食に情熱を注いできたが、本試論ではその原動力を探り、言語化してみたい。ある特定の目的に辿り着くことやこれまでの経験の要約をするのではなく、あくまでこれまで歩んできた旅路を皆さんと共有することを目的にしたい。

本試論には学術的な意図はない。私の多岐にわたる経験がそうだったように、時系列はあまり気にせず、大小さまざまなエピソードに触れながら、あたかもモンゴルの牧人が豊かな草原を移動するヤギや馬を導くように、ただたゆたう旅そのものを目的として執筆するものである。自身のプロジェクトや探求の根源にあるインスピレーションについて少し深堀りしてみよう。

第1章 驚異の小部屋——コレクションの起源

時代を超え、伝説を秘めたオブジェたちが並ぶ特異な博物館に、私はずっと魅了されてきた。この関心は家族の遺産に由来する。祖父と父は古物商であり、家には彼らのコレクションが所狭しと広がっていた。ドイツ語でWunderkammer（ウンダーカマー）とも呼ばれる「驚異の小部屋」は、世界中の珍しい品々を系統的に収集し、展示したミュージアムの起源ともみなされている。ルネサンス期に登場したこうした空間は、人間の未知のものや不思議なものに対する好奇心の証ともいえる。十六世紀にはヨーロッパ貴族の宮廷につくられるようになり、異種混合の物品を以下の三つのカテゴリーに分類して展示していたという。

・鉱物、剥製動物、植物標本といった自然の標本

・芸術作品や考古学的な遺物などの人間の創造物
・遠方の地からの異国の品々

これらのキャビネットには、「ユニコーンの角」（実際はイッカクの牙）、巧妙に加工された「ドラゴン」（乾燥したエイ）、複数の動物の標本を組み合わせた「バジリスク」、またはエキゾチックで非凡なサンゴや貝殻、エジプトのミイラなど、興味深くも時に不気味な物がおさめられていた。

こうした私的なコレクションは、博物学や博物館学の発展において重要な役割を果たした。最初の科学的分類の確立や保存学の発展にも貢献し、「驚異の小部屋」は中世の思考から現代科学への重要な架け橋であり、私たちが世界へ向けてきた眼差しやそれらの世界をどう理解し捉えてきたのかという軌跡を辿ることもできる。これらの産物は、当時の「好奇心旺盛な玄人たち」が抱いていた感情の一端を今日に伝えるものでもある。

料理の分野にも、「驚異の小部屋」は重要な影響を与えた。異国の品々が並ぶこれらのコレクションは、時代の交易や文化交流を反映しており、新しい食材でヨーロッパの食文化を豊かにするものであった。こうした科学的な好奇心が、味覚の探求を刺激し、植物学や動物学の知識が私たちの味覚を形作っていったのだ。現代の料理も、スパイスや果物、野菜などにその貴重な遺産の息吹を受け継いでいる。

「驚異の小部屋」と料理の歴史的な軌跡は、探求、美的価値、文化的意義、伝統や儀式といった人間の営みの共通領域にある。蒐められたオブジェも料理も、何が人々を魅了し、あるまとまりを形作るのかという問いかけを投げかける。私にとって、料理を作ることは歴史と接することでもあるが、観察や記録に重きを置く科学とは異なり、料理は過去を実際に蘇らせ、それを感覚的に感じさせてくれるものでもある。

第2章　第二の脳

私が料理をする際には、これらの料理を摂取するときに体内で何が起きているのかを考えずにはいられない。胃の神経系は、胃や消化管の壁に存在する一億個ものニューロンから成る複雑なネットワークを構成している。その主な役割は、消化の制御、胃の運動、胃液の分泌である。このシステムが興味深いのは、脳から独立して機能する能力があることだ。そのため、「第二の脳」という愛称すらつけられている。さらに注目すべきは、この二つの異なる脳のあいだで、迷走神経を介して絶えず双方向のコミュニケーションが行われていることだ。まさにこの神経が脳を心臓や肺、喉頭と結びつけている。

解剖学的または生理学的な詳細に立ち入るつもりはないが、特に感情と食の関係に興味を惹かれる。つまり脳と胃はどのように対話をし、私たちが感じることのできる表現としてたち現れるのだろうか。この双方向のコミュニケーションは、以下のようにさまざまな異なる形で現れる。

脳から胃への影響：脳で生成される感情やストレスは、直接胃に影響を与える。不安が痙攣や吐き気を引き起こすこともある。そして、脳は胃の運動や酸分泌にも影響を及ぼす。

胃から脳への影響：胃からの信号は私たちの気分や感情に影響を与える。わかりやすい例を挙げれば、息子のフェリックスは空腹になると苛立つ。逆に、満足のゆく食事をした後は落ち着き、会話も円滑になる。満腹感のある食事は、基本的にストレスや不安を和らげ、さらには幸福感を生み出すこともある（この点は本試論においてとても重要であり、後にアンドレ・ルロワ＝グーランの考察とともにさらに掘り下げる）。空腹は不安を引き起こすが、それを食べるという行為が和らげてくれる。科学的には、胃は体内の約95％のセロトニンを生成するが、これは私たちの感情に直接的な影響を与える神経伝達物質である。

この脳から胃への結びつきは、精神的ストレスが消化器系の問題を引き起こしたり、逆に慢性的な消化器系の障害が精神の健康に影響を与えうることを説明してくれる。この双方向のコミュニケーションこそが、精神衛生を保ち、さらに、食を通じた幸福感という包括的な健康志向につながる。この研究分野は近年、急速に拡大しており、心理的および消化器系の障害の治療に新たな展望を開いている。こうしたことを見れば、私たちの肉体だけでなく精神も含め、食との関係はより親密なものであることがわかる。味覚の問題は、科学的なプロセスに依拠した物理的な感覚だけでなく、心理の本質的なメカニズムによる感情とも深い関係を持っているのだ。加えて、脳と胃の双方向の働きを通じて、私たちの食に対しての情動的な動きが生まれる。食物は食べられることで感情を生み出し、ある特定の感情や記憶が、特定の食物と自然と結びつくことがある。この現象は、詩人たちが言う「対応関係／万物照応」に似たものかもしれない。

第3章　万物照応──ボードレールによる感覚の詩学

ブルゴーニュの高校時代に出会ったシャルル・ボードレール[1]の作品は、学ぶことの喜びと結びついた良き思い出である。歳月をへて、これらの作品から得た知識は私の好奇心と繋がり深く共鳴するものとなった。

ボードレール詩学の中心にある「万物照応」の理論は、世界のあらゆるものが意味を持ち、宇宙の各要素が他と共鳴し合うという視点を提示している。この概念は、『悪の華』に収められた詩「万物照応」に美しく表現され、神秘的で秘教的な伝統に深い革新をもたらした。ボードレールにとって、世界は「象徴の森」が「親しげなまなざし」で人間を見つめる「神殿」である。この根本的なメタファーは、自然というのは単なる背景ではなく、生きた記号のシステムであり、それらが互いに人間と交流する存在であることを示唆している。「万物照応」というのは、水平軸（共感覚）と垂直軸（物質界と精神界の類似）の二つの軸に沿って現れる。

水平の対応

これは感覚の融合を比喩しており「香りと色と音が応え合う」という有名なフレーズがそれを表している。この詩的な共感覚は、新たなイメージを生み出し、感覚が交錯する様子を描いている。例えば、「オーボエのように甘い香り」、歌う色、質感を想起させる音など、これらの感覚の混同は、ただの効果ではなく、感覚の深い統一を示している。これは料理の世界における、風味、食感、芳香を対話させる感覚に似ている。

垂直の対応

これは物質界と精神界を結びつける。ボードレールが「長い木霊が遠くで溶け合うように」と描きだしたように、地上の構成物は、無限に反響している。この神秘的な次元において、詩人も料理人も近しい存在となる。いずれの者も、見えるものと見えないものを結ぶ密やかなつながりを回復させ、それらを明らかにする「翻訳者」であるのだ。

このような世界の概念化の後世への影響は計り知れないものがあり、象徴主義者たちはこぞってこれらの概念を取り入れた。アルチュール・ランボーの場合は、共感覚の探求をさらに進め、現代詩自体がこのすべての世界は意味を持ち、宇宙全体は象徴に溢れているという世界観で覆われた。ボードレールの「万物照応」論は、存在、物、感覚のあいだにある密やかな関係を探るモダニズムへの道を開いたといえる。

この概念は現代にも通じる。科学が生物界におけるさまざまな相互のつながりを発見し、エコロジーが生態系の相互依存の重要性を訴える現代社会において、ボードレールの「万物照応」論は新たな意義を持って私たちに訴えかける。特に食の芸術においては、それぞれの異なる味覚が記憶、感情、場所を呼び起こすという点において、重要なものである。

第4章　火の精神分析――バシュラールと元素の変容

ガストン・バシュラール[2]は私にとって友人のような存在である。写真家のハンス・ギッシンジャーと十年がかりで制作した火と食をめぐる描書『600℃』[3]の実現においてバシュラール哲学は、大きな助けとなった。バシュラールのおかげで、私たちは料理を作る火と、私たちの人間性を形成する火を求めて世界をめぐる旅の地図を描くことができた。ボードレールの「万物照応」とバシュラールの『火の精神分析』を対比すると、私たちが元素に抱く関係、特に料理における関係において、興味深い収束点を見出せる。詩人と哲学者の双方が、それぞれの視点から、食とその調理プロセスに対する象徴的な次元を私たちに教えてくれる。

原初的なシンボルの探求

ボードレールが、物質と精神をつなぐ普遍的な象徴のネットワークを解き明かそうとする一方で、バシュラールは、『火の精神分析』において、この原初的な要素の原型を探求する。ボードレールもバシュラールも互いの考えに通底しているのは、自然に存在する要素が単なる物質性を超えて深い象徴的な意味を持ちうると信じていることである。料理において、火は単なる調理の道具ではなく、象徴的な意味において、すべてを変容させる源であり、その意味において、錬金術的な性質をも持っている。

創造的な想像力

ボードレールが、「象徴の森」を直感的に捉えるのに対し、バシュラールは火にまつわる夢想を体系的に分析する。詩人が即興的な「万物照応」を重視するのに対し、哲学者は詩的イメージの精神分析的探究を展開する。バシュラールの火は、ボードレールの「万物照応」と同様に、意識と無意識の媒介となり、料理が世界との関係を媒介するのと似ている。

変容の火

バシュラールにとって、火は物質を昇華する変容の象徴である。このような見方は、ボードレールの「万物照応」が精神的な変容を引き起こすものとして捉える視点と響き合う。料理において、火は食材を物理的に変えてくれるだけでなく、私たちと食べ物の関係性をも象徴的に変容する。私たちは、意味そのものを食しているのだ。

媒介者の役割

ボードレールは、詩人というものを普遍的な「万物照応」を解読する存在と捉え、隠されたアナロジーに対し特別な感受性を持つ存在と見なす。一方、バシュラールは、物質的想像力を持つ精神分析者として、火がどのように私たちの詩的想像力を形作るかを模索している。同様に、料理人もまた、生の素材と味覚体験の間を媒介する存在であり、食材を完全な感覚体験へと変容させる存在である。

感覚と精神の二重性

ボードレールの「万物照応」は、物理的な感覚と精神的な現実との橋渡しを行う。同様に、バシュラールは、火がどのように物理的現実と強い象徴的な意味を結びつけられるのかを分析する。この二重の性質は、特に火を用いる料理という行為のなかに見られ、火による食材の変容は物質的変容であるとともに、象徴的変容でもある。

経験による知識

ボードレールにとって、「万物照応」は、世界を直感的に理解する手段でもある。バシュラールはボードレール的な詩的直感の価値を認めつつも、火を科学論的障害として捉え、「科学的精神の心理学」を確立しようとした。料理はこの両者のアプローチを統合するものではないだろうか。料理という行為は、創造的で実験的な直感であるとともに、書物に記された知識や技術も必要とする。

料理における火——家庭の温もりと変容のあいだで

『火の精神分析』において、バシュラールは特に料理における火の役割に触れている。彼は火を生命と変容の源と捉え、食材を生の状態から料理へと変える本質的な要素として描いている。家庭における火は、温かさの象徴であり、共有とコンヴィヴィアリティの空間を生み出す。火というのは、食べ物を変容させるだけでなく、食事を通じて人々の関係性をも変容させるものであり、それは、パッションとアンガジュマンの象徴でもある。

火の両義性

バシュラールは、火が安らぎの源であると同時に破壊の源であるという二重性を強調する。この両義性は料理にも同様のことが言える。火は食材を料理に変容させる力を持つが、焦がすこともできる。素晴らしい料理の背後には必ず失敗のリスクが常に潜んでいる。この創造的な緊張は料理に演劇性を生み出し、調理におけるそれぞれのステップが新たな冒険となる。

時間の次元

バシュラールの火は、変容の時間やある状態から別の状態への移行を示す重要な時間の次元を導入する。料理においても、この時間性は非常に重要なものである。調理のための時間、食事の瞬間、食材のもつ季節性が、食事に構成を与え、私たちと食の関係にリズムを生み出す。

詩的なガストロノミーへの結論

ボードレールの「万物照応」とバシュラールの『火の精神分析』の対話は、料理というものへの理解をより豊かなものにしてくれる。詩人や哲学者のように、料理人もまた、素材を感覚的な体験へと変える役割を担っている。料理人は、単に食材を扱うのではなく、象徴や記憶、感情すらも操る。この理論的なアプローチが、私が日々調理をするラ・パゴッドでの実践の基礎にある。それぞれの料理は、これらの「万物照応」を探り、火の変容を遊び、物質と象徴を往還する。料理はもはや単なる技術ではなく、世界と自分自身を理解するための感覚の詩学であるのだ。

第5章　自由の獲得――アンドレ・ルロワ゠グーランの解放の鎖

息子の[4]フェリックスが空腹時に感じるストレスについて考えるために、アンドレ・ルロワ゠グーランの考え方と仕事について触れたい。多くの子どもたちが人類の起源について疑問を持ち、恐竜やエジプト文明に関心を持つように、私も先史時代の人々に強い興味を持っていた。私の生まれ故郷には、多くの壁画が存在する地域がある。両親の家から一〇キロの場所にあるアルシー＝シュール＝キュールの洞窟には、中世以来知られる先史時代の遺跡の一つがあり、早くからナチュラリストたちによって研究されてきた。この場所は、二十万年前のかなり古い時代から中世までの人類の異なる時代が幾層にも重なる考古学的な遺跡である。

アンドレ・ルロワ＝グーランは、第二次世界大戦後に重要な考古学プロジェクトを発足し、複雑な洞窟のネットワークを発見するに至った。これらの場所は、フランスにおける古代文明に関する重要な証人であり、ルロワ＝グーランの死から四年後の一九九〇年に、研究者たちは壁画の存在を発見した。子どもの頃、何度もこれらの洞窟を訪れたことを覚えている。そのたびに、想像力が刺激され、奇妙でありながらも馴染みのある感覚、恐怖と幸福の両方を感じていた。腸のように地球の内部へと続く洞窟が、地球の裏側のような遠く離れた地ではなく、両親の家から数キロの場所、自分のすぐ足元に未知の世界として広がっていた。

のちに、ルロワ＝グーランの著作、特に『身ぶりと言葉』を通じて、彼が「内臓的美学」という概念を展開していることを知った。この理論は人類の起源、進化、そして現代人に至るプロセスを示そうとするものである。この美学の考え方は、芸術を別の視点から理解させてくれる。美学を文化的現象としてだけでなく、人間の生きることに根ざすものとして捉える。善が存在するからこそ、美も存在する。内臓的美学とは、深い感覚、動きやリズムに連動する感情、熟考された思考と言語に先立つすべての感覚的価値を表す。これらの感覚は、私たちの生理現象に根付いており、すべての人間が世界と結びつくための原初的な要素でもあり、生存を可能にする基本的な生物学的リズム（呼吸、歩行、空腹、寒さなど）に現れる。ゆえに、人間の時空の問題と深く関わる概念でもある。芸術的創造の前提とも条件ともなりえ、私たちの調和と美の認識に影響を与え、象徴との関係を構造化するものでもある。

この理論は、特定の芸術形式の普遍性を理解する手助けとなり、異なる文化の中で類似の神話が生まれる理由ともなる。言い換えれば、「内蔵的美学」とは、人間が持つ美的で必要不可欠な行動を理解する助けとなり、それらの行動を生理的感覚的な能力に結びつけるものである。この理論の鍵となるポイントは、ルロワ＝グーランが「解放の鎖」と呼ぶプロセスにある。これは、人間が二足歩行になることで、手が移動という運動から解放され、口が把持という役割から解放される連鎖的なプロセスのことを意味する。同時に、火をコントロールすることで、食物のより良い消化を促し、また、火は捕食者から遠ざけ、安全な空間を提供してくれ、夜には洞窟の壁を照らすことで私たち人間に自由な時間を与えてくれる。

こうして進化の段階において、基礎的な内臓のニーズ（暖かさ、安全、食物）が満たされると、心は即時的な生存の必要から「解放」される。この「解放」によって、象徴的な思考、構造化された言語の出現、そして壁画芸術の表現が生まれた。具体的には、火を囲む夜の集まりは、ある種のコミュニティを生み出し、守られた時空を生み出す。これらの条件が揃うことにより、言語の発展や知識の伝達が可能になった。

洞窟、火、食物がもたらす快適さによって、悪天候や捕食者からの保護が保証され、食糧安全と身体が発展し子孫繁殖のためのエネルギーが得られるようになった。この快適さを得ることにより、人間は最低限の生存のための欲求から解放され、同時に思索、実験、創造つまりは、抽象的な思考をすることすら可能になった。このように、壁画芸術はこの理論的な文脈において、安全な空間、自由な時間、顔料や道具のような利用可能な資源、そして抽象化の能力が結びついた結果としての完璧な例である。これは、視覚的な言語の最初の形であり、精神的な投影能力と現実の象徴的な手業の最初の表れである。

ルロワ＝グーランの理論は、私の活動の根底にあり、身体的な快適さ、物質的な安全性、象徴的思考の出現、芸術の誕生、そして言語の発展のあいだに深い親密なつながりを確立するものである。芸術と言語は生きることに付随する「贅沢」ではなく、基礎的なニーズが満たされた存在ゆえに生じた自然の産物である。即時的な制約からの「解放」こそが、文化の出現を可能にしたのだ。この理論は、私にとって革命的なものだった。この理論について考えるたびに、私は心から感動する。料理が芸術と言語の誕生に先立つメカニズムの一つであることをこの理論は教えてくれる。このことは、のちに私が執筆したカナダ北部のヌナブトで展開される小説の核となるテーマにもなった。

第6章　デザート——イシス＝アガタ嬢の乳房とリモージュのコルニュ菓子

一九九四年から二〇〇四年まで、私は月刊誌『ボザール・マガジン』のキュリナリー・アート（料理芸術）のページと特集記事の編集・執筆を担当していた。料理への情熱と並行して、この仕事を通じ、食の分野から材料や手法を借用する多様なアーティストたちと出会うことができた。この経験は私自身の料理へのアプローチに決定的な影響を与え、その後、レストランを運営するにあたり、内容と形式を密接に融合させるような、料理人としての新しい視点や方法に導いてくれた。

「養う」とはどういう意味を持つのか？　私たちはなぜ他者を養うだろうか？

この雑誌の仕事の一環として、私はクリスティーヌ・アルマンゴー[6]の展覧会と図録『甘い悪魔』（*Le Diable Sucré*）のために彼女に出会う機会があった。奉納菓子に関する彼女の研究のおかげで、料理とそのレシピ、特に菓子のレシピというのは、物語と象徴に溢れていて、私たちが何者であり何に突き動かされるのかを知る手がかりを教えてくれるのだと知った。それらは、私たちの最も深い欲望、最も古くからの恐れを語るものだ。

聖アガタの乳房（イタリア語ではMinne di Sant'Agata）は、シチリアの伝統的な菓子で、三世紀に殉教したカターニアの聖アガタに由来する。この菓子は、リコッタを詰めた半球状の生地に白いアイシングをかけ、上にチェリーを飾り、象徴的に聖女の乳房を表現している。カターニアでは、毎年二月五日の聖アガタ祭でこの菓子が作られる。

カトリックの伝承によれば、聖アガタはローマの執政官クィンティアヌスの求愛を拒否し、キリスト教信仰を守ったため、激しい拷問に遭い、乳房を切り取られるなどの苦難を受けたという。聖ペトロが密かに牢に現れ、聖アガタを看病したことで、看守たちは神聖な光に恐れを抱き逃げ出したが、執政官はこの奇跡的な治癒に腹を立て、再びアガタを処刑人に引き渡し、燃え盛る炭の上で彼女を拷問した。この拷問がカターニアの一部を破壊する大地震を引き起こし、まもなくアガタは息を引き取ったとされる。彼女の遺体はポルフィリー石製の石棺に納められ、聖布で守られた。その後、彼女の命日にエトナ火山が噴火し、溶岩が街に迫った際、カターニャの人々が聖アガタの聖布を街の門の前に掲げると、溶岩流が止まり、街は破壊から守られたとされている。

地中海文化の交差点であるシチリアでは、宗教的および食文化の伝統がしばしば混ざり合い、相互に影響を及ぼしてきた。アガタ以前、この地中海沿岸の都市にはエジプトの女神イシスが繁栄をもたらしていたとされる。イシスはしばしば息子ホルスに乳を与える母性と豊穣の象徴として描かれ、のちのキリスト教の聖母子像に影響を与えたとも考えられている。一部の歴史家は、ヘレニズム時代やローマ時代にシチリアで広まっていたイシス信仰とのちのキリスト教の伝統に関連がある可能性を指摘している。イシス信仰と聖アガタの直接的な関連は歴史的に証明されていないが、こうした異文化の母性や豊穣の象徴の類似性は偶然か、あるいは多くの文化に共通する普遍的なテーマを反映している。

最後に、春におけるフランスの豊穣の祝祭儀式について考察したい。厳しい寒さと不快な冬を経て、自然が命を取り戻すとき、人々は死の不安や、生き残り、子孫を残し、集団を存続させるためのエネルギー不足への恐れを感じる。

五穀豊穣祈願の菓子には、千年以上の伝統がある。これらはヨーロッパの民間文化における異教の伝統の存在を示すものでもあり、魅力的な文化遺産の一つだ。春の暦の祭りの際には、特に男根をかたどった菓子が見られる。プロヴァンスの「ピンヌ」、イタリアの「ヴィテリ」、ゲルマンの「プリアペン」、オランダの「スタンディング・メン」などがその例だ。これらの菓子の多くは、春の祭りや結婚式に関連し、古代からの祭祀を継承してきた。

フランス中部の都市リモージュのコルニュ菓子は、今日でもカトリックの枝の主日の時期と結びついている。リモージュの地域は、かつてレモヴィケス族の要塞都市であり、ガリア時代の重要な宗教的中心地だった。「楡の戦士たち」を意味するレモヴィケス族は、豊穣と自然の周期に関連する信仰を特に重視していた。コルニュ菓子は、この地域の宗教的伝統の一部であり、複数のガリアの神々がコルニュ菓子の起源と関連していると考えられている。その主要な神はケルヌンノスで、自然と豊穣を司る角のある神である。鹿の角を持つ姿で描かれ、菓子の角のある形状はこの神の特徴を表している。

リモージュのコルニュ菓子は、伝統的に「枝の主日」のために作られ、前キリスト教的な儀式の一環であり、自然の再生と深く関連している。豊穣の象徴である小麦粉と、変容と再生を表す酵母を使用することで、その象徴的な意味を強調している。リモージュの家族たちは、教会によるキリスト教化の試みにもかかわらず、この伝統を世代から世代へと大切に伝えてきたのだ。

教会は、特に中世期にこれらの異教的とされる慣習と長く戦ってきた。複数の地方宗教会議は、これらの「不適切な」菓子の製造と消費をはっきりと批難した。しかし、人々はさまざまな抵抗戦略を展開し、例えば、これらの菓子をキリスト教の祝祭に組み込んだり、宗教的シンボルを追加したり、象徴的な意味を保ちながら形状を微妙に変更したりすることで作り続けてきた。この伝統は、家庭での製造や、レシピと儀式の口承による伝達、家族内での継承により、時代を超えて維持されてきたのだ。

リモージュのコルニュ菓子と男根形の奉納菓子は、ヨーロッパ文化における前キリスト教的伝統の生き残りの顕著な例である。宗教的な禁止にもかかわらずその存続は、人々が先祖伝来の文化的慣習を維持し適応させる能力を示している。今日では、その神聖な側面はやや薄れているものの、これらの菓子は私たちの文化的・宗教的歴史の貴重な証人として現代に伝わっている。さらに、これらは最も遠い祖先たちとのつながりを示し、人類の歴史を通じて存在する実存的な喜びと不安の一端を物語っているのだ。

今日、私が佐渡島のラボのラ・パゴッドで取り組んでいる料理に関する実験は、これらすべてから影響を受けたものだ。塩、にんにく、ローズマリー、唐辛子、タイム、生姜、酢を眺めれば、確かにそれらは風味を持つ食材としても捉えられるが、私の美的判断は単なる製品としての枠には囚われない。それゆえ、これらの食材は別の物語を語り始める。長い間、これらのものは第一に食べ物を食用可能にするために使用されてきた。これらの香辛料は、人体を中毒にさせる細菌をあらかた殺すのに十分である。つまり、食べ物の第一の機能は、それを食べる人の命を脅かさないことであり、その次に子孫を残すためのエネルギーを与えることである。

私の食に対する美的判断は、まさにここにある。食べ物というのは、そのポジティブなエネルギーのなかに、それが何であるかではなく、それが何を意味するかということが私にとっては大切なのだ。また、調理する火も大きな意味を持つ。それは浄化する火であり、消化を助け、病気と死の苦しみを遠ざけ、不安を和らげるものである。しかし同時に、誰も永遠ではないため、消えうる火にもなりうる。

生理的なものと精神的なものは、その深い意味において、結びついている。そして、生のポジティブさと死のネガティブさとのあいだのこの緊張のなかに、突如として表現の必要性が生まれるのだ。その強迫観念こそが、呼応を生み出すことにより、偉大な神話が誕生していく。このように料理というのは、一枚の皿の上に人類のすべての時代を結びつける。玉ねぎのように一枚一枚剝いていくと、それぞれの層のなかにそれぞれの物語を読み取ることができるのである。

エピローグ

書くことは、読むこと、疑問を持つこと、研究すること、良き友人のような作者を見つけ、その助言に従うことでもある。読書は、私には執筆の道具だ。

先に挙げた作者たちの著書に親しむことで、私の食べ物、食べる行為、料理する行為に関する研究を深化させてきた。実際、私の料理、つまり私が愛し、客人に提供する料理は、道具よりもむしろ道具立てを必要とする。いくつかの言葉で、その違いを示そう。道具と道具立ての区別は、哲学、技術、人文科学、そして場合によっては美食の分野において、微妙であるが不可欠なものである。

道具は、まず第一に、特定の作業を実行するために設計された物質的な対象である。それは人間の手の延長であり、行動を増幅または変換する。すなわち釘を打つためのハンマー、穴を掘るためのシャベル。道具は機能的で実用的であり、文化的または主観的な文脈からしばしば独立している。

一方、道具立ては、この単純な機能的定義を超えている。機械的な作業に限定されず、使用者とのより複雑な相互作用を引き起こす。道具立ては技術的な熟達と意図を前提とする。例えば、音楽家の手にあるバイオリンは、芸術的な感性を表現し、作品を創造する手段となる。同様に、科学において、顕微鏡は単に微小なものを見るだけでなく、観察されたものを解釈する道具立てでもある。つまり、その違いは使用の次元にある。道具はしばしば受動的で最初の機能に限定されるのに対し、道具立ては知的または創造的なプロセスに統合された能動的なものである。それは純粋に実用的な側面を超越する意味の豊かさと解釈の可能性を内包している。

包丁で切る。確かに！　しかし、それだけではない。切り込み！　日本的な切り口の芸術は、わが友人グリモ・ド・ラ・レニエール[7]の肉の解体の論考と呼応する。彼は、包丁の使い方を知らない料理人を、図書館があるのに読めない人に譬えている。切り方の芸術や解体の概念を考えないではいられない。包丁が魚や肉を切る瞬間、それは変容を inaugurate（開始）する。それは終わりでも破壊でもなく、むしろ新しいものの始まり、依然として生き生きとした物質の再構成なのだ。

日本文化において、料理に関する研究に対応する概念に出会ったことがある。そこでは道具はむしろ道具立てである。例えば火は、道具よりもむしろ道具立てなのだ。もしかしたら、それは同僚、友人、家族や共同体の一員でさえあるのだろうか？　伝統的な家庭において、火は土間の中心に、家の心臓部に、集団的なもの、社会的なものと、家族の親密な劇場が想定された領域の中間的空間に、その場所を持っている。火は変容させるものであり、食材を食べられるようにするが、同時に橋渡し役でもあり、共有されるものだ。お茶、スープ、サツマイモとともに、家族の細胞と共同体をつなぐ。

ブリヤ＝サヴァラン[8]は、料理人は経験によって料理人となるが、ロティスール（調理のロースト係）は生まれながらにしてロティスールである、と語っている。絶対音感を生まれながらにして持っている天才音楽児と、音楽の才能とはまったく縁がなく生まれる子どもがいるように、ロティスールが、火を使うとき、とっくの昔に書かれた楽譜を演奏する。自らの感性を込めて、それを表現し、明らかにする。一方、食事の客は、彼によって表現されたお皿を受け取る。そして、それぞれの感性、好奇心に応じて、異なるレベルの感情にアクセスする。私には、料理は両者で演じられるものだと思える。与える者と受け取る者。栄養を与えることは、相手が食べることを、つまり受け取ることを知っている場合にのみ意味を持つ。読む者、書く者……つまり、シェフの表現を最も深く、核心まで解剖する能力と味わいを持つ客人なくしては、食の表現は成り立たないのだ。

私の料理は一つの表現である。私が扱う対象は、まるで楽器のようなものだ。それらは感情を生み出し、多くの領域を横断する儚い味覚のイメージを生み出す。喰む人は、自らの手段、味わい、あるいは「耳」に従って、自身の絶対的な主観を頼りに、異なるメロディーをそこに知覚する。

notice:

1　シャルル＝ピエール・ボードレール（一八二一－一八六七）フランスの詩人、随筆家、芸術批評家。特に詩集『悪の華』で知られている。この本は一八五七年に出版され、十九世紀のヨーロッパ詩の中で最も影響力のある作品の一つとされる。ボードレールは「近代性」という概念を導入し、都市生活の儚い経験を表現した。

2　ガストン・バシュラール（一八八四－一九六二）科学哲学を専門とし、詩人でもある。質素な家庭のもとバル＝シュル＝オーブで生まれた。最初は郵便配達員として働きながら、独学で勉強を続けたが、数学の教授資格を取得後、科学哲学へと転向した。彼の作品は、認識論と詩的想像力という二つの側面に分かれており、転換点となった著作『火の精神分析』（一九三八年）では、火に関する夢想が私たちの深層心理構造をいかに明らかにするかを探求している。火は私たちの想像力の基本要素として扱われ、瞑想の源であり原始的な魅惑の対象として描かれる。彼は「プロメテウス・コンプレックス」という概念を展開し、火の征服を知識と創造の衝動と結びつけている。ソルボンヌ大学教授（一九四〇－一九五四）として、二十世紀フランス思想に多大な影響を与え、科学的知識の断絶と絶え間ない更新の哲学を提唱した。

3 Gilles STASSART, Hans GISSINGER, *600°C*, Le Rouergue, 2012. 六〇〇℃は、炭火が最初に赤く光る温度である。本作は、食材と火の関係性を世界のさまざまな文明を訪れ、考察したものである。現代社会の表面的な洗練にもかかわらず、火を使って食べ物を調理することは、私たちを原初的な人間という存在に近づける唯一の要素である。この野生的な本は、アルゼンチンのガウチョやモンゴルの遊牧民、ニューヨークのレストランの奥深くへと読者を誘い、そこで肉は火にさらされる。

4 アンドレ・ルロワ＝グーラン（一九一一－一九八六）フランスの民族学者、考古学者、先史学者。フランス国立大学の教授であり、先史時代のアプローチを革命的に変え、道具の技術的分析方法を開発し、技術と人間の生理学的発展の平行した進化を研究した。彼の主な著作には『ジェスチャーと言葉』（一九六四－一九六五年）や『先史時代の宗教』（一九六四年）がある。

5 Gilles STASSART, *Grise Fiord*, Le Rouergue, 2019. グリース・フィヨルドという、カナダ最北に位置する村の悲劇的な歴史を描いた作品。一九五〇年代、カナダ政府が北極圏での主権を主張し、イヌイットの人々を故郷から数千キロ離れた土地に強制移住させた実話を基にしている。物語は、故郷から引き離されたイヌイットたち、カナダ政府の役人たち、そしてこの忘れられた歴史を調査する現代の語り手という、複数の視点が交錯しながら展開される。追放、過酷な環境での生存、そして制度的暴力のテーマを探求する作品。歴史的資料とフィクションを織り交ぜ、カナダの歴史の暗部を浮き彫りにする。極夜が四ヶ月も続く極北での日常生活の緻密な描写は、著者の現地での生活体験をもとに描かれている。

6 クリスティーヌ・アルマンゴー（一九四七－）現代美術を中心に美術史の教育を受け、日本の陶芸、人形、粘土の玩具に強い関心を持つ。十五年にわたり民族学研究に従事し、特にフランス南東部において、二十世紀初頭の玩具、自然の玩具、アール・ブリュットの分野に属する特異な玩具に焦点を当てた研究を行った。その後、彼女の研究分野は、ヨーロッパ、北米、南米、中国、インドにおける儀式的な食用造形へと広がり、そこから粘土の人形や、特に砂糖製の人形のコレクションを持ち帰った。魔術的、宗教的、あるいは治癒的な儀式に関連するこれらの素朴な作品群は、古代的な形態を持ち、彼女の好奇心を刺激し、彼女の作品へインスピレーションを与えている。フランス国内外で多くの展覧会のキュレーターを務め（「緑の音楽」、ポンピドゥーセンター、一九八一年、「甘い悪魔」、ラ・ヴィレット、二〇〇〇年など）、アール・ブリュットの未知の領域（ＤＩＡＢ）という研究協会を主宰した。現在はトラベリング・トイ・ミュージアムの館長を務めている。主な著書に『緑の音楽』（ボヌトン社、一九七八年）、『エオリアンの音楽』（一九八三年）などがある。

7　アレクサンドル＝バルタザール＝ローラン・グリモ・ド・ラ・レニエール（一七五八－一八三七）フランスの作家であり美食家で、料理評論の先駆者とされる。裕福なパリの家庭に生まれる。主な著書は、『美食家年鑑』（一八〇三年－一八一二年）であり、レストランや食を批評するガイドとして、現代のガイドブックの先駆けとなった。また、『宴会の手引き』（一八〇八年）は、洗練されたホストのために書かれた独自の肉の解体技術について書かれている。このマニュアルは、ロースト肉、家禽、魚の切り方を優雅かつ正確に説明し、ディナーにおける所作とプレゼンテーションの重要性を強調している。明確でイラスト付きの指示を通じて、グリモは単なる技術的な行為を、フランス式のもてなしの芸術を体現する必須のスキルへと変えた。美食に精通したグリモは、ユーモア、博識、厳格さをその著作に融合させ、彼の風変わりな性格、華やかな演出への愛好、そして豪華な食事会は当時の社交界で注目され、フランスの美食文化において重要な人物とされる。

8　ジャン・アンテルム・ブリヤ＝サヴァラン（一七五五－一八二六）フランスの弁護士、政治家、美食家。彼の著作『味覚の生理学』（一八二五年）は料理文学の古典とされる。ブレイに生まれた彼は弁護士として活動したが、フランス革命を逃れてアメリカに亡命し、そこでフランス語の教師となった。帰国後は裁判官となり、文化や哲学と結びつけながら、食卓の喜びをユーモアと博識をもって探求した。彼の作品は、フランス式の生活芸術に大きな影響を与えた。

読書案内

村田知久

「心」や「心理療法」について、私がお勧めする三冊をご紹介したいと思います。

山田太一『遠くの声を捜して』新潮文庫、一九九二年

一冊目は、河合隼雄や多くの心理臨床家も取り上げているので、私がご紹介するのもためらわれるのですが、それでも誰かに伝えたくなる山田太一さんの素晴らしい小説です。主人公は笠間恒夫、二十九才、入国管理局の仕事を真面目にしています。その笠間が、「突風のように襲って来たそれ」の侵入により、「淫蕩な感覚」の嵐が起こり、失態を犯してしまいます。しばらくすると「ダレ、ナノ」と、姿はないのに女性の声が笠間に語りかけ、対話が始まっていきます。次第に笠間の現実生活は綻び崩れていきますが、誰にも言えなかったことをその声に応えて話していき……というお話しです。もちろん、ここまで「それ」に抗えずに、現実の私が圧倒されてしまうのもちょっと困ります。しかし、心に語りかけることや心の声を聞こうとすること、心の奥にある自分の知らない側面が表に出てくることは、どの方にも起きることだと

思います。「それ」や女性の声が動き出す描写は、まさに心の動きそのものであり、心との出会いを考えさせられる本だと思います。

C・G・ユング（野村美紀子訳）『変容の象徴　精神分裂病の前駆症状　上・下』ちくま学芸文庫、一九九二年

この本では、ミラーという若い女性に起きている奇妙な現象や夢や詩をユングが分析していきます。ミラーの内的世界も凄いのですが、ユングの一つの物事への取り組み方やエネルギーは圧巻です。神話、宗教、哲学、民族、歴史、芸術、錬金術などあらゆる知識や思考や直感を含みながら、螺旋状に深みへと没入していく。そこには、わからないからこそ、わからないまま奥へ奥へと歩みを進めていく信念があります。それは、ユング自身も「心の科学であって、心の理論ではない」と言い、競争や正解ではなく、深めることの重要性を説いていることからもうかがい知れます。ミラーの入眠時に見たドラマによると、男性であるチワントペルは「わたしの魂をみわけることのできた女、私の考えを読みとることのできた女はひとりもいない」と嘆き悲しみます。しかし、女性を求め続け、「わたしはかの女の夢の中でかの女のもとへ行こう」と、一万月の時を超えようとします。そしてマムシに嚙まれてチワントペルの体が腐り崩れる中、周囲では火山の噴火と地震が起き、大地がチワントペルの体を覆ってゆく、というものです。

狂おしいほどの魂を追い求める姿と、混乱と悲しみ、そして世界が崩れてゆく様に、読んで

いる私たちの大地も崩れそうになるほどです。それは、一冊目の笠間が圧倒された「それ」よりも、さらに洪水のように押し寄せてきます。しかし、ユングは一つひとつの事象を取り上げ、一つひとつ自分自身を投入し、理解することへの歩みを止めることはありません。そしてユングは、ミラーと共に「運命が要求すること」で、かの女の意識のなかへ侵入してきた見知らぬイメージが意味すること、を認識すること、治療への可能性が開かれることを示唆しています。圧倒的な心の動きにたじろいでしまいますが、心に起きること、起きてしまうことを認識し理解し続けていくことは心の治療であり、まさしく心理療法だと痛感させられる本だと思います（精神分裂病は現在の統合失調症）。

武野俊弥『分裂病の神話　ユング心理学から見た分裂病の世界』新曜社、一九九四年

三冊目は、二〇二五年二月現在、絶版となっており、図書館か古本でしか手に取れません。ご紹介することで、統合失調症の貴重な本が再版されることを願っています。この本は、ユング派分析家であり精神科医でもある武野俊弥により書かれた、統合失調症の方々への新しい視座となっています。どの章もご紹介したいのですが、特に「ムンクの寓話『アルファとオメガ』彼の分裂病における自己治癒上の意義」は言葉を失ってしまいます。ムンクは、油絵の〈叫び〉でご存じの方も多いかもしれませんが、統合失調症を患い精神病院に入院したこともあります。ただこの入院中に『アルファとオメガ』を創作し、自分の力で治癒していったとされています。そして武野は、治癒していく心の動きを丁寧に解説していきます。『アルファと

オメガ』は十九場面からなる石版画が添えられた物語で、要約すると内容は次のようになります。

ある島の最初の人間として、アルファ（男）とオメガ（女）が登場します。オメガによりアルファは目覚めることとなり、アルファはオメガをしだいに愛するようになります。しかしオメガは、森の中の動物たち、ヘビ、クマ、ハイエナ、トラ、ロバ、ブタとも親密になっていきます。アルファはヘビを殺し、クマとトラは殺し合います。一方でオメガは、島の動物のすべてを自分のものにすることができず、悲しみ、泣き、うんざりして、シカの背にまたがって月のむこうの淡緑の島へ逃げていきます。一人残されたアルファの元に、子ブタ、子ヘビ、子ザル、その他の猛獣と人間との雑種が「お父さん」と集まってきます。アルファは絶望し、空と海は血の色に染まり、大地と空と海がうち震え、凄まじい不安に襲われます。ある日、アルファは、シカによって連れ戻されたオメガを見つけると殺してしまいます。ところが死体の表情は、もっとも愛したときのオメガの表情だったのです。アルファがオメガを見つめている間、子どもや島中の動物たちから襲われ、ばらばらに引き裂かれて殺されていきます。そして新しい世代が島を満たす、というものです。

解説は本を読んでいただくのが一番ですが、武野はこの物語に「死と再生」を読み解いていきます。アルファはオメガとの愛が崩れ、絶望し、最終的には自らの手で最愛の女性を殺してしまいます。さまざまな繋がりをもたらすオメガを殺すことは、「それ」や心との関係さえも断つことを意味しています。しかしアルファは、オメガの表情に愛を見つけます。つまりアルファはただ殺されていくのではなく、愛の結晶である子どもたちとの連続性を受け容れ、再生への道が息づいていくとまとめています。それは二冊目のミラーのドラマに登場するチワントペルが一万月の時を超えて消滅していった過程と違い、人と動物というキメラ的とはいえ対立物の結合が起きており、この結合がムンクの自己治癒力だと教えてくれます。武野は「まずは意識の態勢をきちんと立て直すことが先決」と現実である意識の必要性も説きつつ、「それ」や心との関係性や治癒に開かれていくことの道筋を示してくれています。

ご紹介した三冊が、少しでも「心」や「心理療法」について知っていくことのきっかけとなれば幸いです。

第七章

プリンシピウム・インディヴィデュアティオニス〔個性化の原理〕と個性化のプロセス

ヴォルフガング・ギーゲリッヒ
（猪股　剛　訳）

私たち人間にとって、近い道のりは、
常に最も遠い道のりであり、それゆえ最も困難なものである。
マルティン・ハイデッガー

たとえ「個性化」をユング心理学の中心概念とみなさないとしても——C・G・ユングの業績には多くの「中心」がある——ユングがこの概念によって、心理学上の経験における最高かつ最深の到達点にいたり、それを明示したことは、疑いのない事実である。この概念によって、私たちは心理学思想の最先端に立ち、最も困難な問題に触れることになる。このことをしっかり念頭に置いておくことが重要である。それをなおざりにすると、この概念に対して誤った期待を抱いてしまう。そして、そこには自分にとってある程度明確な定義があるはずだ、あるいは少なくとも、通常才能のある人ならその言葉が何を意味するのかすぐにわかるような有益な説明があるはずだ、と考えてしまうだろう。しかも、そのうえで、このテーマに関する多種多様な多くの記述を目にすると、それらがどのように関連しているのかがわからず、また「個性化とは実際のところ何であるのか」がわからず、失望して、ユングの著作から目を背けてしまうかもしれない。しかし、核物理学の最新の成果を日常的な常識で理解できると期待する人は皆無であり、その理解というようなことは非常に特殊な訓練と高度な集中力を持ってはじめて可能であることを誰もが知っており、そのことを受け入れている。同じように、心理学においても、その最先端の考え方は一朝一夕に把握できるものではない。そのことを受け入れなければならない。個性化という概念をわかりやすい定義で捉えようとしてそれに向かっていくのではない。むしろ、その概念が私たちに要求を突きつけてくるのである。

しかし、それは私たちに、最高度の精神的集中を要求するだけではない（もちろんそれも要求されるが）。物理学における理解の可能性との本質的な違いは、物理学の科学的概念が、学習者の知性の特定の発達を前提としている一方で、理解しようとする人のその他の素養は重要ではないとする点にある。心理学の概念の場合は事態が異なる。ここでは、理解しようとする人によってすべてが決まる。心理学の特殊性は、心理学が「客体」ではなく「主体」を対象としているという事実にある。しかし、このことは、心理学には「客観的」かつ知的に報告できる対象はまったく存在せず、常に必然的かつ本質的に、主体である私たち自身が心理学に巻き込まれていることを意味している。私たちの前に、私たちと向き合う形で心理学的概念が存在しているわけではなく、私たちはいつもすでに「目の前にある」ものにはまり込んでいる。そして、私たちがそれらにはまり込み巻き込まれている範囲においてのみ、それらはそもそも心理学的な概念となる。だからこそ、個性化のようなものは、みずからそこに入り込むことによってのみ近づくことができる。そのため、個性化を理解することだけが大切なのではなく、それ以上に、個性化が私たちをとらえることが本質的な問題となる。このように、「捕らわれていること／予断 Befangenheit」は心理学的作業の障害ではなく、むしろ前提となる。ここで私たちに求められるのは、こういった種類の要求である。心理学における「理解」の持つ意味と「概念」の持つ意味を根本的に考え直さなければならない。心理療法家は、ただ患者が内的にその人自身である程度に応じて、患者を手助けすることができる。そうであれば、個性化は、自分自身が個性化されている程度に応じてのみ理解できると言えるだろう。

しかし、それによって私たちにはかなり奇妙なことが要求されることになる。すなわち、私たちは、そもそもいまはじめて理解しようとしている私たちにとって未知のものを、すでに一定の程度まで知っていて把握していることになる。ここで、すでに、個性化のプロセスの特徴的なものに触れている。全体となるという目標を持った個性化のオプス *opus*〔作業〕は、すでに全的な人間を前提としている。錬金術師たちが言うように、アルス *ars* はトートゥム・ホミネム

totum hominem を必要とする[1]（GW12, §6）。「哲学の石」、自己のイメージは、プロセスの始まりと終わりにある（GW9II, §418）。自己を理解し、真にそれになろうとするならば、私たちはア・プリオリに自己に捕らわれていなければならない（参照 GW14II, §406）。これは、個性化のプロセスに（あるいはこのプロセスの真の把握に）何らかの形で「外部から」入り込む方法はない、ということを意味する。自我から自己に至る道はない。自我意識から理解しようとする欲求が生じた場合、目に見えるもの、理解できるものは、決して個性化ではない。この自我の発達は、たしかにしばしば自己の形成と誤解されるが、それはせいぜいのところ自我の発達にすぎない。なぜなら、「全体性」や「自己」と呼ばれる現実は、自我意識の隙間から必然的に抜け落ちてしまうからである。個性化は、全体性から経験される場合にのみ、つまり自己がすでに私たちの中に布置《コンステレート》されている場合にのみ、すなわち、それが私たちの理解の主体である場合にのみ、アクセスすることができる。逆から言えば、個性化それ自体の真の把握の一つひとつの部分が、それ自体で個性化の道の一部である。全体性は分割できず、たとえ全体性の兆しがある場合でも、それが全体であるか、あるいは、まったく存在しないか、そのどちらかである。理解しようという思いは、（科学的に捉えられた）個性化の概念に直接に集中して向けられてはならず、むしろ心理学的に、その概念を理解しようとする自身の意識の姿勢をまず自覚しなくてはならない。そうすることで、真の理解がその場合にこそ可能であるという保証が得られる。心理学は常に私たち自身の側から始まる。そして、私たちの場合は、個性化が本来の姿を示すことが許される状態に私たち自身を置く必要が、それに伴っている。

しかし、困難はそれだけに終わらない。すなわち、問題は、そもそも私たちの時代が、ユングが個性化という名の下で見たものを理解できる状況にあるのか、あるいは、むしろ、そのための前提条件をすべて欠いているのではないか、という点にある。ユング自身は少なくとも、自身の仕事を本質的に自分の死後のものであると考え、本質的なものが西洋の精神による予断を逃れるように、そのオプス opus〔作業〕は「西洋がまだ考えつかない」課題であるとみなしていた。彼は私たちの時代を〈暗闇の現在〉と表現していたのである（Br. III, SS.25, 10, 351, 132）。個性化の概念の背景として、これらの考えを念頭に置いておくのがよいだろう。なぜなら、私たち自身が暗闇の時代に生きていると信じているかどうかに関わらず、このような主張は、ユングが個性化によって意味した現象学に、そのまま属しているからである。それらは、ユングが当時の支配的な時代精神と、彼が意図したオプス opus〔作業〕の本質とのあいだに見た著しい隔たりを指摘している。したがって、私たちがいまの時代に属している限り、私たちは個性化という概念を理解するチャンスがあるにすぎない。しかし、その理解を急ぐのではなく、逆にまずこの概念の異質性を維持することに注意を払い、つまり、それを明らかに異質で理解しがたく、まだ予測のつかないものとして考えるのである。そうしなければ、私たちは間違いなく短絡的に把握して、急いでその概念を「西洋的思考」の慣習的な道筋に沿って、馴染みのある明白な方法で解釈してしまうだろう。しかも、そうすることで、その本質との出会いの道を事前に妨げてしまうことになる。個性化とは何であるのか、それを理解することは、本当に難しい。個性化を純粋に実用的な必要性に応じて扱いやすいものに還元することは受け入れられない。私たちは、個性化の平凡な概念から出発してはならない。ユングのさらに難しいさまざま定式化を、せいぜいその余白が重要なだけで、それ以外は不要な混乱したものである、と理解してはならない。そうではなく、その最も包括的で複雑かつ革新的なところから出発しなければならない。なぜなら、それらが地平を示してくれるからである。そして、平凡な思索に対して直ちに意味をなす「わかりやすい」声明は、すべて二次的な短絡であり、結局は実用的な利用のための不十分な単純化である、と私たちは理解しなければならない。

しかし、たとえ私たちの現在が「啓蒙された」ものであったとしても、私たちはこの「異質性」の維持を私たちの表現の原理にさえしなければならないだろう。なぜなら、すでに述べたように、個性化は科学的概念ではないからである。つまり、「構築物」でも「モデル」でも「作業仮説」でもない。むしろ、それは心的な現実に対する単なる名称や呼称にすぎない。科学的概念は、やはり現実と関連しているとはいえ、その本質は自己完結的で、自給自足的なアイデアである。その概念は、その内容に尽きる。つまり、それはその定義である。精神分析における科学的な専門用語としての「防衛機制」のような概念は、かなり正確に定義することができる。一方、心理学用語の「個性化」は、「生／ライフ」という呼称と同様に、「まだ仮の」現実を指し示すだけであり、その上、まったく未知の（つかみどころのない）現実を指し示す――もちろん、潜在的には非常に身近な現実である。本質的に未知であり、定義できないのは、これらの用語が、私たちそのものである存在を、そして私たちがそれに取り囲まれてその中にその一部となって入り込んでいる存在を記述しているからであり、したがって、それを客体化して目の前に置くことが決してできず、定義することもできないからである。そのため、この「個性化」と名付けられた概念の特質について考えをめぐらせるだけで、私たちは、何かを語り理解したいという自分自身の欲求から抜け出し、そのもの自体である未知の「ブラックホール」へと導かれる。この動きに従う限りにおいて、それは私たちに、一つの定義という確実性を与えることなく、科学の進歩を約束するような認識や解明という確実性も与えることなく、私たちをある意味で未知なるものにさらすのである。

以上のことから、私たちのさらなる考察の目的が、個性化の本質を（たとえ概略的にでも）把握することや、包括的に記述することではないことは明らかだろう。なぜなら、そのような目標を掲げてしまっては、取り組みを始める前から、その本質を見失ってしまうからである。むしろ、この主題を浮かび上がらせ（おそらく私たちを「動揺」させ）、そしてせいぜい、個性化が意識にアクセスし、起こりうる地平を開くこと、そのときにそれが問題となるだけである。私たちの意識の準備が、その関心事である。もし私たちがユングの著作を参照するとしても、それは心理学史的な、あるいは文献史な意図を追求しているからではない。むしろその反対である。私たちが関心を持っているのは、ユングの意見ではなく、「個性化」という事柄そのものである。しかし、この事柄はユングの声明の中にも現出している。心理学にとって、その「客体」は「主体」であるため、私たちが心理学的に考えようとする限り、魂の現実の「客体的な」属性を、魂の「主体的」な声明の中に見ることになる。ユングが個性化について述べているところでは、魂の現実が個性化の（いくつかの）側面をみずからに示している。それはなによりも、彼が独自の経験に基づいて語っており、単なる私見を述べているわけではないからである。ユングは、自身の研究で、まさにこの意味において、錬金術師たちの広範な言説をあらかじめ踏まえていたため、彼の研究には現象学の一定の広がりが担保されている。（言葉や文章の水準で機能する）科学的な態度が意見や仮説として構想しなければならないものが、心理学的な態度にとっては現象となる。

ユングの著述において論争の的とされる多くの矛盾は、心理学的・現象学的な姿勢を採ることに成功していない思索においてのみ生じる。こうした「矛盾」に立ち向かうために、人は時に、明確な区別を試みる。個性化の場合、「自然な」プロセスと、「方法論的に促進された」プロセスを区別し、また生涯を通じて継続するプロセスと、「早期に中断された」プロセスを区別し、「病的な」プロセスや、「欠陥のある」プロセスなどを区別する。しかし、これらの区別は表面的には正しいとしても、事の本質を見失っている。ユングの言葉を借りれば、これらは「多くの言葉が飛び交う雰囲気から生じているように見える」(Br.III,S.210)。ここでは思考は抽象概念に則って行われるため、その思考は単なる言葉や文章の水準に留まり、それゆえに、開かれへと、それ自体へと突破することはできない。関心は、現実としての個性化それ自体に向けられるのではなく、それ自体の内に閉じこもった言葉の世界に向けられ、そして、断片化された現実の現象に取って代わって、明確に定義され分割された言葉という物質（知的公式）に向けられる。個性化のプロセスをいくつかのタイプに区別することは、牛の数だけ多くの牛の種や亜種を作ろうとするのと同じくらいひどいものであり、それはその区別の理由として、牛は、1.夕方には牛舎にいて、2.日中は牧草地にいて、そこでは、ⓐ.時には日光を浴び、ⓑ.時には雨に打たれ、3.通常は健康だが、時折、4．腹痛になることもあるからと言っているようなものである。いったん心理学に対する構成的な転換がやり遂げられ、もはや言葉について語るのではなく、魂に固有の現実について語るようになると、個性化は牛のように唯一つであり、常に同じであるが、その現象学は非常に多様である、ということが明らかになる。「したがって、経験の［すなわち現実の現象の］側面から語るとき、それまでは混乱しているように見えたことが突然明らかになる」。しかし、もし抽象的・観念的に、ものごとにアプローチするならば、「個性化のような概念は、あまりにも限定されすぎているか、あまりにも拡張されすぎて」、「そして、実際には存在しない曖昧さが生じることになる」（Br.III,S.211）。この明晰さの欠如を解消するために概念を次々と積み重ねる試みは、たしかにきわめて分化したものではあるかもしれないが、実際には、それは「概念の細分裂」にすぎない（前掲書簡）。このような基本的に暴力的な抽象化では、結局のところ、現実である個性化を侵害することになり、存在するものすべてに、それにふさわしい敬意を払うことができない。理解をもってそれに近づこうとする試みには、機転と、相矛盾する側面をも包含する広い心情《ハート》が必要である。魂のようなものとして、それは繊細な手で触れられることを望んでいる。

厳密に言えば、「私の」あるいは「ユングの」あるいは「ゲーテの」個性化の道という言い方は、あたかもそれらが異なる個性化の道であるかのように映る点で、同じ意味で許容できない。個性化の道はただ一つであり、しかしながら、それはそれぞれの人生において異なる形で現れる（ちょうど、同一人物が仕事中と休暇中、国内と国外、独りでいるときと誰かと一緒にいるとき、幸福なときと逆境にあるときなど、さまざまな側面を見せることに類似して）。しかしながら、さらに、私たちは、個性化を、外側から説明できる単なる概念としてではなく、あるいは人間における（あるいは人間に関わる）単なる状態やプロセス（その内にあるもの）としてでもなく、自律的な現実として理解する（実際に見る）ようにならなくてはいけない。その現実は、石や動物や人間が事物の世界においてリアルであるのと同様に、心的な領域においてリアルである。そして、この現実に私たちの理解を沿わせるのであり、この現実を私たちの理解に適応させるのではない。

この文脈において、心理学における「現実」という言葉の意味は、経験的現実の単純な隣接領域への継続を意味するものではなく、また、それに類似した「並行」現実を意味するものでもないことを、もちろん念頭に置く必要がある。むしろ、それは物理学に向けられた思考からすると彼岸にある「現実」に関連して、根本的に別様に把握された概念を前提としている。心的な現実は、ファンタジー、神話、イメージ、視点といったあり方を備えている。（ファンタジーとしてのファンタジー、また「現実原則」に注意を払わない）ファンタジーが現実であるということは、心理学の構成的な発見である。したがって、ここで素朴に注釈として言えるのは、個性化もまた、ファンタジーであり、視点であり、地平である、ということである。すなわち、「私たちは個性化を見るのではなく、それによって見る[2]」のである。ユングもまた、個性化は経験的には目に見えず、経験的に証明することもできないと述べている。「（もちろんまさしく、彼における個性化を意味する）個性化されたものは、［中略］ほとんど目に見えない。個性化の基準はすべて必然的に主観的であり、自然科学的な目標設定の範囲外にある」（Br.III,S.50）。「内的な生の実在や妥当性を証明または正当化できるような、外的で、合理的に制御可能な、あるいは実験的に再現可能な条件は存在しない」(Br.III,S.350)。言語連想実験でさえ、あらかじめ魂の存在を信じている人に対してのみ、魂を「証明」しているにすぎない。内的な生は客観的に検証することはできない。それは純粋に「主観的」なものであり、あるいは、より適切に言えば、単なるアイデア、隠喩、純粋にイマジナルなものである。しかし、このイマジナルなものが心的な現実なのである……。

「個性化 Individuation〔個別化〕」は哲学では馴染み深い用語であり、それは、個々の事物がアイデア・一般性・種類(種)などから出現してくることや、個々の事物が存在する多様性と差異性の質そのものを意味している。この用語は中世になって使われ始めたものであるが、そうしたことはそれ以前(ギリシャ哲学)から存在していた。おそらく、ユングにこの用語を紹介したのは、ショーペンハウアー、初期のニーチェ、そしてカルスやE・v・ハルトマン(GW5, §258, GW6, §210を参照)であり、それが心理学へのこの用語の採用を促進したのであろう。自然界の事物の個性化について論じた初期の哲学とは対照的に、ここで言及されている哲学者たちの個性化は、近代主観主義に従い、人間を自然的存在と関連づけるだけでなく、明らかに経験する存在にも関連づけている。この概念は伝統とのつながりを保っているが、ユングを通じて初めて「真の心理学」の地位を獲得している(GW5, §258)。しかし、それによって必ずしも新しい意味が与えられたわけではない。そうではなく、その意味に対して、まったく新しい次元が与えられたのである。

ユングの言う個性化の属性について、以下の点を挙げておこう。1. 集合的な心《サイキ》から離れ、唯一無二という意味で個性を発揮し、独立した存在となること。2．「個人」となること、すなわち、分割不可能な一つのもの、シンプルなものとなること。3．自分自身になること、自身の自己に、ありのままになること、4．プルシャ Purusha、ホモ・マクシムス *homo maximus*、またはアントロポス Anthoropos の元型的なイメージの中に自分が現れるかのように、「より高次な、より偉大な人間」を実現するという意味での「人間化」、5．意識的になること、6．十全性、全体性。これらの述語はすべて同じことを言っている。すなわち、個性化である。しかし、それらは異なる側面から個性化を明らかにしている。したがって、個性化とは一方が他方よりも多いとか少ないといったものではなく、すべてが一つであり、すべてが同じ程度であるということである。そして、個性化はこれらの側面から構成されているのではなく、それらの元々の統一を指すのである。

個性化とは、とりわけ、集団的な心からみずからを切り離し、独立した存在になることを意味する。この「集合性」が意味するものを私たちは知っている——それは一般性、社会、人間を意味する。したがって、「個なる実存」が何を意味するのかも知っている。つまり、集合的な考えに溶け込まず、人間という規範に直面しても、独立して考え行動する人として、自分自身を維持することを知っているのが実存である。それゆえ、少なくともこの最初の観点において、私たちはすでに個性化を基本的に理解していると考えてもよいのかもしれない。しかし、ここまでの記述で、特に先ほどの一般的な考え方に対する警告によって、そのような軽率な解釈を疑うのに十分なほど私たちは慎重になっている。それでは、私たちはユングの見解の細部をていねいに受け取る能力を放棄することになってしまうのかも知れない。ユングは人生を二つに分け、それぞれに根本的に異なる課題を割り振り、そうして引き裂かれて生じた対立から、個性化を経験していった。彼にとって、人生の前半は生物学的な課題を担うものであり、（本能に基づいた）「自然の目的」に、すなわち「子孫を産み」、「収入を得て、社会的地位を得て、子孫の保護に勤しむ」といった事柄に（無意識のうちに）奉仕するものである（GW7, §114）。生物学的課題は、（経験的な環境や、外界への）適応とも表現できる。この人生前半の目標は、生物学的および社会的な成熟である。人生後半はこれとは明確に対立するものとして考えられている。ここでは、それ自体を表すいくつかのキーワードを挙げるだけに留めておきたい。ここでユングは、「自然の目的」に対して「オプス・コントラ・ナトゥラム opus *contra* naturam（自然に反する作業）」を対置し、つまり生物学的課題である種と生命の保存に対して、「死の誕生」（GW8, §800）を対置し、経験的な環境への適応に対して、「エクストラムンダーネン *Extramundanen*（超世俗的なもの）」との関係を対置している。（「死の誕生」という表現は生物学的な意味ではなく、「死という本質を備えた生」という意味である）。そして、この人生の後半が個性化と関連している。ここで、〈本当にそうなのか？　本当に人生にはこれほどまでに異なる前半と後半があり、個性化は本当に後半にのみ起こるものなのか？〉と問いたくなる経験論的な思考の罠には、はまりたくはない。これらの問いは誤解を招く。人生の前半後半を事実として捉えるのではなく、心理学的アプローチに沿って、それを個性化の現象学に属したファンタジーとして理解する方がよい。まったく同じように、人生の前半後半に関するユングの主張が「経験的に正しい」のかどうかという点で、それを捉えるのではなく、あたかも世界親の分離の際のように、この対立を開くことを通じて、ユングは、個性化が新しいものとして、予測がつかないものとして見えるような、明るく自由な空間を作り出したのである。この対立は、私たちにとって、理解するための鍵となるに違いない。

「(個性化という意味における)個人」とは、健全な態度で人生の足場を固め、良い意味での大人になったという事実だけでは、到底与えられるものではない、と言われているわけである。心的な個人性は、時間的な面というよりも本質的な面において、このことを超え出ている。ユングが、人生前半の大人もすでに個人であることを見誤っていたとでもいうのだろうか？　決してそうではない。ユングは、子どもはすでに個人であり、教育の場などにおいて、個人として尊重されなければならないことさえ認識していた。つまり、ユングは、こうした個人の概念をさらに超えて、第二の概念を導入しているのである。過去にはしばしば〔人生の前半と後半をわける〕ユングに反論する必要があると考えられてきており、創造的な成果、宗教的なテーマ、純粋な元型的な夢は、人生の前半にも実際に生じる上、人生には個人の色合いがあり、それゆえ人生は当然ながら順応や集団に溶け込むものではない、といった言い分がそれであった。このような、しばしば経験論的に裏付けられた思考の誤りは、経験主義的な問いかけや、ユングの(ものとされる)「仮説」を検証したいという関心によって、その意味が先取りされてしまうことである。その意味は、現象(ここではユングの「個性化」概念)そのものが語るのを聞き取ることによってのみ得られるだろう。「それであってますか?」という疑問によって経験論的な思考方法が、ユングの個性化概念が実際に、そして唯一達成しようとしていることに対してさからっている。ここで達成されようとしているのは、すなわち、個人という私たちの概念を拡大または倍増させることでもたらされる「意識の拡大」である。ユングは人生を段階に分類することには関心がなく、むしろ、私たちの生活に生き生きとした感覚を呼び覚ますことに重点を置いていた。すなわち、馴染みのある問題や成功、そして職業上の問題や成功、さらに人生の喜びや苦しみを超えたところに、例えば「オプス・コントラ・ナトゥラム *opus contra naturam*〔自然に反する作業〕」のようなものがあるという感覚である。（例えばユング自身も、青年期の元型的夢について報告しているが）、ここに挙げられたような異論によって、開かれた扉が取り壊されるだけでなく、こうした異論は（「創造的な成果」、「個人的な色合い」といった）個人のありふれた概念を単純に個性化の意味として捉え、その概念を検証する基礎としてしまっている。そのため、これらの異論は的外れなものに終わる。なぜならユングが個性化をまさにこのありふれた概念の対極に位置づけているからである。私たちは、真の個性とは何かをまだ知らない。心理学的に個人であるものは、個性化を通じてはじめて決定される。いわばその結果として決定されるのであり、その逆ではない。個であることの本質を知り尽くしているかのように思い込み、自明の概念から個性化を解釈するのは、誤ったアプローチである。原理的には、特殊な個性化は不要だと思われる。なぜなら、それは、とっくに「完成された」個人として考えられている個々の人間の持つ単なる「創造的な成果」といったものに還元されてしまうからである。

　ユングの言う個性化が個人主義を意味しないのと同様に、適応は集団主義、同調主義、画一主義を意味するものではない。同調主義は、まさに不適応であり、根底から根こぎされた状態の兆候であろう。相関的な概念としての適応は、個人と集団の両極を包含しており、(社会学的なものではなく)心理学的な概念としては、集団への外的な同化(服従など)を意味するのではなく、純粋に内的な魂的なものを意味する。つまり、個人が自身の具体的な環境の枠組みの中で、自身の本能の要求と(無意識的・自発的な)調和を保ちながら生きられるような態度である。もちろん、適応した大人は個人として生きている。しかし、観察の第一段階ではきわめて個人であるこの大人は、第二段階では、ユングによって「一般的な人間」または「集合的な人間」と呼ばれる。もちろん、人生前半の大人も精神的な関心を持ち、信念を持った教会の信者である可能性もあるが、ユングは、観察の第一段階ではきわめて精神的・文化的なこれらの領域を、第二段階では「生物学的な課題」と「自然の目的」という見出しの下に置いている。なぜなら、精神的教養や宗教もまた、人間の生物学的な衛生の一部だからである。たとえ動物としてであっても、人間の本質は単なる植物状態に留まるものではなく、人間は「理性の動物」(精神を備えた生き物)である。また、動物として「集団としてのみ」生きるのではなく、自己保存の本能(集団的な本能!)に従って、個性を発達させ、維持しなければならない。まさにここにいたって、私たちはユングの「個性化」という概念の壮大さに思い至るのである。これは、理性的な動物における個性・精神性・宗教性よりもはるかに野心的な目標を人間に課すものである。すなわち、新たな、より深い意味での個体となることを課している。これはユングが恣意的に作り出した目標ではなく、人間を「共同体的存在(zōon politikón)」と定義したもう一つの初期の本質定義に対する、魂の歴史における長らく遅れてきた答えである。集合的な人間を「人生の前半」の意味で個を備えた成熟した人間と呼んだときにのみ、ユングはこの定義に基本的に対応していた。

当初は生物学的で時間的な意味を持つように見える人生の二つの面は、観察の二つの水準または視点の隠喩であることが判明する。一方は「自然」で、生物学的・社会的・人類学的なものであり、人間を動物として、事実に即した有機体として、事物と同じように存在しているものとして捉えていく。この水準に位置する心理学は、物とのアナロジーによって人間の有機体の「行動」、「相互作用」、「コミュニケーション」を観察する（社会学とともに）生物学のなかの一分野となる。この観点から見ると、集合的な人間とは、その時々の支配的な考え方を無批判に受け入れ、実際に大勢に従う人間であり、他方、個人的な人間とは、実際には規範から逸脱し、大勢から離れる人間とされる。それとは異なって、「人生の後半」という観点から見ると、集合的な実存は大勢に溶け込むことではなく、また個人的な実存も他者と異なることではない。ユングの言うところの「個性化」は、個人と集合の区別には無関心である（両者はともに、存在しているという事実として理解される）。個人主義者であろうと同調主義者であろうと、孤立主義者であろうと社交家であろうと、あるいは「ふつうに」社交的であろうと、これらはすべて「集合的な人間」のバリエーションにすぎない。単なる否定（集団からの離脱）は、集合的なものを克服するのではなく、それに固執し続けるだけである。「集合性」とは、個人と集合の対立に固執し、その観点から思考し経験し、社会的な観点からそれを見ることを意味する。社会との関係において、また社会との対立において、個人としての自分自身を理解し、尊重する人は、すでに集合的に思考し、すなわちすでに集合的に存在していることになる。逆に、ここでいう個とは、個人という概念を社会や社会学的なファンタジーから完全に取り除き、まったく異なる関係性から考えることを意味する。すなわち、個人と集合という水平的な対立ではなく、今や、ユングが神話的・隠喩的な言葉で言うところの「世界とその理性へと天秤を傾ける」「超世俗的な原理」に対する人間の「垂直」の関係から考えるのである。個性化の概念により、ユングは、もはや自我（集合的なもの）の「現実原則」を基盤とせず、例えば「超世俗的な」と呼ばれる新しい原理を基盤とし、あるいはその原理からはじめることで、個性化の概念と共に個人性に関する新たな概念を打ち立てたのである。この第二の観点から見ると、集合と個人はもはや客観的・経験的な状態や既存の性質を意味するのではなく、むしろ「主体的」態度、意識を形成するファンタジー、事物のイマジナルな見方、つまり純粋に魂的な「素材」を意味する。つまり、「人生の後半」の視点は、もはや自然的・事実的な視点や、生物学的・人類学的な視点ではなく、真に心理学的なものとなる。また、「死の誕生」としての個性化や、「冥界」（集合的無意識）の姿に関わるものとしての個性化は、同時に、心理学的なものの見方の誕生を、現実の心理学の誕生を意味する。個性化とは、単に事実上だけでなく、（その卓越した意味において）心的に、個人になることである。

人間は「自分自身を支えられなくなった際に自分を支えるものがあるのを知るために、たった一人でいなければならない」（GW12, §32）つまり、動物として、また生物学的かつ社会的存在として、理性と現実原則の限界に達したとき、一人でいなければならない。ここでいう一人であるという状態は、静かな部屋や象牙の塔に事実上引きこもることを意味するのではなく、むしろイマジナルなもの、一つの態度を指していることがわかるだろう。それは、社会から個人、あなたから私、私たちから私が水平的に区別される前にある、垂直性の徹底的な一人の状態であり（GW8, §432を参照）、その中で両者は共に根拠づけられている。だからこそ、他者に対する対立は必要ない。「個性化は世界を締め出すのではなく、世界を包み込む」（前掲書）。集合的な人間は、共同体の幻想の中で生きているため、「家族、部族、国家との共同体においてのみ」全体性を経験することができる（GW9/I, §279）。しかし、人間がこのイマジナルな一人であることを許容すれば、自身において全体となり、比較も知覚もできない唯一無二の個別存在となる（GW10, §495を参照）。なぜならまさにこの個人性は魂に基づく隠喩的な現実だからである。この孤立が共同性とどの程度乖離しているかは、この孤立を通じてのみ、ユングが「個人の心理学的な関係」と呼ぶ、まったく新しい、より真正な種類の関係が可能になるという事実から明らかになる。[3] 一方、集合的な人は、愛情であれ、争いであれ、無関心であれ、（アニマ／アニムスの投影された）「本能」によって無意識的に動かされているため、いずれにおいても「生物学的」あるいは「集合的」な関係性のみを生きている。心理学的観点から見ると、例えば、その愛情関係は、関わる者がそれを個人として経験しているにしても、やはり集合的な水準で行われている。

水平的な集合世界から「超世俗的なもの」との垂直的な関係へと視点を転換することは、意識的な意志や知的な判断の力では不可能である。真の個性は隠喩的あるいはイマジナルな現実であるという点が強調されているが、それは、恣意的なファンタジーによって個性化が達成できるという意味ではない。個性化を起動させるのは、例えば神経症症状の形式をとるような、私たちを本当に捉える自律的なファンタジーであり、私たちが作り出すファンタジーではない（この理由から、個性化は、根底から根こぎされた近代的人間が本能的な基盤［人が一人きりのときにその人を支えるもの］と意識的に再びつながることであるとも表現できる。ここで「本能的な基盤」とは、「超世俗的なもの」と同じ意味であるが、それを異なる側面から見たものである）。個性化は宿命である。したがって、個性化のプロセスは、分析によって始動することも促進することもできない（ちょうど制度化された分析が個性化にとって理想的な場ではないのと同様である。個性化のプロセスは人生そのものである）。そうなるのは、治療関係とはこの自律的なプロセスにおいて意識的な体験が成立しうる器である、と考えるのを止めるような場合である。それゆえ、個性化のプロセスに個々の例や一般的なモデルを提示することは、やはりリスクのないものではない。なぜなら、私たちはそうした魅力的な象徴を備えた例を「模範」と見なし、方法論的に実践して模範に倣って同じことをしなければならないと考えてしまうからである。個性化の「プログラム・ブックレット」ほど、自分の真の道を妨げるものはない。個性化は単に宿命的な成就というだけでなく、おそらくは災厄でもある（Br. II,S.156）。なぜなら、それは真の苦しみと結びついているからであり、それが真であるのは、私に痛みを感じさせるところにそれが作用するからである。そしておそらくそれは私が容易に耐えることができるであろう「模範」の苦しみとは異なるからである。

ここで問題となっている特別な苦しみとは、自分ではない何かが自分の中に介入し、その結果、自分が一人の人物でありながら二人の人物になってしまい、自分自身との矛盾に陥るという、まさにその状況において心を動かされた苦しみである。この対立が、どちらか一方へ組みすることができないものである場合や妥協によって解決できないものである場合、それは「自我の磔刑に他ならない。つまり、和解不可能な対立の狭間で苦悩する宙吊り状態」へと深刻化する（*GW*9/II, §79）。「それはハンマーと金敷きのあいだの古いゲームである。この二つにはさまれて苦しむ鉄は、そうして同時に鍛造され……、『個人』となる」（*GW*9/I, §522）。これが錬金術における「インコルプティービル *incorruptibile*〔不変〕」であり、もはや溶解できない物質であり、唯一無二で、他の何にも還元できないものである（*GW*16, §220）。自我は、相反するもののあいだに宙吊りにされることで、両方向に等しく引き寄せられ、もはや（水平方向に）決定することはできなくなるが、そこに十字架の垂直軸が入り込む。それはまさに「超世俗的」な関係である（すなわち、現象学的に神の像と区別できない自己の経験である）。ユングは、対立の問題ではなく、しばしば義務の衝突について語っている。これは道徳的に聞こえるが、このテーマの背景には、プロテスタントの倫理に強く影響を受けた近代的な自我があることは確かである。しかし、個性化の要点は、まさにこの近代的な自我を、その道徳的な自己決定とともに克服することにある。なぜなら、「義務の衝突が、いわばおのずと解決し、人がその決定の犠牲となる場合」（強調は引用者による）にのみ、たしかな道を歩んでいることになるからである。自己の経験は「自我の敗北」を意味する（*GW*4/II, §433）。葛藤に身をまかせるがよい（*Br*.III,S.17）！　ここで、最近表明されたユング派の見解とユングの見解とのあいだに矛盾があることを指摘しなければならない。すなわち、自己実現は「自我コンプレックスによる鮮明な経験と元型イメージの形成に結びついて」（！）起こるというものである。自我が形成される（「意識的な」形成！）ところでは、自我は支配的な原理であり続ける。一方、ユングは「自己による強姦」(GW11, §233)を語り、「自我なしに生きることを試みよう」(Br.II,S.35)とさえ言っている。もちろん、「分別のない」インフレーション状態や、精神病状態を勧めているわけではない。その意味するところは、単純な自我の否定ではない。否定は常にそれが否定するものに固執するが、その完全な真の克服とは、新しい視点(垂直性、自己)が取られることによって、自我の本質・役割・位置づけが根本的に新しく定義されることである。この意味において、ユングは自己中心性の解消について論じている(Br.II,S.469)。すなわちそれは、自我の止揚だけでなく、より根本的に、自我の最も内なる本質的な構成の止揚、つまりこれまで「自我」というもので理解されてきたものの止揚である。この新しい自我とは、「イマジナルな自我」なのである。[4]

個性化の概念は、西洋の歴史の終焉に際した人間の状況に対する、一つの答えである。ギリシア・キリスト教のイマジネーションを基盤とし、デカルトやプロテスタントによって先鋭化され、さらに「形而上学」と呼ばれたこのイマジネーションは、テクノロジー、科学、経済帝国主義を通じて、世界を占有する自我の形成を導いてきた。しかし、真の自我の克服は、自我がみずからの高みに到達し、その完成を遂げたことを前提としている。したがって、ユングによれば、「人生の後半」は、消耗した「人生の前半」の先に立って進まなければならず、私たちはそれを時間的ではなく本質的に、事実的ではなく態度という観点から、理解しなければならない。人間は、自分の中の「自我」(集合的な人間)がその本質へと集められ、近代を通じて達成された意識の水準の高みにまで引き上げられたときにのみ、真に(心理学的な)個人となることができる。

ユングの場合の自己実現は、その一般的な概念のように〈本来の性質を活かして自分を現実のものとする〉という意味とは異なっている。「それは完全な誤解であり（そして私が常に強調してきたことの正反対であり）、それでは、自己とは『私に集中すること』になるが、それはまさにそうではない……（自己とは）いずれにしても、まずもって自我の終焉を意味するものである」（Br.II,S.330）。もし自己が、現在流行の自己の実勢化という考え方で理解されるのであれば、個性化（ユングの「自己になること」または「自己化」）は、脱自己化と名付ける必要があるだろう（Br.II,S.469を参照）。精神分析やロジャーズにとって自己が意味するものは、ユングにとっては自我人格に属するものだろう。ユングにとって、「自我」とは、人間における単なるひとつのコンプレックスではなく、そもそも「経験的で、平凡な、いままでの人間」以外の何ものでもない（GW11,§233）！「自我」は「集合的な人間」と同義語である。それゆえ、自己になることで「実現」し「発展」するものは、自我や人間ではなく、「その異質な自己」である（GW10,§318、強調は引用者による）。神話的に言えば、「変化するのは主に神であり、神を通じて人間も変化に参加する」（GW5,§389）。「彼は増大しなければならないが、私は減少しなければならない」。

しかし、それはユングが個性化の意義を「いままでいつもそうであったものになる」（GW10,§722）あるいは「本来の自己になる」（GW7,§266）という言葉で表現したものとどのように一致するのだろうか？　結局のところ、自分勝手な実存主義的な本来性がここに現れているのではないだろうか？　しかし、個性化によってもたらされる本来性は、私たちが神に道を譲る、あるいは「異質な自己」に道を譲ることから生じるのであって、その逆ではない。それゆえ、

「超世俗的」なものは、それにもかかわらず「自己」と呼ばれる。なぜなら、私たちがそれに属しているからこそ、それは私たちに帰属しているのであり、もちろん、それはあくまでも銀行員が銀行に対して「自分の」銀行と言うことができるような意味においてである（GW11, §64f）。ユングが、ドングリがオークの木になることと、子どもが大人になることを比較したとしても（GW11, §755）、個性化することは、私たちの成長と成熟のプロセスを意味するわけではない。もしそうであれば、ユングは、個性化を老化のプロセスが始まる人生の後半ではなく、実際的な成長が起こる幼少期に位置づけたであろう。ドングリと子どもは生物学から取られた類似にすぎず、生物学的なものと類似したものでは、心理学的な個性化の本質を捉えることはできない。子どもとドングリは、自分ではないもの、つまり大人と木になる。そして、ドングリにとって木が「目標」であるだけでなく、オークの木にとってもドングリは「目標」であるのだから、いったい誰がドングリよりも木の方がより本来的だと言うことができるのだろうか？　いや、生物学的プロセスには「ゴール」など存在せず、それは、ある種が、さまざまな状態を呈しながら、しかし等しく妥当な状態を呈するという一連のサイクルである。果たして、子どもは大人よりも人間らしくないのだろうか？　成長のプロセスは、すでに最初から完了している存在における、経験的な状態変化であり、そのさまざまな「凝集状態」を通じて、すなわち、赤ん坊、子ども、大人、老人といった状態を通じて、それらはすべて等しく完全に妥当な人間である。根本的に変化せず、同じ水準にとどまるもの（ここでは、大人になることが子どもを越えず、芽吹きも成長も、ドングリを越え出ないという生物学的水準にとどまるもの）だけが、発展し変化することができる。もし私たちが先に、ドングリと子どもがそれら自身ではないものになる（「変化する」）と述べたのであれば、今ここで強調しておかなければならないのは、それらは決して何かになる必要がない、ということである。なぜなら、それらはすでにずっと以前からそれら自身であるからであり、また「自分自身になる」ということがそれらに当てはまらないからこそ、それらは木や大人へと成長することができるからである。それらは、その種において常に独立した「ケース」であり続けるが、そのような存在として、最初から完結した（自然な）個体である。逆に、個性化は、すでに「完結した」存在である人間における発達過程ではなく、むしろ「以前には存在しなかった」真の個としての人間が、初めてそこに存在するようになるプロセスを意味する。「自分になる」とは、人間は本質的には自分自身を超えており、しかし同時に、自分自身の外にいるわけでもないということである。その本質は、自分は自分であるものではない、ということにある。しかし、「経験的で平凡な以前の人間」は「自分自身を私としてしか知らない」（GW11, §233）のであり、そのような人間は、自分自身を知っていると信じている。その人はまだ「自分がいわば自分にとっての他人である」ことを認識していないようである（Br.III, S.343）。すなわち、その人はすでに自我的人格として「完結」しており、したがって、その人の真の性質に対して、無意識のまま、無自覚のうちに生きている。「完結した」と「信じている」ことは、実際に引退することや、精神的な停滞を意味するわけではないことに留意すべきである。むしろ、発展し、実現しようとする意志、絶え間なく努力する姿勢は、可能性として、自我人格に属するものである。

個性化というアイデアにおいて、ユングは個人が成長しなければならないと言っているのではなく、むしろ、はるかに革新的に、（通常の意味での自己実現も含む）これまでの「人間」を完全に乗り越えなければならないと言っているのであり、そして、これは自分が退き、「異質な自己」に、すなわち「アントロポス」になる道を通じて行われる。これは、自分が「自分自身にとってよそ者」であり、自分は自己ではないとますます認識するようになったときに起きる。ここであらためて強調しておきたいのは、克服すべき「以前の人間」とは、ユングが恣意的に考え出した目標ではなく、むしろ、人間が運命的に衝突し、自分自身を超えて自分を突き動かしてくる現実として生じ、自分が個性化そのものから求められているということである。それ自体が「生まれ変わり」を要求してくる。すなわち、まだほとんど想像もつかないような新しい人間性を要求してくる。克服すべき「以前の人間」とは誰なのか、そして新しい人間とは誰なのか？　その鍵は、自己の本質的な特徴に隠されている。すなわち、自己は「存在しない」という点である。「自己は、自己の存在を主張せず、すなわち自己を実体化しないという点で、哲学的アイデアではない」（GW6, §891）。したがって、それは純粋なアイデアであり、隠喩であり、単なる元型的な表象である。「目標は、あくまでアイデアとして重要である……」（GW16, §400）。意識的になったにもかかわらず、自己は「理想、すなわち、あくまでイメージ上の、しかし本質的には深遠な偉大さ……」のままである（Br.III, S.70）。しかし、この単なる（元型的な）「表象」が人間の存在の新たな中心となり、そこから人間が生きていくのであれば、それはすなわち、人生のすべてがイマジナルな、すなわち隠喩的な様式を取ることに他ならない。個性化とは、それまでの経験的な人間を克服し、すなわち、経験的かつ事実的にみずからを捉え、難解な形而上学的・神学的（＝実体化された）真理（「神」、「精神」、「身体」、「自然」、「人間性」など）を生きている人間を克服し、未来の「心理学的人間」が誕生することである。この「心理学的人間」は「自身にとってのよそ者」であり、それゆえに自身（および神や世界）を額面通りには受け取らない。人間は（そのとき）、「神話が述べるように、英雄や神々から受け継いだものとして、二次的にのみ、その人格的特性を獲得する」（GW5, §388）ことになる。すなわち、（以前の、形而上学的に考える人の観点から見て）、人はいわば擬人化された元型の「付随現象」となるか、あるいは（新しい心理学的な人の観点から見て）、人は、隠喩、ユーモア、あるいは「遊び」のイメージ形成力によって、自分自身と世界を経験的に知るのか、このいずれかである。自我（利己的で事実に基づく態度）を相反するもののあいだで宙吊りにすることで、個性化は自我を極限まで縮小し、停止させ、「人間を、「経験的・事実的なもの」『それ以外の何ものでもない』という束縛から解放し、遊びの状態へと高める。そして、人間とは……「遊ぶときにのみ完全な人間である」となる（GW16, §98）。対立の緊張は人間を純粋な「あいだ」へと還元し、それによって「超越機能」[5]が呼び覚まされる。この機能は、新たな段階への移行を通じて、ひとつの解放の象徴をもたらすだけでなく、象徴意識を通じて、また象徴意識の中で、この解放をもたらす。今日、さまざまな段階で生じているこの変化は、（特にA・ヤッフェが強調している）[6]人間性の個性化をも意味している。それは、古代やギリシア・キリスト教を超えた新しい人間存在のあり方へと私たちを駆り立てる。すなわち、心理学的あり方へと。私たちの世界、私たちの言語、私たちの思考、そして私たちの自己理解、さらに、その結果生じる問題（原子力、環境、人口過剰など）にみられる急速なテクノロジー化を目の当たりにすると、これまでの集合的な人間が危機的状況に追い込まれていることが明らかになり、意識の根本的な深化や、心理学的人間性だけが、そこからの解放を可能にすることが、ますます明白になってきている。「今後、果てしない未来にわたって、真の問題は心理学的なもの（となるだろう）」（Br.III,S.243）とユングは言っている。これはまさに、現在、私たちに突きつけられている、解決不可能に見える大きな困難に関するものである。個性化が根本的に開かれた、定義不可能な概念である理由が、いまになって理解できる。それは、私たちをこれまでの存在を超えた未踏の領域へと導き、これから生まれるものを名付けているものだからである。

個性化という文脈において、「成ること」や「成長」とは変化を意味するのではなく（「人生を変えるべきだ」ではなく）、一方では目立たないものの、他方ではより根本的な、まったく新しい何かをもたらす、異なる水準への移行を意味する。「成る」とは、意識的な認識、気づき以外の何ものでもない。したがって、ユングは、神経症を抱えるある人物が、自分自身と一致してはいないことを知っている場合、その人物は、ある程度まで個性化されている（Br.III,p.50f.）と述べることができる。ここでいう「ある程度まで」という表現は、もちろん強調されなければならない。また、これから成るであろう新しい水準は、進化における新しい段階というものではない。多細胞生物が単細胞生物の段階を一つ越えたという意味でも、人間が動物から進化したという意味でもない。むしろ、それは、私たちがずっと以前からそうであるものを目指すのである。〈自分自身を越えなければならない〉とは、実のところ「自分の中により深く入っていかなくてはならないこと」（Br.I,S.249）である（ただし、それは「内省」とは何の関係もない！）。私たちが知らないうちに、みずから実行してきたこと、しかし、それでも真実には常に私たちであるものが、いま、意識的に生きられるべきである。つまり、これまで述べてきたように、新たな水準とは、意識性の水準に他ならない（その本質は依然としてまったく不明であるが）。そして、意識の発展は、「英雄的」自我が想い描くような進化的な前進ではなく、コントラ・ナトゥラム *contra naturam*〔自然に反して〕、（「過去」ではなく、「先祖返り」ではなく、いつもすでに）私たちが「そうであった」ものへと後退する一歩である。一見すると、すべては同じままである。「以前の経験的な人間」を乗り越えることは、経験的な人間を置き去りにする経験的・事実的な乗り越えによるものではなく、むしろ態度の変化によるものに他ならない。「経験的な人間」が経験的なものによって乗り越えられることなどありうるだろうか？　経験的であると考えられるあらゆる発展は、その人を経験的な水準に縛り付ける。いや、個性化がもたらすのは「純粋に主観的」で「思い描かれた」イマジナルなものである。しかし、この「思い描く」ことが、心理学的な意識性の貴重な宝である。ユングが超世俗的なものについて語ることができるのは、それが「純粋に主観的」で検証不可能なものであるからに他ならない。なぜなら、検証可能なものはすべて「世俗的」なものだからである。逆に、個性化は真の個性をもたらすことになるため、それはメタモルフォーゼ〔変身／形質変化〕的な出来事でなければならない。その「最も内奥の本質は、生きられた人生の個人的な一回性であり、誰もそれを外側から把握することはできない」（*GW*16, §538）。もしそれが経験的な現実であるならば、それは相互主観的かつ一般的に（集合的に）確かめることができるだろう。だがその場合やはりそれは集合的なものであり、個人的で唯一無二の出来事ではないだろう。したがって、それは個性化ではない。個性化とは、あらゆる「一般的に妥当する」ものを超え、集合的な現実感覚の支えのない領域へ、真に「個人的＝主観的」で「超世俗的」な領域へ、すなわちイマジナルへと進むことを意味する。真に個性的なものはイマジナルなものである！　それは、社会との断絶から事実として捉えられ、理解された「個」ではない。また、個人主義的心理学の観点における（単なる）主観でもなく、さらには、公共性から退いた、ばらばらの原子核的な集合であるプライベート〔私事〕性でもない。そして、個人主義的心理学が証明しているように、こうしたものは客観化することができる。逆から言えば、集合性もまた、この単なる個人の集積（集合体）であり、その匿名の全体への集約である。

「不可分の一つ」でさえ、全体性の契機を含んでおり、全体性は、統一性と単純性だけでなく、十全性をも要求する。新たに基礎付けられる人間性へと向かう真の変容が起こるためには、人間がもともと持っていた散在的な本性が十全に完全性へと集約されなければならない。これは常に、きわめて豊かな現象学を持つ象徴的な出来事である。例えば、それは、対立するものの結合（ミステリウム・コニュンクティオニス *mysterium coniunctionis*〔結合の神秘〕）のイメージとして現れることがある。この結合では、二つのもの（意識と無意識、天と地、善と悪、男性と女性など）から、ひとつになった三つ目が現れる（例えば、錬金術における王と王妃、そして賢者の石）。これは「四者性」という象徴（＝十全性）で表すことができ、通常は「3＋1」（三つの等しいものと一つの等しくない四つ目）という形で表される。例えば、ユングは、西洋の新しい心の傾向として、不均等な第四の要素（サタンまたは女性の神）を統合して四位一体を形成し、十全性を達成することで、三位一体の神（父、子、聖霊）のイメージを補完する傾向を提示している。人格の形成に影響を与えるこれらの擬人化された元型における「天界」水準でのプロセスは、例えば機能的類型論（思考、感覚、感情、直観）の領域における個人の水準でのそれに対応し、そこでは通常、主機能である一つと、より補助的な機能である他の二つ機能という三つの機能系列に、それぞれの第四（原始的、劣等）機能を統合する。また、分析心理学において個性化のプロセスは、分析による「無意識の素材」と、個性化の道の歴史的で、互いに異なるさまざまな類似物（タントラ・ヨーガ、聖イグナティウスの霊操、錬金術、ダンテ、ゲーテのファウストなど）が、いわゆる「影」との対決からアニマまたはアニムスの統合を経て自己（全体性）に至る道として描写されている。もちろんこの一連の経過は固定された模範的経過や処方箋ではなく、きわめて多様な過程の唯一の概念化である。このような図式は、プロセスの多様性を考慮すると、限定的な価値しか持ち得ず、また、より詳細な記述も、鮮明な経験なしには理解しがたいものとならざるをえないため、ここではいくつかの手掛かりを示すだけにとどめておく。[7] 夢の中で、夢見手はしばしば好ましくない特徴を伴う「暗い」人物と遭遇し、場合によっては、その人物に追いかけられる。ユングはそれを「影」と呼ぶ。なぜなら、それは「光」（意識）の人格に必ず伴っており、通常は疎外されている「闇」を表すものであり、自分自身の内なる最大の敵または最良の友とされるものだからである。個人的な次元では、影とは自我人格と相容れない特徴すべてを指し、通常は抑圧される。トランスパーソナルな次元では、悪の原理一般を指す。例えば、ファウストとメフィストがそれである。ここで重要なのは、夢見手と内なる対立者の結びつきが認められることであるが、影は本当に忌み嫌われるものであるため、これは大きな痛みを伴う屈辱を意味する。（他の側面も認められるが、この文脈で）アニマは男性の心《サイキ》における無意識人格の異性的な人格化と理解され、それは女性におけるアニムスに対応する。両者は主に異性の相手に現れ（投影され）、良好な関係を築くか、あるいは逆にすれ違いや複雑な状況を引き起こす。心理的な内面では、アニマは気分の変化や感情の起伏、エロティックな魅力、世界の生き生きと活気のある経験という形で現れる。一方、女性におけるアニムスは、頑固に主張する意見という形で主に否定的に現れるが、（統合された場合は）肯定的に、生き生きとした精神的な関心や意味体験として現れる。アニマの本来の意味は、個性化の途上で明らかにされるように、男女関係の規律（「生物学的な課題」）に埋没するのではなく、魂の導き手となり、私たちの経験を、伝統や先祖、そして本能と結びつけ、「冥界的な」深みの次元をひらいてくれる（死の誕生！）ものである。そして、そのプロセスにおける次の「段階」では、自己（の完全性）の象徴が現れ、それらはより抽象的な形（円、正方形、マンダラ）で、あるいは物質的な形態（例えば宝石）で、あるいは人格化されたもの（例えば老賢者や智恵のある老女）として現れる。自己の非常に神聖で、ほとんど言葉では表現できない経験の中心となるのは、それが何であれ現実との和解であり、より大きなものに抱かれている（止揚されている）という感覚である。例えば、「しかし今は、私が生きているのではなく、キリストが私の内に生きておられるのである」、というパウロの経験に類似している（類似であるのは、自己が必ずしもキリスト教的な特徴を示す必要はないからである）。この段階で、個性化の道は完了する。しかし、これは「心理学的人間」の新しい存在様式とその水準を確立するに過ぎず、人生の心理学的経験とその未知の深みは、まさに始まったばかりである。したがって、自己とは、個性化の道のア・プリオリな根拠であるだけでなく、その終着点としても、本質的に、開かれたところへと導いてくれる一つの始まりである。

しかし、個性化の道は、この描写から想像されるような「経験的なプロセス」ではなく、その意味では「精神的な成長（＝生物学的プロセス）」でも「自己への働きかけ」でもない。むしろ、このプロセスは比喩的に言えば、一つの「形而上学的な過程」であり（GW11, §755）、「本質的に超越的」であり、「メルクリウスにおいて」演じられて生じ、「人間的な思考の水準」（Br.III, S.130f.）では起こらないものであり、すなわち「無意識」の中の「ウロボロス」として生じ、自律的なムンドゥス・イマギナリス mundus imaginalis〔イマジナルな世界〕の「不老で常に現前する」イメージとして生じる。しかし、それはまた経験的な側面も持ち、実現され、意識化されなければならない。実現されて初めて、狭義の個性化について語ることができる。ここで重要なのは、ユングがまさに（それ自体は形而上学的ではないが）「形而上学的」や「超越的」といった表現を使って不可能にしようとした、プラグマティズムにおける「結局は経験論なのだ！」という考え方に、私たちが後戻りしないことである。むしろ、私たちはその対立に耐え、そこから「実現」や「統合」が、いまここでこそ意味するものを、理解しようと試みるべきであり、そうすることで「意識的になった全体性の実現が、見たところ解決不可能な問題を形成する」（GW14/II, §342）のを認識するのである。いずれにしても、実現とは、夢を迷信的に「人生の実践のための行動指針」と誤解し（「夢が私に……すべきだと言っている」）、その結果として、実際に求められていることを行動化によって避けることを意味するものではない。私たちは〔行動化するのではなく〕思い出すのである。つまり、葛藤はそれ自身に委ねられるべきであり（Br.III,S.17）、行動も道徳主義も必要ない。元型的なイメージの「統合」も、「自我人格」への統合を意味するものではなく、個性化のプロセスは自己の「予見」につながるだけで、自己が経験的な人間と同一となる方へ向かうわけではない（Br.III,S.70f.）。たとえ個性化が自己の「受肉」と表現できるとしても、例えばユングにとって教会のキリストは神話的存在であり、「キリストの人間性でさえ神聖である」とユングが述べていることは念頭に置かれるべきである（Br.III,S.388）。それと同様に、受肉は神話から現実の領域へと移動していくものではなく、神話の領域にとどまるものである。したがって、個性化のプロセスは、時間軸における直線的な「段階」の形式をとるものではない[8]。そこに設定された段階は、例えば世界の降下する時代の神話のように、むしろそれ自体が神話的であり、だからこそ、多くの異なる図式が設定されうる上に、そのプロセスの各々の表現は誤解の誘因となるに違いない（GW16, §538）。したがって、個性化のプロセスが（事実上理解されている）人生の後半のみで起こるのか、それとも前半でも起こるのかという問いは、無意味であり、誤解を招くものである。

ユングは、錬金術師の状況をゲーテの描いたファウストの状況と比較することで、実現の意義を明らかにしている（GW12, §557ff.）。錬金術師は、そのオプス *opus*〔作業〕を物質に広範囲に投影し、それと同一化する状態で作業を行った。すなわち、問題となっているものは依然として無意識の状態で残っている。だが、近代における集団主義の圧力の高まりに促されて、個人は個人としての自覚を強め、ファウストではもはや化学物質の中でその出来事を経験することができなくなった。投影は取り下げられ、結合は「個人的な心理学的経験の領域へと、したがって意識へと」移される。これによってファウストは錬金術の謎を解く。しかし、ファウストはパリス（ソル）の立場に身を置き、みずからヘレナ（ルナ）を我がものとする。ファウストの主観的な干渉、すなわち個人の意識の強欲さと傲慢さが、オプス *opus*〔作業〕の成功を妨げる（エウフォリオンがそれを燃やす）。これが「心理学者がファウストを批判する誘因」である。この点において、「昔の錬金術師たちは魂の真実に近づいていた」。なぜなら、それを物質に投影することで、彼らにとって「客観的なプロセス」は客観的なままだったからである。ファウストの状況は、現代人の一般的な状況を反映している。意識が心理学という独立した学問分野の形成を可能にしているが、魂の事象が自我意識（すなわち、私の主観的な体験）と同一視されているために、心理学は依然として個人主義的、人類学的、そして「心理学的」なままである。すなわち、人間は、「自分が魂そのものである」と信じている。このインフレーションは、事実上、ありとあらゆる種類の従来型の心理学を規定し、それは「意識の無意識化」を意味する。自己実現への一般的な衝動（「自分を成長させたい」、「自我意識への統合」、「自分のアニマの発達」など）も、これに属する。したがって、錬金術師とファウストは、まったく逆の形で無意識的なのである。ファウストが我が物にしようとするのとは対立して、オプス *opus*〔作業〕の形象を「客観的に非人格的な形のままにしておく」こと（GW12, §43）が必要であり、それらを自我人格（＝私）に属するものとして理解するのではなく、物理的な出来事が私に起こるように、私に「起こる」自律的な現実として客観的にそれらに対峙することが必要である。しかし、その人がただ観客として（美的に経験して）それらと向き合う限り、意識へつながり、真の意識性へとつながる本来の実現は起こらない。イメージは痕跡を残さずに消え去る。実現というものが、イメージを自我意識に引き込み、それを実践に変換することではなく、また、(無関心であれ、情動的に関わるのであれ) 観ることでもないとすれば、それはいったい何を意味するのだろうか? ユングが念頭に置いているのは、人間という存在の全体から生じるイメージの要求への応答として、外的行動ではなく、心的な応答としてこそ、最もよく説明できるものである。それは、理解、体験、倫理的な感受性を含む、完全で拘束力のある応答である。まるでそれが現実の人間であるかのように、内なるイメージと向き合うことが重要である

(GW14/II, § 407 参照)。ファンタジーに完全に没入し、拘束力のある関わり方をすることで、私たち

は「無意識」へと、すなわちイマジナルな世界へと「自我意識」(「現実原則」) を統合することで、私たちして、実現というものを理解することができる。実現とは、イメージ——純粋な潜在能力 (可能性)——に、可能性としての現実性、ファンタジーとしての現実性を与えることを意味し、それによって現実に対する私たちの概念を、その可能性を含めて拡大し、いや、その概念の可能性を先延ばしにさえするものである。そして、そうすることで、以前の「現実」を、(神話やファンタジーの)「可能性」の一つの変種として、振り返って見ることもできるようになる。

プリンシピウム・インディヴィデュアティオニス *principium individuationis* (個性化の原理)、すなわち心的な個への特殊化が本質的に基盤としている要因や根拠への問いかけは、依然として私たちに残されたままである。その答えは三つの要素からなるものでなければならない。下方から、つまり人間という視点から見ると、このプリンシピウム *principium* (原理) は、「ロゴス」(意識性) であり、それは投影の引き戻しと、集団との無意識的同一化からの撤退、そしてインフレーションか

らの撤退のいずれをも可能にする。上方から、すなわち「超越的な」経過としてのオプス opus（作業）の観点から見ると、それは「第四のもの」（闇、悪、劣った機能、物質、身体、女性性）である。現実の様態に関して、つまり、個性化が生じる上方のものと下方のものとを包括する要素に関して言えば、それは「何もない」外観であり、イマジナルなものであり、——（集合的）現実原則からは到達不可能で、したがって「超世俗的」なもの——「純粋に主観的なもの」（個別的なもの）である。つまり、馴染みはあるが、もはやこの場合に適切ではない用語で表現すると、このように言える。「経験論的」水準ではロゴスの到来であり、「天上」では物質の到来である。両者（「経験的」レベルを含んで）は、直接的な現実として外観という要素の中に浸されている——これが、三様でありながらも統一した構造を備えたプリンシピウム・インディヴィデュアティオニスである。

第四のものである影が意識されることによって、人間は（心理学的に）この世の重みと肉体を得る。人間は「雲の上の幸せな国」から追い落とされ、有限で限定された個々の存在となる。だが無意識ではあるものの、実のところ人間は常にそうした存在であった。個性化は、そのため「より高度な発展」を意味するのではなく、むしろ逆に、平凡な生活のつつましさへと向かう本質的な下降を意味する。大地からの解放ではなく、大地へと入り込む本質的な関わりである。なぜなら、それは意識的に遂行されるからであり、「大地」がもはや「何らかの無」ではないからこそ可能なのである。もちろん、従来の集合的な人間も、実際には日常世界に生きていたのだが、心理学的には高次の形而上学的次元に根ざし、（たとえ今日では、その内容がもはや理想的ではなく、「プロレタリア的」、「唯物論的」、「プラグマティズム的」またはその他何であれ）高い理想を夢見ていたのであり、普遍的に妥当する真理（近代科学と「現実」原則は、心理学的観点から人間が世界の創造者の視点に立つことによってのみ可能となる）を夢見ていたのである。個性化から生じる「心理学的人間」は、より現世的な、より人間的な存在である（ただし、人間性という意味で人間的なのではなく——崇高な理想としてでもなく！——、その有限性と人間的あまりに人間的なという意味で人間的なのである）。心理学的人間はもはや、神や世界（神学、科学）について、あまりにも深刻に受け止められるような「普遍的に妥当する主張」をしようとはせずに、あらゆる人間の言葉は、個人としても種としても、限定された視点から生じるのであり、したがって原理的に、言葉は視点や隠喩という媒体に浸っていることを、心理学的人間は知っている。しかし、個性化がアントロポスの実現であり、すなわちより高次な、あるいは神聖な人間の実現を意味することと、これはどのように調和するのだろうか？　さて、私たちは、その実現は自我人格による自己の横領ではないということを耳にしてきた。成長するのはアントロポスそのものであり、経験的な人間ではない。人間がアントロポスである自分を意識することによって、つまり、自分自身をアントロポスから区別し、アントロポスを放棄し、アントロポスに本来の「現実性」を与えることによって、人間は、唯一無二で人間的に有限な現存在に向けて自由となり、それはもはや文字通りに解釈されることはなく、しかし、拘束性をもって生きられなければならない現存在（「化身」）となる。

ユングは、個性化をあらゆる完全性の理想から明確に引き離した。（それが自然なプロセスであり、すなわち人間の意志とは無関係に、生じることもあれば生じないこともあるものとして描写されているという事実とはまったく別のこととして、）個性化は、努力して達成できるものではなく、多幸感をもたらすものでもない。したがって、個性化を完全に達成することはできないという嘆きも誤りである。なぜなら、それでは依然として理想（ある種の神聖さ）という考えに基づいているからである。個性化は達成可能でも不可能でもない。個性化された人間は「存在しない」と共に、個性化された人間は存在しないわけではない。なぜなら、「目標はあくまでもアイデアとして重要」なのであり、つまり「目標」がアイデアとして君臨する場所では、それはすでに現実であり、したがって、変容の事実上の目標のように「達成」されることはなく、また達成される必要もない、からである。また、例えば四つの機能すべてを可能な限り完全に発達させるという意味で、私たちは完全性を達成しなければならないと考えるのは、まったくの誤解である。そうすると、「十全性」は、完全性という理想になってしまう！　しかし、経験的な人間は、自分の影、劣等感、限界を、（それらを克服しようと努力するのではなく）そういうものとして受け入れることによって（それらが、自分自身に、自己イメージに近づくことを許すことによって）、また、完全性に対するあらゆる要求を、それらが本来的に属している元型的なイメージへと返すことによって、全体となるのである。その人は「神においてのみ、自己の全体性に到達する」のであって、自分自身においてではない、とユングは述べている（Br.II,S.470）。だからこそ、彼はこう説明することができたのである。自分自身と一つではない人が、もし「自分自身と一つでないことを知るならば、その人は個性化されている」（Br.III,S.51）。したがって、完全な個性化はどうやら「達成不可能」であるとして慰めを求めるのではなく、またそうして個性化を理想という遠い天国へと追いやり、個性化に向けて永遠の努力を強いられるのではなく、まさにいまここで、実際に変容を起こすという課題から自分たちを解放するのではない。私たちを個性化の近くへと追いやってくれるユングの言葉を、せっかくなので振り返ってみよう。「個性化は、決して稀なことでも、一部の人の贅沢でもない。……個性化は普通の生活であり、人が意識して作り上げたものである」（*Br.*II,S.55）。「超世俗的なものとの関係」あるいは自己の経験は、何か異国情緒的なものではなく、哲学者の石が排泄物のなかに隠されているように、日常的な出来事のなかに隠されている。個性化は、いつもすでにあり、私たちの背後に位置し、理想のように私たちの前に存在しているわけではない。私たちは、個性化に追いつかれなければならない。あるいは、ユングの表現を借りれば、私たちは〈私たちがいつもすでにそうであるもの〉にならなければならない。

原注

［1］*GW* は、ドイツ語版ユング全集（Jung, C. G.: *Gesammelte Werke*, Bd.1 ff., Walter, Olten und Freiburg,v 1958 ff.）を示し、*Br.* は、ドイツ語版書簡集（Jung, C. G.: *Briefe*, Bd. 1-3, hrsg. A. Jaffé, Walter, Olten und Freiburg, 1972-1973）を示している。

［2］Hillman, J.: *Re-Visioning Psychology*, New York et al, 1975, p.147.

［3］たとえば、"Die Ehe als psychologische Beziehung"〔心理学的関係としての結婚〕", *GW*7, S.203ff.

［4］Hillman, J.: *The Myth of Analysis*, Evanston, 1972, p.183ff.

［5］*GW*8, S. 75 ff.

［6］参照 Jaffé, A.: C. G. Jungs Auffassung einer Individuation der Menschheit, *Eranos* 43, 1974.

［7］この順序について、より詳細で優れた説明は、M.-L. von Franz, The process of individuation, in: *Man and his Symbols*, hrsg. C. G. Jung et. al., Garden City und New York 1964.（邦訳 M＝L・フォン・フランツ「個体化のプロセス」、C・G・ユング他編著『人間とその象徴』河合隼雄訳、河出書房新社、一九七五年）、また、J. Jacobi, *Der Weg zur Individuation*, Walter, Olten und Freiburg 1971 も参照のこと。

［8］参照 Jung, C. G.: *Erinnerungen, Träume, Gedanken*, hrsg. A. Jaffe, Zürich und Stuttgart 1967, S. 200.（邦訳『ユング自伝1、2 思い出・夢・思想』河合隼雄・藤縄昭・出井淑子訳、みすず書房、東京、一九七二年）

おわりに

長堀加奈子

本書は、心理療法家である著者たちが面接室を飛び出してフィールドワークを行い、世界や日本の各地で遭遇したさまざまな出会いを通じて、あらためて心理学・心理療法について再考したエッセイ集である。その活動の発端や内容については宮澤が「はじめに」で詳細に述べているところである。これまで「ホロコースト／殺害」「自然」「家族」「日本における私」がテーマの既刊が四冊あり、シリーズの五冊目となる本書は、満を持して著者たちのもっとも専門とする心理学／心理療法という足元に還ってきた感がある。

しかし、そもそも、フィールドワークがどうして心理学になるのだろうか。そして、心理学に取り組むことが心理療法になぜつながるのだろうか。私も何度かフィールドワークに参加させていただいた経験があるが、実際のところ、私はほとんど何もわかっていないということを告白しなくてはならない。また、いろいろと考えてみたものの、心理学についても心理療法についてもほとんど語るべきことを持たない手ぶらな状態である。だから、読者よりも先に本書を読んでみた私が、自分の経験を辿りながら、少し考えてみたことをこの「おわりに」では述べていきたいと思う。

日本で心理の仕事をしようと思うと、大学院で専門的な学びを修めた後に国家資格や民間資格を取得して現場に入ることが多い。大学院に入ると、たった半年や一年で、まずは研修生として心理療法や心理検査のケース（事例）を担当することになる。もちろん、数々の専門授業を学び、さらに手厚い大学院のサポート体制があってのことではあるが、正直まだヒヨコとも言えない、卵の殻から少し顔を出した程度の雛のような自信しかない状態で、それでも一人のセラピストとしてクライエントを担当させていただくのである。その頃の私は、「心理療法入門」「心理療法の始め方」のような本をすっかり頼っていた。あるいは、自分が担当したクライエントと主訴や状況が類似していると思われる事例研究論文を参考にしたり、事例検討会に参加したりと、日々目の前のクライエントの方々にどう向き合えばいいのかを必死に悩んでいた。一人前の仕事ができる自分に早くならなくては、という焦りが初心のセラピストであった私にはつきまとっていた。

それでも臨床を始めた最初の頃は、こうした学びから自分が日々成長している実感を持つことができた。徐々に初学者にありがちな自意識過剰による不安は減り、クライエントの方々にも少しずつ耳を傾けることができるようになり、ありがたいことに心理療法的と感じられるプロセスを共に歩んでくださるクライエントの方々も増えていった。

そうして何年か経った頃、ふと気づくと、私は臨床に行き詰まっていた。そのことに気づかせてくれたのは、主訴への気づきを得て、症状を克服し、それでもまだ心の仕事が残っているクライエントの存在だった。よく、主訴は心理療法の入場チケットに喩えられるが、主訴が落ち着いても、すぐに終結するケースのほうが案外少ないものである。そういったケースに対して私は驚くほど無力で、丸腰であった。もちろんこの時点で、ある程度のテクニカルなことや、臨床心理学的の基本的な知識、心理臨床における最低限のお作法は身についていた。しかし、それではまったく歯が立たない。「テクニカルな」「基本的な知識と作法」なんかじゃ、まったく足りないのだ。

第一章で猪股が述べているとおり、「本質的には、心理学はいつも必ず基盤のなさだけを基盤とする」。そのため、「医療・教育・福祉・司法・産業のどの領域で働くかによって当然ながらその活動が変化」する。自分のいる現場の特性に合わせて、そして目の前のクライエントに合わせて、一つひとつを学ぼうとしてきた結果、この「基盤のなさ」に振り回されてしまって、私は「心理学／心理療法とは何か」という根本の部分について何一つわかっていない「基盤のない」心理士になっていた。これではまずい。

ちなみに当時私が読んでいた本やセミナーのノートを読み返すと、改めて感銘を受けることばかりである。つまり、学びの内容の問題ではなく、私のほうにそれらを十分に深く理解するだけの素地がなかったということである。第七章でギーゲリッヒが個性化という概念に対して「理解をもってそれに近づこうとする試みには、機転と、相矛盾する側面をも包含する広い心情《ハート》が必要である」と述べているが、それは心理学のさまざまな側面に対して言えることだろう。心理学に向き合うためには、その心理学にふさわしい準備態勢が学ぶ者のほうで整っていなくてはならないのだ。

そうやって私が辿り着いて学び始めたのがユング派の心理療法であった。しかし、その時点の私の学問的な知識はほとんどゼロだった。それゆえ当時の私は、ユング派の先生たちがときどき「魂」の話をするのを、内心非常に怪しんで見ていた。私自身がキリスト教教育を長く受けていたこともあって、「魂」は神につながるものだと思っていたからというのもあると思う（ユングの「魂」ついては第一章に解説がある）。第七章でギーゲリッヒが指摘するように、私は「自分が魂そのものである」と信じていたのだ。私は、自分のすでに知っていることを通じてしか物事が理解できない、未熟で浅はかな自分に無自覚であった。

ところが、そんな私に転機が訪れる。幸運な巡り合わせでギーゲリッヒの夢セミナーへの参加のチャンスが訪れたのである。私は、無鉄砲にも事例発表を希望した。私が発表した事例は、生活環境が厳しく、心理療法に光が見えない少年の夢であり、私はそれをたどたどしい英語で発表した。そのときの体験を今でも鮮明に覚えている。臨床も未熟で言葉も拙い私の発表に対して、ギーゲリッヒは真摯に、対等に、全力で向き合ってくれた。第五章では、心理療法におけるる「闇」と「手」について考察されているが、あのとき暗闇の中にあったケースに、ギーゲリッヒが差し伸べてくれた力強い手の感触を忘れることはない。ここでいう「手」はもちろん比喩的な意味であり、他の心理学の用語であればコミットメントとかホールディングと呼ばれるようなものかもしれない。心理療法家がクライエントに直接触れることは、基本的に禁忌とされている。しかし、その存在が大きな手となって相手を包み、その真摯な態度はどんな深い場所でも同行してくれるという覚悟を示し、そのことによってクライアントが心と向き合う勇気をもたらすのだ。「この子の魂は生きようとしているよ」とギーゲリッヒが私に声をかけてくれたとき、私はそれまで鼻白んでいた「魂」という言葉の言わんとする何かを、情緒的に理解することができた。それは深い感動の伴う体験であった。

しかし、それでもまだ私の学びは依然として臨床という経験的なものにとどまっていた。ギーゲリッヒ・セミナーでの体験は、深い情緒的感動をもたらしたが、私はその背景にある学術的な思想について知識を持っておらず、理解はわかりやすい部分にとどまっていた。したがって、結局私は行き詰まりからは抜け出せていなかった。当たり前であるが、優れた臨床家に触れたからといって、自分が優れた臨床家になれるわけではないのである。

そこで、私は一念発起して文献購読会に参加することにした。その最初が、読書案内でもご紹介したユングの「一九二五年セミナー」の講読会である。そこから私は文献を通じて、分析心理学を学ぶ機会に恵まれた。ユングは繰り返し「心とは何か」について問い、自分自身の経験から、自分だけの心理学を立ち上げる。そこで、私はもう一度行き詰まる。心理学は「学ぶ」だけではダメなのだ。心理学は「する」ものなのかもしれない。

実はそれは愛に似ている、と最近思っている。愛についても、その一部しか本で学ぶことはできない。優れた愛情生活を送っている人と話しても、私の愛は発展しない。愛は自分で「する」しかない。でも、「愛する」を一方的にぶつけることを、人は愛とは呼ばない。第二章で兼城が客観的な心と作業することについて述べているが、愛にも客観的な愛が存在する。それは誰から見ても「愛」と呼べる何かである。そうした客観的な愛をちゃんと「する」必要があるのだが、それでも愛は、百人いれば百通りの愛がある。愛には共有された意味がある一方で、それはその人自身の愛でしかない。ユングの心理学を学ぶと、万人に共通する普遍的な心と、たった一人のその人という個別の心が絡み合っている、その最中で私たちが必死に生きるのだということが感じられる。

さて、心理学は「する」ものだというところから、ようやくこの本の主題であるフィールドワークに移りたい。ユングはアメリカ先住民や、インド、アフリカを旅し、異なる文化の心との衝突によって、翻ってヨーロッパの心について思索していった。だから、私たちもそれに倣って、フィールドに出かけて、そこで出会った人々や物事から、私たちの心について考えようではないか、という趣旨である。しかし、冒頭にも述べたとおり、私はフィールドワークの何が心理学になるのか、はじめはよくわからないままに参加している。その例を、本書で何度か登場する佐渡島フィールドワークを例に話してみよう。

佐渡島のフィールドワークでは、春の神事、鬼太鼓に同行させていただいた。詳細は宮澤と植田あやのコラムを参照いただきたいが、早朝から深夜まで各家をまわって太鼓を鳴らし鬼が舞う。私たちは集落の人々と酒を交わし、少しだけ提灯を持たせてもらったりしながら特別な一日を過ごした。同日程に第六章の執筆者であるジル・スタッサールが火のワークショップをしてくれた。しかし、私はそれらが何を意味する体験だったのかをほとんど理解できないまま、東京に戻ってきた。鬼も火も祭りも、なにもかもユング心理学的に意味ありげである。わからなさを抱えたまま半年ほどを過ごしたとき、私はひょんな思いつきで、ピナ・バウシュ振付『春の祭典』を観にいった。バレエにはまったく馴染みがないのだが、本シリーズ一冊目にある古川のピナ・バウシュのエッセイに触発されたからだ。私がそこで目にしたものは、春というものの圧倒的で暴力的なまでの新鮮で生々しいエネルギーであった。そして、『春の祭典』を観た感動と動揺が、直観的に鬼太鼓と結びついた。「ああ、春とはこういうことか」。春という季節に精神科患者の状態が揺れることはよく知られており、これまで何回もそんな春を経験してきたのに、私はまるでそのとき初めての春と知り合ったかのようだった。そして本書第六章のジル・スタッサールによる記述と出会う。「厳しい寒さと不快な冬を経て、自然が命を取り戻すとき、人々は死の不安や、生き残り、子孫を残し、集団を存続させるためのエネルギー不足への恐れを感じる」。折しも私は「死と再生」をテーマにした原稿をほうほうのていで書き上げたところであった。鬼太鼓、『春の祭典』、ジル・スタッサールの記述、死と再生、すべてが夜空に瞬く星のように配置され、それらが合わさって星座をなすように、私のなかでつながっていった。そのときには、私はもう佐渡島に行く前の私ではなくなっていて、季節や時間や生命をそれまでとは違った感覚で経験するようになっていた。第一章で猪股が触れた「イニシエーション」の体験にも近いかもしれない。村田の刀鍛冶のコラムは、以上のつたない私の例をより重厚にしたものであり、心理療法家というものが、一つの体験をいかに深く心で感じる生き物かが伝わってくるだろう。

しかし、心理学を「する」には、感じるよりもまだもう一段必要であり、この出来事が私にとって、そして心理学にとってどんなことなのかを思考しなくてはならない。そして、私の春をめぐる体験については、もう少し作業に時間がかかりそうだ。辛抱強く心の内に温め続けて過ごせば、いつかは言葉になるのかもしれない。フィールドワークはそんなふうに、まったくわからないところから心の深い部分で何かがつながって、実感して、自分が変わっていくような体験であり、そしてそれを心理学「する」ことが、面接室の中でクライエントと心理療法を行う私たちのもう一つの仕事なのかなと思っている。心理療法を行うこと、心理学を「する」こと、この両輪が、心理学／心理療法の営みであると言えるのではないだろうか。

本書の第三章と第四章を例にとると、そこでは共に「ない」というところから表現を通じて生まれる心について論じられている。第三章では、それは音楽の調べとして、第四章では描画の渾身の一本の線として描かれるが、それはそれぞれの執筆者だからこその表現の形である。同じフィールドワークを経験しても、各執筆者が最終的に表現する心理学は、その人にしか書くことができないものになっている。第二章で兼城が「心理療法家の人格そのもの」の重要性について論じていることの意味が、こうした続く章を読むことでさらに理解できるのではないかと思う。どの章を読んでも、心理学を「する」には、こんなにも自分を使ってその内側に入り込んでいかなくてはならないのだと感じられる。

心理学を「する」ことはもちろん容易いことではない。そのときに一つの道標を示してくれるのがユングであり、そして第七章のギーゲリッヒの一九七九年の論文「プリンシピウム・インディヴィデュアティオニス〔個性化の原理〕と個性化のプロセス」もそうである。ギーゲリッヒは、昨今は個性化という概念を使用することはほとんどなくなったと語っているが、その彼がかつて「個性化」という概念とこんなにも丁寧に向き合っていたことは驚きであると同時に納得がいく。これほど丁寧に向き合ったからこそ、そこを後にすることができたのだろう。ユングが示した「個性化」という概念は自己実現と同義として扱われやすいが、ギーゲリッヒはユングの文献を詳細に紐解き、その上でこの「個性化」という概念を彼の心理学の目線から論じ直す。ここで提示されている個性化の意味的内容もとても興味深いのだが、一方で心理学を「する」という視点から見た場合には、ギーゲリッヒのこの一つの概念への向き合い、論ずるというその作業そのものが参考になるだろう。

「お前の心理学は科学なのか、アートなのか」。これはユングが自分自身の無意識の声に問われた内容である。心理療法家の多くが、何らかの表現者としての側面を持つ。実際、本書の執筆陣も、俳句や音楽などの表現活動を行っている。また、これは倫理的に厳密に考える必要があるが、実際のところ心理学／心理療法そのものが私たち心理療法家の自己表現という側面もあるだろう。その意味で、冒頭のユングの問いは私たち現代の心理療法家の喉元にも突きつけられている。そう考えると、本書にアーティストで料理家のジル・スタッサールが原稿を寄せていることの意義は大きい。第六章を読むと、彼が描くものと、心理学／心理療法との共通点の多さに驚く。食というアートに内包される、脳や生理学、物語や象徴性などは、心理学の関心と重なる。しかし、それではアートと心理学の差異はどこにあるのだろうか。私も含めた読者はそれを考えるきっかけをこの章からもらえるだろう。それを考えることによってアートはよりアートとして深められ、心理学はより心理学として深められるのではないだろうか。

最後に、本書を読んで心理療法や心理学に関心を持ってくださった方のために、いくつかの書籍を読書案内として紹介しているので、こちらがお役に立てば幸いである。

フィールドワークや心理臨床で出会ってくださった方々のお力添えによって、私たちの活動は支えられている。また、今回の本では直接的に触れられていない方々もあるが、これまでの私たちの心理臨床やフィールドワークでのすべての出会いが、各章の背景で力を授けてくれている。出会い、共に時間を過ごし、語り合ってくださった皆様に心から感謝申し上げる。

また本書は専門書の刊行の難しい時代において帝塚山学院大学の出版助成を得て刊行に至った。本書刊行の意義に理解を示してくれた大学の審査委員会にも感謝の意を表したい。

左右社の東辻浩太郎氏には、本書においても辛抱強く丁寧に各論文と向き合っていただいた。筆の遅い私たちのせいで、多くのご苦労をおかけしたが、最終的にこのような素敵な本となったのは、氏の助言やコメントのおかげである。

テクノロジーの進化が劇的に進む現代では、多くのことが効率化され、科学的・実証的なものが良いとされている。心理療法も世論の流れとしては、誰にでも共通のやり方で、同じような効果が実証されているものが期待されている。生成ＡＩの登場は、これまで人間にしかできないと思われていた、思考や芸術活動などが人間だけのものではないことを明らかにした。こうした流れは、私たちが心理療法の場で関係を結び、一人ひとりと出会っている実感とは異なっているにもかかわらず、実際にまさに現在に起こっていることでもある。本書で語られた心理学／心理療法とは何かという論は、一部は普遍的なものであり、一部は遅くないうちにアップデートが必要になるだろう。ますますテクノロジーが進化するこの先で、私たちはどのように心理学「する」のか。そこでは前例は役に立たず、やはり丸腰でその都度今に向き合っていくことになるのだろう。

猪股　剛（いのまた　つよし）

一九六九年生まれ、ユング派分析家、臨床心理士／公認心理師。帝塚山学院大学准教授。精神科や学校臨床において実践に携わるとともに、アートやパフォーマンスの精神性や、現代の心理の深層を思索することを専門としている。著書に『心理学の時間』（日本評論社）、『遠野物語　遭遇と鎮魂』（共著、岩波書店）、編著に『ホロコーストから届く声　非常事態と人のこころ』（ほか四冊、左右社）、訳書にC・G・ユング『近代心理学の歴史』『意識と無意識』（ともに創元社）、W・ギーゲリッヒ『仏教的心理学と西洋的心理学』（創元社）、『夢と共に作業する』（日本評論社）などがある。

兼城　賢志（かねしろ　けんじ）

一九八六年生まれ。臨床心理士／公認心理師、博士（心理学）。俳誌『鷹』同人、俳人協会会員。精神科や小児科、学校での臨床実践を経て、現在、大正大学臨床心理学部助教。深層心理学の立場で心理療法の実践を行いながら、発達障害、言語、宗教などのテーマを研究している。著書に『新興俳句アンソロジー　何が新しかったのか』（分担執筆、ふらんす堂）、『私たちのなかの自然』（ほか分担執筆、左右社）などがある。

植田　静（うえだ　しずか）

一九七一年生まれ。臨床心理士／公認心理師。獨協医科大学病院小児科・とちぎ子ども医療センター在籍。山王教育研究所スタッフ。難病サバイバーの心理療法をはじめ、さまざまな小児臨床に携わる。音楽家としては二〇二三年夏にアルバム「a small sun」を発表。

西山葉子（にしやま　ようこ）

一九七一年生まれ。臨床心理士／公認心理師。現在、長谷川病院心理療法科にて心理臨床に携わる。夢や箱庭、描画、遊び、身体を通して現れるイメージと心の変容について探求している。著書に神田久男編『心理援助アプローチのエッセンス』（分担執筆、樹村房）、『ホロコーストから届く声』（ほか分担執筆、左右社）など。

坂井朋子（さかい　ともこ）

臨床心理士／公認心理師。医療機関で精神疾患、身体疾患の心理臨床実践を経て、現在は学校臨床に携わりながら、坂井カウンセリングルームで心理療法を実践している。土地の歴史・文化と、イメージ表現による心理療法の関係性に関心を持ち、探究している。

ジル・スタッサール（Gilles Stassart）

一九六七年フランス生まれ。三ツ星レストランL'Esperanceのシェフ、マーク・ムノー氏の元で料理を学ぶ。美術雑誌『ボザール・マガジン』で編集・執筆しつつ、二〇〇五年よりヴァル・ド・マルヌの現代アート美術館MAC-VAL内に開設されたレストランTransversalを立ち上げシェフを務め、その後パレ・ド・トーキョーの屋上に期間限定で現れたレストランNomiyaのシェフ兼アートディレクターを務めた。二〇二二年より佐渡島で「森と火と食をつなげるラボ La Pagode」をオープン。著書に『600℃』（二〇一二年）などがあるほか、グループ展への参加なども多数。

ヴォルフガング・ギーゲリッヒ（Wolfgang Giegerich）
一九四二年生まれ。ドイツ連邦共和国ベルリン市在住。ドイツ文学教授職を辞して心理学へ転じ、一九七六年よりユング派分析家。二十世紀の東西思想の結節点となったエラノス会議にて繰り返し演者を務め、現在までユング思想を牽引し続けている。邦訳に『ユング心理学の〈現在・過去・未来〉』（左右社）のほか、『魂と歴史性』『神話と意識』『夢と共に作業する』（いずれも日本評論社）、『魂の論理的生命』『ユングの神経症概念』『仏教的心理学と西洋的心理学』（いずれも創元社）などがある。

植田 あや（うえだ あや）
一九八一年生まれ。臨床心理士／公認心理師。児童養護施設・病院・学校での臨床現場を経て、現在くずは心理・教育センター、大阪樟蔭女子大学非常勤講師／カウンセリングセンター、福知山淑徳高等学校にて勤務。人間の持つ普遍的イメージである元型に関心を寄せ思いを巡らせつつ、日々臨床に取り組んでいる。

村田 知久（むらた ともひさ）
一九七六年生まれ。臨床心理士／公認心理師。長谷川病院心理療法科在籍。心が持つ可能性や深層を探求し、臨床活動を実践している。専門は、夢や描画、箱庭や色彩などのさまざまなイメージや表現。著書に『私たちのなかの自然』（ほか分担執筆、左右社）がある。

宮澤 淳滋（みやざわ じゅんじ）
一九七八年生まれ。臨床心理士／公認心理師。新潟青陵大学准教授。主に精神科領域において夢を主体とした心理療法を実践し、心を通して開けてくる世界を探究している。著書に『ホロコーストから届く声』（ほか分担執筆、左右社）、訳書にC・G・ユング『パウリの夢』『近代心理学の歴史』『分析心理学セミナー1925』（共訳、いずれも創元社）などがある。

長堀 加奈子（ながほり かなこ）
一九八三年生まれ。臨床心理士／公認心理師。博士（心理学）。順天堂大学薬学部講師。主に精神科領域と私設心理相談機関において心理臨床に携わっている。集団や他者のなかで個として生きることに関わる心理療法に関心がある。著書に『復職支援の心理療法 グループにおける異質性との出会い』（創元社）、訳書にC・G・ユング『パウリの夢』（共訳、創元社）などがある。

星子 智志（ほしこ ともし）
一九八二年生まれ。臨床心理士／公認心理師。精神科デイケアや学校、大学での臨床実践を経て、現在、学校法人嘉悦学園カウンセラー。嘉悦大学、かえつ有明中高等学校にて勤務。夢や描画、箱庭などイメージ表現の持つ豊かな力に関心を持ちながら、思春期・青年期の方たちとの日々の心理臨床に取り組んでいる。

心理療法とはなにか

現代ユング派心理療法の立場から

二〇二五年三月三十日　初　版

編著者　猪股　剛
著　者　兼城賢志、植田　静、西山葉子、坂井朋子、G・スタッサール、植田あや、村田知久、宮澤淳滋、長堀加奈子、星子智志、W・ギーゲリッヒ
発行者　小柳　学
発行所　株式会社　左右社
〒一五一‐〇〇五一
東京都渋谷区千駄ヶ谷三‐五五‐一二
TEL　〇三‐五七八六‐六〇三〇
FAX　〇三‐五七八六‐六〇三二
装　丁　細野綾子
印刷所　創栄図書印刷株式会社

2025 ISBN 978-4-86528-464-5 Printed in Japan

https://www.sayusha.com

ホロコーストから届く声　非常事態の人のこころ　本体二八〇〇円＋税

猪股　剛　編著

植田　静、鹿野友章、小杉哲平、古川真由美、宮澤淳滋、W・ギーゲリッヒ、西山葉子、清水めぐみ、山本民惠　著

ザクセンハウゼン強制収容所を訪問し、記念碑や博物館のあり方に触れ、生還者プリーモ・レーヴィの見続けた夢を分析。スティーブ・ライヒやピナ・バウシュの作品に時代の心性を聴き取る臨床心理学者たちのホロコースト試論。

私たちのなかの自然　ユング派心理療法から見た心の人類史　本体三〇〇〇円＋税

猪股　剛　編著

兼城賢志、宮澤淳滋、成瀬正憲、村田知久、西山葉子、W・ギーゲリッヒ、河西直歩、長堀加奈子、鹿野友章、植田　静　著

私たちの心に、狩猟・採集・農耕の時代から残っているもの。その心性の揺らぎや不安こそが、私たちの「生きづらさ」の底にあるのではないか。私たちがいかにして〈人間〉となったのかを解き明かすW・ギーゲリッヒの重要論文「殺害」収録。

家族のおわり、心のはじまり　ユング派心理療法の現場から　本体三〇〇〇円＋税

猪股　剛　編著

兼城賢志、大録　慈、植田　静、村田知久、W・ギーゲリッヒ、西山葉子、北山　純、相樂加奈、宮澤淳滋　著

いま、この現代の都市生活のなかで、家族とは何なのだろう。面接室を離れ、故郷や自然、そして自分自身の家族の風景をたずねながら現代社会の心性を探る。W・ギーゲリッヒ氏の論文および、執筆者たちとの質疑応答「家族を巡って」を収録。

日本における「私」の姿　アイデンティティをめぐる心理学　本体三〇〇〇円＋税

猪股　剛　編著

兼城賢志、平子雪乃、宮澤淳滋、長堀加奈子、W・ギーゲリッヒ、北山純、相樂加奈、植田あや著

現代の日本社会、高度に情報化されテクノロジー化したこの世界で、「私」をめぐる問いに向き合ったとき、どんな支えが見つかるだろう。W・ギーゲリッヒ氏の論文「「個人」と「集合」の対立　心理学の基本的欠陥」を収録。